博瑞森图书
BRACE

企业视角 本土实践

变局下的

工业品企业7大机遇

叶敦明◎著

中华工商联合出版社

图书在版编目（CIP）数据

变局下的工业品企业7大机遇/叶敦明著．—北京：中华工商联合出版社，2014.6

ISBN 978-7-5158-0917-5

Ⅰ．①变… Ⅱ．①叶… Ⅲ．①工业企业—企业发展—研究 Ⅳ．①F403

中国版本图书馆CIP数据核字（2014）第093203号

变局下的工业品企业7大机遇

作　　者：叶敦明
责任编辑：于建廷　效慧辉
责任审读：郭敬梅
封面设计：久品轩设计
责任印制：迈致红
出版发行：中华工商联合出版社有限责任公司
印　　刷：三河市文阁印刷厂
版　　次：2014年8月第1版
印　　次：2014年8月第1次印刷
开　　本：787mm×1092mm　1/16
字　　数：270千字
印　　张：19
书　　号：ISBN 978-7-5158-0917-5
定　　价：56.00元

服务热线：010－58301130
团购热线：010－58302813
地址邮编：北京市西城区西环广场A座19－20层，100044
http：//www.chgslcbs.cn
E-mail：cicap1202@sina.com（营销中心）
E-mail：gslzbs@sina.com（总编室）

博瑞森图书：企业阅读　本土实践

亲爱的读者朋友：

也许您是博瑞森图书的老读者，也许是新朋友，欢迎您阅读博瑞森图书！

当今中国，各行各业都存在着转型升级的压力与机遇。博瑞森图书与您一同应对转型挑战并发现其带来的机遇。

我们一直在问：什么样的书能为您解决管理难题并带来启发？

我们一直在找：哪些作品最能帮助企业从跟随到领先？

我们一直在做：把最好的作品以最便捷的方式呈现给您，纸质版、电子版、听读版、书摘邮件、微信……

我们策划图书的原则是：

- 企业视角——与您一样，做水中的游泳者，而非岸上的观众或教练，企业的困惑就是我们的任务。
- 本土实践——与您一样，立足本土环境，追求卓越实践，传播最适合当下中国企业的管理之道。

针对部分读者朋友提出的“道理都懂了，但还是不知道怎么做”，2014 年我们将推出“作者见面会”，内容涉及营销、管理、生产、HR 等诸多领域。让来自实战一线的专家作者现场指点、传授。

如果有一天，您把博瑞森图书视为您优秀的事业伙伴、管理助手，我们也就实现了自己的梦想。

博瑞森图书
010－51900529
bookgood@126.com

推荐序

不能再错失的机会

沈阳机床集团董事长、总经理
2012 CCTV 中国经济年度人物
关锡友

“机会是留给有准备的人。”所谓“有准备的人”不是天天等待机会的人，而是执着追求一项事业、不被其他利益所动摇的人。二百多年辉煌的工业史，无一例外表明了是发明家和企业家的执着追求铸就了现代工业文明。

工业文明有别于农耕文明，若想抓住工业机会，就需要具备融合的思想，即上下游融合、资本与产业融合、艺术与技术融合及信息与产品融合，这样机会才能为你所用。

而做到融合最重要的是具备利他的精神，一方面自己有创新的事业；另一方面创新的事业需要不同的一群人来共同完成，为了完成这样一项伟大的事业，你需要用利他精神来凝聚他人的力量。

机会就在我们身边，可是我们错过了一个又一个，我们已经错过了机械时代、错过了电气时代、错过了信息时代。但今天，世界工业正在发生深刻变化，这种变化就是生产方式的巨变，是基于互联网智能制造的方式变革。这是一场伟大的工业革命，这次革命机会均等，且大家都站在同一起跑线上，谁将有所作为，取决于能否抓住本书所列示的这 7 个机会。

2014 年 3 月 25 日

前　言

机会成就能力，体系兑现活力

听到工业品企业高层抱怨景气不济时，我就忍不住问：“您身边的消费品企业也够卖力，团队作战能力强，品牌传播也不错，可就是难以突破区域限制，也没有多少利润可守。若您的人马跟某家消费品企业调换一下，能否经营得更好些呢？”每当这时，沉默代替了怨气与激奋。不少人承认，相比快消品行业的狂风暴雨，工业品行业的竞争压力至多也就是小雨淅沥沥。

身在工业品行业，该知福惜福。工业品企业产品相对标准化，市场相对全盘化，而且对大媒体的依赖度并不高。因此，成长型工业品企业越过了体系标准化、营销规范化的门槛，眼前有一大片开阔地，可自由驰骋，逐渐成长。成熟型工业品企业打破战略模糊定位、提高产业链的整合能力，欣喜地看到了另一片大好河山。

工业品企业的竞争激烈度还处在“春秋时代”，“列强”尚未形成，战略纵深大，市场机会多，谁先崛起谁就是明天的霸主。况且，工业品企业最头痛的营销领域还是一块处女地，谁先开垦与播种，谁就领先享受工业品营销红利春风。

工业品企业告别生产制造，已迈入客户价值引领的营销大时代。国内经济结构的大转型也是推动工业品企业转型升级的外因。天时地利已到来，唯缺人和。工业品营销的导入与收效，不缺工具、不缺方法，独缺独到的战略思维与独特的盈利模式。人和方面，领导人带头突破自己的惯性思维，以全新的眼光看待行业机会与企业生机。二次创业之路，其实与人生的二次更新默默相随。

幸运的是，我们这些工业品企业虽错过了大媒体时代的马车，却不经意踏上了互联网时代的高铁。工业品企业更适合互联网时代，原因有三：第一，与客户的深层沟通多，互动营销好开展；第二，定制产品与服务多，交易的黏性高；第三，信息对称性强，买家可能比卖家更懂得产品的应用。互联网经济中的电商潮只不过是几朵浪花而已，制造业的信息化与智能化才是大潮澎湃的开场。信息化代替人际化，智能化改造机械化，工业品企业的春天已在互联网经济的沃土中发芽。争享阳光雨露、争胜大机会下的大决战，有信心、有期望、有大爱的工业品企业领导者才有可能一马当先。

工业品行业，机会成就能力的成功率肯定高于能力赢得机会的成功率。借着大势之风，挂起战略的风帆，比逆风摇橹强上百倍。有作为的企业，要把读懂大势、擅用机会当成头等大事来办。

工业品行业有几个战略与战术性机会，工业品企业应拼尽力气去赢得。

（1）产业链的整合机会。跳出企业单打独斗的小圈圈，融入信息互通、价值共创、利益共享的大熔炉，企业做强的机会就更大了。整合与被整合，这两种姿态没有高下之分。整合者要有产业链的大战略与大格局，否则，召集了众多矛盾重重的小兄弟，内部损耗大于外部获得，这样的平台不值得去建，更不值得苦苦经营。

（2）盈利模式的复制机会。谁都想有一个印钱的模板，机器一开动，钞票就哗哗流出来。盈利模式是成长型企业的船，是成熟型企业的帆，有了它，企业才能发展，也才不至于空做规模而不见利润。客户价值、客户选择、差异化营销与战略控制体系，是盈利模式的模板，而造模板的人，则需要战略洞见与经营坚定的斧子与凿子。

（3）赢得营销红利的机会。顺着客户需求的大道，驾驶价值创造的战车，快意驰骋的营销体系也能让企业的市场局面洞开，让企业经营的活力得以释放。推倒工业品企业的筒仓式利益模式，以客户需求洞察与界定为开局，做好价值创造与传递的中盘，并结合维修和售后市场的大收官，产生营销红利的好收成，企业活在经营信仰中，成在坚定行动中。工业品营销的机会，仿佛三十年前的快消品行业，看到、想到、就去做到，不在于多好，而在于多快与多持久。

（4）工业服务商的转型机会。销售做大存量、服务做好增量，这在汽车、复印机等行业，已经成了默认的做法，可在大多数工业品行业，还只是雷声大、雨点小。一是服务免费提供，客户个个欢喜，若要收费，接受者少之又少，婉言谢绝的多；二是服务质量标准、流程管理规范与服务收费标准，还没有出现能得到行业大多数成员认可的方案；三是工业服务商的核心能力在于服务而不是制造，而且服务是需要嵌入经营过程中的，并不是简单的配件、维修、二手设备与租赁业务的外在添加，这需要企业在战略定位、流程组织与人力资源上，进行整体的调整与转型，这就要比喊口号、加部门复杂得多，非下大力气、大决心不可。

（5）渠道的合纵连横机会。扁平化、专一和单兵能力强，是工业品渠道的三大优势，可小而全、公司化经营弱、本地化服务能力不足，却又是三个明显的经营漏项。一家企业的产品线纵横扩张的再大，也跟不上行业内、跨行业的多样化需求，那该怎么办？经销商联盟、厂家联盟，只是小机会，而顺着客户经营的合纵连横，则是大机会。比如，经营 MRO（Maintenance、Repair 和 Operations 的缩写）工业品超市的电商企业可以跟传统的工厂流水线设备、工业车辆等经销商合作，提供全品项、本地化的供货与保养服务，让客户打一个电话、签一家企业、付一次款，就能解决一揽子问题，客户省心省钱，自己则与更多伙伴紧密合作，更好、更多地服务客户。

（6）借船出海的资本机会。资本放下了高人一等的姿态，主动进入创业中后期的新企业，意图抢在对手之前，或在创新企业报高价之前，搞定那些市场有潜力、发展有张力的创新型企业。资本也愁嫁，既然嫁白马王子的概率如博彩，还不如慧眼挑对自己的黑马王子。资本机会不仅解决了创新企业的资金困难，更会带来新的思维、人脉与管理规范。创新企业，也从一支有事业梦想的小团队，成长为一艘开创行业新模式、直挂云帆的企业大船，何愁市场不济的沧海呢？

（7）一击而中的电商机会。连上互联网的店商，顶多是电商的初级形态。大数据下的电商，客户需求不再是事后评判，而是事前预判，供需的协同性大大增强，主动营销从根本上替代了被动推销。这时，品牌传播与促销动作也该回归到价值传递与再创造的正能量轨道上。工业品电商的大机会，在于客户的信息化、方案的定制化与服务的本地化，选准点，方可一击而中。

机会有了，能力也得跟上，工业品企业要在三个方面培育自己的过硬能力。第一，快速适应，行业波动从十年一小变到今天的三年一大变，战略规划的前瞻性、流程组织的适应性，以及人力资源的换新性，决定了自己走在机会前面，还是被机会甩在后面。第二，开放思维，突破行业的固有做法。无论行业的固有做法有多优秀、多经典，要根据十年后的行业情形来规划今天的企业动作，而且多借鉴身边的消费品行业做法，用全新的视角、开放的心态与混搭的思维，重新审视现在，才能谋划出全新的未来，预先布局，赢得先机。第三，创新意识，创新在很多时候，带有一定的破坏性，患得患失的经营意识，肯定会受到不小的冲击。最怕的情况，就是嘴里念着创新，可心里惧怕创新。成功迹象未浮出水面之前，强烈的创新意识至关重要。

单兵强、体系弱的工业品行业，学会穿针引线的巧功夫，才能将机会转化为可能的成果。战略定位，穿起资源的经纬线；差异化营销，串接需求与供应的交叉线；服务商角色，填补产品生命周期与客户终身价值的缝隙。顺着大机会的波浪，用体系再造激发出经营活力，劈波斩浪的日子，就在不远处。

目录
Contents

第一章

Chapter 1

顺大势，立大志，成大事

——时势造机会，机会成就人

变局下的工业品企业 7 大机遇

市场开放的三十多年里，消费品企业一骑绝尘，凭着对客户的洞察与灵活的营销组合，打下了江山，创立了不凡的品牌。消费品企业掌握了做市场的巧劲，专心于产品研发与市场营销微笑曲线的两端，加工制造纷纷外包，轻资产、重品牌的做法，收放自如、收益颇丰。

可转身看看我们的工业品企业，依然粗黑大，以规模为能事，视制造为命根。一番春秋已然消逝，做大的工业品企业，利润薄如窗户纸，稍遇市场波折，拼搏几十年的梦想就被毁灭；而做不大的工业品企业，则是瘦弱的身子患上了大企业病，向前不能，向后不甘，怎一个苦字了得。

天变了，撑着油纸伞的工业品企业，再也找不到那个令人向往的雨巷了。自产自销、小而全、高大尚，这些昔日让人倍感自豪的做法，如今成了前行的包袱。斩不断情丝的工业品企业，无法打开经营的心扉，面向小而专、大而强的创新时代，保持古法的死脑筋，坐等时机，结果落得坐叹时运不济的寂寥。

工业品企业要么整合、要么被整合，摆在面前的路只有两条。产业整合者，先为他人做局，再为自己谋利，资源要求高，忍耐力更要强，否则，平台成员来也匆匆去也匆匆，空留一个曾经响亮的平台名号。被整合者，没有丝毫的委屈，自己的专长被他人尽情利用，这才符合市场经济的价值交换之道。小而专的企业，不必忙着全面出击，做好一个或几个自己专长的价值链环节，得到不菲的回报，企业经营也可以做得风生水起。

顺着产业链，整合与被整合乃大势所趋，每家工业品企业都要想好自己的角色，主角就那么几个，而配角也不是混混日子就能当好的。配角，也要对产业趋势与客户需求洞若观火，正确把握平台型企业的格局与调性。一场产业的大戏演好了，得利者也一定不少。在产业整合的大趋势下，专业化经营已进入人们的战略视野，而懂行且乐于创新的企业会是下一波产业大势的宠儿。

顺应产业与社会变革的大趋势，立志做实业、发奋搞创新、乐意用营销和立大志的工业品企业，后来居上、弯道超车的机会多如海滩的沙粒。实业的态度，就是为行业开辟新天地、为客户创造新价值、为企业谋求新未来，使命感与创新力，不可或缺。而营销这个鲶鱼效应，则是实业心态与创新能力的大出口。营销新，则战略新；营销活，则企业活，不善待营销、不擅用营销的工业品企业，会与机会擦肩。

何为大势？国家五年发展规划的大蓝图、产业格局的新动力、客户价值的新感觉，营造了一家企业成长所需的环境。顺应大势的企业，立下造福社会的大志，成就一番大事，也就水到渠成。而以生产制造为中心的保守型工业品企业太钟爱大生产、太执迷于性价比、太依赖经销商或销售人员，而放弃了与客户的直接相处，缩在工厂的一隅，坐井观天描画未来。

1. 改革红利：以市场为中心配置资源

2014 年“春天的故事”在两会中拉开序幕。“改革是最大的红利”、“以经济体制改革作牵引”、“市场在资源配置中的决定性作用”这三句决定性的话语，从十八届三中全会一路走到今天，愈加明朗和坚定。如果说前三十几年的改革开放重在盘活外部市场，促进内部体制的松绑；那今后的二十年，则是释放经济体制的活力，扩大平等参与的市场主体，市场竞争更由看不见的手来自行调节，以市场竞争的公正与公平推进社会的公义与公利。

说起来有些郁闷，中国认认真真进行了三十多年的改革开放，至今还有一些国家不承认我们是市场化国家，究竟是为什么呢？部分原因是金融、电信等行业没有完全开放之故，更多的则是我们对市场的理解与做法与欧美国家相差很大。市场的交易活动、规范秩序这些看得见的标准，我们做的还是有模有样的，可契约精神、创新精神与商业文化这些软性的要素，我们的企业还没有多少起色。改革红利来自市场放开的直接效益已经不多，更多的红利肯定产生于文明软实力。

◆五个关联事件，重塑工业品产业格局

以市场为中心配置资源，对企业而言意味着什么呢？国企的垄断权力削弱、民营企业进入行业的门槛降低、客户的选择权力更大、外资企业的大举进攻和产业并购风潮逐渐变高，这五个事件是相互关联的，一个发生了，另一个跟着到来。在一波波的产业变革风浪中，后浪在前进，前浪快要死在无所作为的沙滩上。

国企从产业链的市场端，逐渐往产业链的上端走，做起了垄断资源的舒服买卖。只要终端客户的需求存在，制造企业就会开工生产，原材料购买势必自动产生，这时候定价主动权就握在国企手中，因为下游企业难有机会从国外直接进口原材料。谁有资源谁做主，内贸市场的霸权主义，早已司空见惯，这与外贸市场的低声下气、争相廉价出卖资源的景象，可是大不相同。打破国企的天然垄断权，一个产业的下游企业才能翻身得解放，价值创造与价值分享的天平最终又回到公平的起点。产业链的寄生虫少了，产业中的价值流通则更为顺畅，有创造力的企业得利多，下游客户得享的价值增量也会更多，整个产业才能活起来。

行业开放度进一步加大，民企的进入机会一下子增多，行业整体格局会从“大欺小”转为“强帮弱”。规模大已不算什么本钱了，一家企业靠着政策干了二十多年，无利润、无未来地扩大企业规模，只是空留负债而已。有核心竞争力的企业，方为强者，他们不会横向无限扩张，而是顺着产业机会的动线与自己核心能力的覆盖圈，主动与其他有特色、有能力的小企业或联手，或并购，一同做大产业链的整合规模，统一客户端口、平等参与、公平分享利益。行业进入的市场化必将引发国内产业二次创业的新热潮，一批批有活力、有能力的创新型企业，将成为企业界的新奇兵。

垄断者走下了寄生的高台，创新企业有了施展的开阔地，受益最多的还是客户。他们以更低的成本、更少的时间，得到更多的价值与服务，购买的热情被激发，下游的消费市场也产生新商机。以 B2B（Business To Business）电商平台为例，当传统制造企业能打破上游的垄断、摆脱渠道的盘剥与物流的羁绊，产品价格就会大幅降低，电商的交易量提高了，企业的固定成本就被分摊，企业得以有精力去布局后服务市场。花开两朵的工业品企业用新产品做保底的存量，而在后服务市场上做起利润的增量，有盈利能力做后盾，持续发展不至于沦落为臃肿的粗黑大。

外资企业，身份一变再变，双手呵护的宠儿一下又变成国企的死对手。一些在欧美叱咤风云的工业品企业热闹地进入、冷淡地经营和令人失望的业绩，在国内市场一点起色也没有。每当在大型展会看到那些产品优异、技术出色的欧美工业品企业冷清的门庭和疲惫的人员，心生痛惜之际，又难免叹息他们的水土不服周期过长。而那些找到国内市场规律的外资企业却又在高速增长，他们明白二流技术、实惠价格与一流服务，最受中国市场欢迎。外资企业那些年以技术换市场，还为我们带来了先进的技术和管理，而如今明白的他们横扫夺走了国内企业的市场机会，却没有给我们留下什么财富。太极式经营、仗着对独特文化与关系的拼缝，遇到欧美强敌的拳击暴风雨，扛住没倒下的幸存者，恐怕只是少数。

工业品企业一直在圈养，当羊圈的篱笆一根根被拆除，群羊终得自由。羊多了，定招狼，闪电出击的狼群没多久就摆平了乱哄哄的羊群。我们的工业品企业无技术、无创新，真要在公平的竞技台上一较高低，输是必然的，而且会输得惨。市场的最后一道防线，若果真那么快放开，国内的企业羊群就会失去最后一道保护网，手无寸铁与凶狠的外资狼企业拼斗，悲壮之外，胜算不大。市场开放后的产业格局，强者笑、中者叫、弱者哭，工业品企业若想胜出，必经雄鹰再生的熬煎。

◆五个转型动作，围绕客户做市场大文章

以市场为中心配置资源，客户的话语权日益强大，快消品企业发生的变化也会在工业品企业体现。品牌、终端、差异化营销、区域市场精耕细作和营销统领管理体系这五个转型动作，工业品企业若能跟得上节拍，还有与内外强手周旋的余地。

品牌，工业品企业的死穴。一贯只和为数不多的企业客户保持联系，行业中寂寂无闻，大众市场上更无半点名声，这样的无名企业如黑暗骑士般，在阳光明媚的征途上，没有半点路人的注目。产品、企业、企业家、行业与社会的五个品牌阶梯，国内的工业品企业再难也得往上攀登，招牌不亮，企业的影响力就要减半。

终端再造，也是工业品企业面临充分市场化的必然之举。工业品企

业渠道被内部人控制，生产利润比不上经销商的零头，之所以被渠道牵制，就是因为与客户长期隔绝。经销商这个客户代言人，若以自我利益为中心，就会拿客户订单当令箭，指使厂家屈从自己的指挥。厂商利益分配，不是两方能自行解决的，忽视了客户的厂商联盟，就会失去价值的根基。模仿汽车4S店（整车销售、零配件、售后服务、信息反馈的简称）的工业品新兴终端，其用意是要把信息、销售与服务融通一体。客户零距离体验，方能完全感受产品内在的价值；客户的零耽搁服务，则更能体现供应商企业的诚信。而企业掌握了客户的一手信息，则能及时跟踪需求的变化，找到企业资源配置的金按钮，找到服务客户的资源，这才是创新产品、创造价值的活资源。

差异化营销，服装、化妆品等行业用的纯熟自如，可没有多少工业品企业善用此道。搞怪，人人都会，但让客户喜欢就难了。守正出奇，是差异化营销的灵魂。正，是客户价值的正向增加；奇，是让客户惊喜的产品或服务，对手没想到的招数。内功深厚的工业品企业，往往不善于格斗，出招慢，看不懂对手的变化路数，被动挨打的场景，让人不忍观战。跟风，依然是国内工业品企业的营销拿手戏，一个产品活了，千万人顿时围堵。企业得了营销近视症，又怎能看清明日的需求契机呢？数据分析与需求洞察，是差异化营销的一双火眼金睛，练就成功的工业品企业方能找到自己的营销特色路，赢得属于自己的客户群。

说到工业品企业的区域营销，跑马圈地者多，精耕细作之人少之又少。机会多的时候，谁也没心思忙于内部的精细化管理，只有外在机会少、竞争激烈的困境下，才不得不做实自己。经销商公司化管理、终端生动化和服务本地化体系，才能让一家工业品企业从粗放管理到精耕细作，在低价格水平下刨到不俗的利润，在存量客户中开出增量的花朵，可谓是根深叶茂的持久性经营之道。工业品企业决策者应多花一些心思在市场上，耐心观察对手的动作与本意，发现客户真实应用场景中的需求特征，也多瞧瞧自家经销商与业务人员的身手，让刻板的市场鲜活起来，营销决策也就极富战斗力。

营销技巧、方法和工具，工业品企业最为热衷。每次培训课或咨询服务时，客户都会提出明确的想法，想要学会简单实用的操作手法，而对营销思维与本质，却甚少关心。他们总以为能用的就是好东西，懂不懂没关系。营销，作为促进销售的一种外在刺激办法，根本没有渗透到决策体系中，更没有成为管理的重心与导向。营销，也许只是快消品企业的外家功夫，只要有好的业绩，一切方法和手段都可以选择。而工业品企业的营销体系性强，从战略、资源到执行，一个个环节紧紧相扣，容不得各行其是的散漫与懈怠。只有当营销统领公司系统，才会想客户所想、成就客户所愿。公司的根扎进了客户需求与价值实现的沃土，结果才会不负众望。

2. 结构升级：优胜劣汰中升起的新贵

多年前在一个日本家装电视节目中看到日本房屋狭小的空间，居然可以有那么多的用处。住着的人不仅觉得舒服，而且每个要用的东西，都恰到好处的随手可及。“小空间，大作为”，作为日本人的居住理念，也深深渗透到日本制造与文化的血脉中，小小的岛国，爆发出的工业化力量，煞是惊人。空间不在大小，结构布局与合理利用，才能让物的美、人的慧淋漓尽致展现出来，不愧对造物主的本意。

工业化时代，人的欲望一下成了正能量。因为人的懒惰，我们有了洗衣机、电饭煲；因为人的欲望，我们有了汽车和飞机，能在短时间内到达任何想去的地方。人的时间多了，却用去消费，于是，新的欲望诞生了，又去促进新的发明与制造。一个无休止的欲望循环，在工业化的技术与生产支撑下，得以逐步完善。工业，本是要把人从农业的不确定性中解救出来。结果，却把我们带向了更深的欲望深渊。重数量，不重质量；重外在，不在乎内心感受，工业生产力的大发展，本想让人们活的安适，却没想到培育了人类的无尽欲念。物质与精神的结构问题，硬生生地摆在我们眼前，家庭的、产业的、社会的，无处不在。

经济增长，根本目的只有一个，那就是改善人民的生活。这么讲，对幸福生活的界定就显得尤为重要。吃得饱、穿得暖的小康，早已让位于有车有房有存款的高大上，人们对物质追求的期盼，远超过我们创造的经济水平。付出少、得到多，这样的不对称结构主宰了时下的国人，让他们丧失了精神修炼，褪去了创新热情，人人念叨的都是看得见的物质财富，殊不知这些财富由何而出。结构性矛盾，势必掣肘社会经济的结构性转型。

2014 年国内市场经济，有几个大数据我们要细致揣摩一下：GDP 增速为 7.5%，CPI 为 3.5% 左右，财政赤字为 1.35 万亿元，广义货币增幅 13%。这四组数据说明经济增长速度与生活质量并驾齐驱，特别是内生性增长，得到了较大的重视；投资拉动仍然是经济增长的主动力，一些大型政府工程会是行业快速增长的吹鼓手；在财政赤字中，地方政府只有 0.4 万亿元左右，这意味着中央财政对大局的绝对掌控，地方政府的工程项目与负债都受到较大的限制。一方面，市场要更为开放；另一方面，经济大局的掌舵权逐步向上集中，中央与地方、鼓励行业与限制行业、投资与消费、速度与质量一连串的结构性调整，势必带来一些经济新风尚。

2014 年的施政报告简洁明朗、用词精炼，其中创新驱动，新型工业化，信息化，城镇化，农业现代化，转方式、调结构、促升级，是贯穿全文的六组关键词。靠创新闯出一条新型工业品道路，意味着拿来主义的破产。技术创新、管理创新、营销创新，才能带动产业的集体突围，走自己的特色路，不再步欧美日企业的后尘，中国企业在国内与国际市场才能赢得主动权，才可摆脱因产业链低端而受的挤压与盘剥。

面对 2014 年的国内经济结构转型，我们的工业品企业也要相应地做好三件大事：

（1）从短期来讲，营销创新最重要，得客户者得市场。

（2）从中期来讲，技术创新很关键，过硬的产品与方案，是企业比拼的硬功夫。

（3）从长期来讲，管理创新的效益最强，特别是在短时间内整合资源为客户所用的能力，让客户有活力，让合作者有利可图，让行业与社会资源流通起来，这产生的集约效应，比企业的单打独斗强百倍。

◆结构均衡高于数量级别

一个人的幸福感，是由社会地位与内心体验的自我混合评价决定的。人最难过的关，不是别人的白眼与鄙视，而是静下心时，无法接受现在的自己，懊悔该做的事情没有去做。物质与地位，是结果，却很难开出幸福的花朵，只有经历过程中的得失与体验，才是自我评价的唯一依据。过程正确、结果正当、外在所得与内心所炼的结构性均衡，才有可能让自己获得幸福。

生活失衡，产业也难幸免，什么样的人生理念，就有什么样的社会经济。产业这个中观层面的局面，也与微观的生活、宏观的社会共呼吸共命运。但可叹可怜的是，工业品行业的结构失衡，陷入了同质化经营的数量级堆砌。行业机会，众人眼里看起来是一样的，做法也是相互抄袭，做出来的产品与制订的市场策略并无二致，结果呢？同样的客户与同样的供应混杂一团，客户只挑最便宜、最听话的供应商。

避开同质化竞争，必须进行差异化营销。做到不同，这很简单，要做到需求与供应的差异化组合，却要对需求洞察、营销策略与组织流程，提出了不低的要求。一件裁剪得体的衣服，穿在不同的人身上，效果大不相同。差异化营销有两种打法：一种是攻城战，拼尽资源去造势，好让客户觉得自己是唯一的，而内在却是换汤不换药。花在自我包装上的心血与费用，比内在价值创造的功夫还要多，价值虚胖、经营虚空、营销虚夸，如此“三虚”型工业品企业，要进行企业经营结构的自我更新，难于上青天。另一种是攻心战，从心了解客户的需求，引导客户恰当地选择与应用，心思全花在用户体验与价值获取上，避开死缠烂打的消耗战，改打客户价值的创造战，这才是正儿八经的差异化营销。差异化营销需要工业品企业从战略思维方式、营销策略组合、客户价值结构等多方面，进行自我调整与自我改造，这是大工程，非一两句豪言壮语、一小段时间咬紧牙关就可以一劳永逸的。

结构失调、经营失序，结果必然失控。工业品企业市场机会与战略纵深，多得让消费品企业嫉妒不已，可我们就是不珍惜，反倒唉声叹气，真是身在福中不知福。结构，就是企业资源的分配、战略的重心以及管理的轻重缓急，好比一个人的长相，每个部分长得好看，凑在一起未必就漂亮，而且气质决定精神面貌、影响容颜与风采。工业品企业的气质与气度，来自战略客户化、营销差异化以及管理规范化，追求内在品质的企业，恰如其分地装扮一下自己，光彩照人。

工业品企业的结构失衡问题，若再较真一下就会发现，大生产没有大营销的出口，一股脑钻进规模生产、成本降低、价格拼杀的怪圈，回头是岸的机会就少得可怜。工业品企业的再兴，急需一次彻底的再生，找到营销的大出口，才能找到以外促内的经营大手笔，降低成本、提升营销，拉动企业增长的两极，促进企业转型。结构均衡的工业品企业，要告别重数量的粗黑大，转向注重客户价值，做到了这些，工业品企业的春天也就不远了。

◆结构效率大于运营效率

胖人要跑得快，第一件事就是要减肥，身体轻了，跑起来才会快。若还保持着大体重，然后苦练什么胖人快跑术，恐怕只能与更胖的人比速度。工业品企业也是一样，若想抓住经济转型新时期的新机遇，必须从自己的内在结构与外在规模两个方面齐动手，以结构效率牵引运营效率，才能获得更好的经营效益。

结构效率，好比混凝土，质量好固然重要，可沙子、水泥与水三者的比例却更直接影响混凝土的强度。工业品企业的结构效率，就是要在营销与生产制造、战略与管理、自营与经销、线上与线上、品牌与规模等方面，找到合乎客户需要、适应竞争节奏的经营配方，这比在低价中找利润、在散乱中寻效率要简洁明快得多。

产品结构、客户结构、销售与服务的权重、区域与行业的均衡度、存量与增量的辩证关系，这五组结构性标准衡量出工业品企业经营实力与发展潜力，也是企业战略诊断、经营审计与营销自查的好工具。

产品结构，是工业品企业获得市场能力的根本，通常会用波士顿矩阵划分出现金牛类、明星类、问题类和瘦狗类四类产品，对于不同成长阶段的企业，有相对优先的组合。比如，对于新创企业而言，力争在某个产品、某个行业或某个区域，培育出一个金牛类产品，在巩固公司经营根基的同时，其他产品推广的后援力量也更强了。由于数据不全与不可验证，波士顿矩阵的概念在国内工业品行业可以借用，而手段与算法则必须另起炉灶。跑量产品、利润产品与形象产品，这种三类产品划分法，可以更好地用来评定一家企业的产品结构。若是在竞争复杂的行业，还可以加上一个战术产品，主要用来打击对手，或引爆客户购买的人气。

客户结构，要比产品结构伤脑筋得多。企业靠着自己的技术积累、制造经营与资源整合，多少还有些主动权，通过创新来改善产品结构，还是有办法的。而在客户结构方面，好客户难获得，差的客户又不能丢，几年业务做下来，客户结构就成了一堆烂账。有些客户，要不是销售压力太大，早就想放弃赔本又没有潜力的鸡肋客户，也就在销售淡季或产品滞销的时候，帮自己冲一下销量。**客户结构的转变，首先，便是战略定位的转变，赚什么客户的钱，拿什么去赚钱，有所为、有所不为的决心与持守最为重要。**其次，就是流程组织的功能转型。指挥棒的方向变了，做事方式与程序就得随着变。最后，是人力资源的转动，人才的能力要求与团队的组合方式需要一次全新的洗牌，个人的自我更新、团队的自主更替，已成箭在弦上之势。

销售与服务的权重，实则是赚一次钱与赚多次钱的差别。卖产品，只赚一次钱，客户的选择权与对手的拼杀导致利润微乎其微。而卖一次服务，利润则高很多。客户急需、产品有独特性、配件与维修及时到位，这些软性服务就不容易硬比价了，而且可靠可信的服务，对客户而言也是一种不可替代的价值。销售打开局面，服务提升利润，不少基础型产品结构明确的企业或工业的服务商战略新定位已经开始试航。

区域与行业的均衡度，是集中与分散的取舍问题。不少工业品企业的业务集中在几个区域或行业内，管理成本相对较低，效益相对好一些，可业务大起大落的状况也明显增多。没有大广告，管理标准化不够，造成了区域之间的发展不均衡，而新行业开发，很多时候需要不同的产品或解决方案。对于工业品企业来说，多一个特殊行业，就等于多了一个事业部，流程与组织相应变复杂，且新行业的客户接受度低，进入的速度与业务的增长慢，短时间内入不敷出，这也让小微企业裹足不前。区域与行业的广与深，销售型工业品企业难以兼顾，唯有营销转型升级的先行者，方有机会点燃双响炮。

存量与增量的辩证关系，则是养鱼和钓鱼的关系。好不容易钓到的鱼，舍不得吃，放在存量的池塘里养大，这是在存量里找增量的做法。而国内的工业品企业习惯了在增量里找机会，满眼都是鱼，不如钓鱼或捕鱼来的痛快。工程机械行业在N万亿元的利好政策中，行业景气度连连上扬，大鱼群就在眼前，企业纷纷扩充产品线，扩张生产规模。可当增量退潮时，连行业领先者也遭受销量下滑与应收账款疯涨的双重挤压。在7.5%的GDP增速大背景下，面对存量挖潜与增量抓单两手抓、两手硬的经营压力，主动迎上者的胜机肯定比犹豫不决的企业多。

3. 营销变革：非传统沟通与销售利基

难得到的东西，人们倍加珍惜，而轻易送到嘴边的肉，却连啃一口的心思都没有。营销，在国内走着两个极端，消费品行业的营销过度与工业品行业的营销缺失。同样是客户心理战，为何一头热一头冷呢？心理定式在作怪。

客户数量的多少、大媒体的投放效益、接触客户终端的便利、产品冲动购买与高频次，甚至客户产品的多寡，都成了 B2C（Business-to-Customer）营销与 B2B 营销的楚河汉界。这些要素真的那么重要吗？一句话，都是传统媒体时代的“推销思维”，把客户想象成一个个需求方格中的饥饿者，只要产品合适、劝说得当并辅以产品性能对比与服务承诺，客户就会被打动，然后掏钱购买。而 PC（personal computer）与手机网络兴起的新一代媒体，逐步将营销从 4P（产品、价格、渠道和促销）带往 4C（消费者、成本、便利和沟通），未来，还有可能达到 4R（关联、反应、关系和回报）的境界。以客户为中心的营销思维，终于有了自己的客户阵地、媒体手段与思想武装。

推销到营销的变革、客户价值创造与传递的方式都需要彻底变化。推销盘算的是只要客户愿意买，自己怎么做都愿意，费尽心力让客户买那些可能有用、可能无用的东西，价值交换过程中的损耗大，也根本没有二次创新的可能。推销时代，业务为王，谁手上有客户信息，谁能打通客户内部的购买环节，谁就掌握话语权。业务员和经销商俨然成了客户的全权代言人，跟供应方讨价还价的精力，远多于帮助客户购买自己最需要的产品或服务所花的精力。

每个人都忙得要命，而创造价值的人却甚少，忙碌的中国，人均 GDP 与幸福指数一直居末的原因，正在于此。一流的公司，静悄悄，一切井井有条，外来体验的人，容易觉得乏味；而经营忙乱的公司，却意气风发，朝令夕改，无数的热情消耗在错误的地方，人与人之间的沟通，热闹有余而效果不足。这样的忙乱型公司，在工业品行业很常见，内部营销冷峻、外部营销燥热、互动营销稀薄，这三个症结导致营而不销的尴尬局面。

内部营销，就是围绕客户需求，将内部各职能拧成一股绳，将资源的好钢用在客户需求满足的刀刃上，企业的经营效益与竞争力自然出色。有人说："企业不是有流程组织、规章制度与绩效考核吗？每个人、每个部门照着规定去做，不就成了吗？"生产制造等相对固定的事项，通过标准化、规范化就可以做好，而营销与服务等相对变化的事项，不用心、不付出情感，一个个活生生的客户感受不到企业的内在气质与价值流动，只好面对着静止的产品，比价格、谈条件。内部营销，要成为好价值的源头活水。

外部营销，无外乎做好三件事：发现价值、创造价值与传递价值。研究客户需求，根据社会、经济、人文的变化趋势，从而界定需求并导引到产品研发与服务设计。记住，先有需求界定，后有产品研发，不能反过来。如果企业跟客户一样懂得自己的经营方式与盈利办法，还有多维的视野与客观的判断，那么产品与服务在客户经营过程中创造的价值越多，客户自己就越有可能主动找你合作，省下的很多用于传递价值的时间，可以用来共同琢磨客户的需求。

互动营销，是体验经济下的营销创新应用。按说，工业品营销的互动性比快消品强许多，可在实践中，却是少得可怜。从售前的客户企业了解、方案预想与设计、方案沟通，到方案的调整与商务谈判，再到产品生产、交付与售后服务，甚至一些大型设备或产品在购买之后的若干年内还在配件、维修或二手交易上有多次接触和合作的机会，可就是这样长期且深入的相处过程，居然没有多少工业品企业想到用互动营销。老夫老妻了，不注意招人的形象、不在乎动听的言语，总以为自己以诚待人、以心交往，可对方呢？肯定不是这么认为。感情，需要不断地付出，没有一次付出、终身受用的好事。客户沟通与互动，每一次都是最后一次，做好了九次抵消不了一次失误，这是人性，别跟人性过不去。

◆解决方案，整合产品与服务

客户买的不是产品，而是产品和服务带来的客户价值。花钱买的是价值，购买也就成了投资。企业经营，跟婚姻家庭一样，先恋爱后结婚，有感情基础，生活中就多了理解和包容。这还不够，每一天都要跟初认识时那般新鲜，以价值交换去吸引对方，而不是依靠一张纸的力量。婚姻的产品，孩子、房子和日子，这些都是看得见的，而婚姻的价值在于成就对方、成就自己，每个人的最终所得比付出多，这就是婚姻经营的增加值。

婚姻，生活中的解决方案，而工业品营销，则是产品与服务构成的客户价值解决方案。说到产品，离不开标准化产品与定制化产品这个话题。标准化产品容易上量，生产管理、销售与服务也都轻松一些，可价格透明、客户争夺激烈，利润薄如蝉翼，规模做的再大，盈利能力也是脆弱不堪。而定制化产品对营销信息、客户需求界定、产品研发、及时采购和柔性生产等环节，都提出了一些互相矛盾的要求，那就是既要好，又要快，还要便宜。定制化产品的好处不少，利润高、差异化营销可塑空间大，可要小批量多频次调整，流程僵化、利益固化的筒仓型工业品企业闻到肉味，就是吃不到嘴。

产品与服务的打包，只是解决方案的初级版本。真正的解决方案，要渗透到客户经营中。比如一台空气压缩机，光是根据客户生产的峰值要求，就会设计和提供一台超大气量的产品，而在大部分的非峰值时间里，大功率、大气量的压缩机造成了能源的严重浪费，还需大量的维护保养费。一台大功率的空压机若是由两台小功率来替代，那对客户来说更实惠。如果空压机行业能够学习叉车租赁，那么客户就会有好几种选择。

因此，解决方案涉及的不只是产品，还有客户的应用状况、购买能力。若只到这一步，解决方案还不够深。一台产品或设备，在其使用的整个生命周期里，其自身的价值变动与客户经营价值创造的辩证关系要恰当处理，才能产生出真正的解决方案。从产品生命周期管理延展到客户价值创造流的管理，客户经济学应运而生。可见，解决方案不再是营销或管理层面的创新，而是上升到企业经营与价值输出的战略层面了。

◆价值传播，引领客户心需求

消费品走大众传播的群众路线，工业品走小众传播的精英路线，仿佛已成定规。当前的传播理论过于重视人群覆盖、到达频次、对受众看到传播内容的反应，以及传播杂音之间的交叉影响，研究得很浅。在传播实践中，没有解决目标人群动态划分的老难题，只是依据收入、年龄、区域和职业等静态因素采样数值，硬是将客户放在一个个对应的格子里，然后用传播的网络去一个个覆盖。工具化的传播思维、活生生的客户、多变的消费习惯，被粗暴地整齐划一。

“谎话说一千遍，就变成了真话。”这种愚民的话，之所以有人敢高声嚷嚷，就是仗着财大气粗不断投放媒体广告，占据客户的思维空间，利落地将产品塞给客户了事，只是实足的强卖而已。传播，只是让客户更方便、更清楚地了解产品或服务的价值，自身并没有价值可言。而膜拜传播价值的人，只因没有拿得出手的产品或服务。

在创造价值过程中，捎带把传播也做了，才是价值传播的主旨。试想，客户第一次见到的是什么，心里有什么感受，这不就是企业品牌吗？品牌传播与内在实质应该一致，不能搞成艺术照，与真人有天大的差距。不见面还思念，见了面才发觉受骗。工业品企业，每一个人都是价值传播的传递者，也是客户价值理解与传达的使者，这种双向互动式传播，比起媒体的鼓噪更有实质性意义。用心倾听客户需求，以互动营销串起内部营销与外部营销，成就价值传播的金三角，成为工业品传播的新标杆。这做起来肯定难，可机会肯定多。

第二章

Chapter 2

产业链的整合机会

——独乐乐，不如众乐乐

叉车，在国外成熟应用多年后，输入中国市场，一开始就被国际品牌占据了高端品牌、技术和标准。国内品牌从模仿开始，然后极力做大规模，凭的是对国内复杂的人情世故、商业特质和渠道关系的深刻理解。这些先富起来的国内叉车品牌，比如合力、杭叉、宝骊，除了销售数值得夸耀，就没有其他可说的。销售毛利低、渠道成本高、高端产品薄弱，做大之路好找，但做强之门难寻。

江苏宝骊集团（简称宝骊集团）在销售额达到10多亿元后，忽然发现自己没有打开品牌与技术之门的金钥匙。若是埋头发展，一是风险很高，研发能力和公司财力难以支撑；二是好不容易搞出来后，市场机会可能早已消逝无踪影，怎么办？宝骊集团想到了欧美企业的产业链套路：自己没有的，直接找有的人去谈合作。

于是，2009年凯傲集团与宝骊集团形成了一个合资品牌：凯傲宝骊。凯傲集团本身就是一个产业整合型的投资集团，拥有林德（Linde）、斯迪尔（STILL）、芬威克（Fenwick）、欧姆·斯迪尔（OM STILL）、宝骊（Baoli）和沃特（volts）六大品牌，是欧洲工业叉车市场的领导者，全球第二大工业叉车制造商，也是在中国占据领先地位的跨国供应商。小舢板，编组到大航母中，资源的威力立刻显现。

凯傲宝骊主攻中档产品，以中国为核心市场，兼顾拉美和中欧地区的出口业务。凯傲的研发和制造技术、全球营销网络，让宝骊集团花开两朵——产品上档次、网络上规模。这两样连安徽合力股份有限公司、杭叉集团股份有限公司这些国内老大哥都无法做到。而凯傲集团也收获不小，得到了自己的第四个品牌，品牌阵营更为丰满，在原本薄弱的市场和产品上也增强了竞争力。

如果说凯傲集团收购宝骊集团是螳螂捕蝉，那潍柴动力（潍柴动力股份有限公司）持股凯傲集团则是黄雀在后。只不过，这一次是共生的整合，而非殊死的对攻。2013 年 6 月 28 日上午 9 时 21 分，世界知名工业用叉车制造商凯傲集团在德国法兰克福证券交易所成功挂牌交易，股票开盘价 24.19 欧元。潍柴动力通过行使凯傲股票的认购期权，进一步增持凯傲集团股权达其上市后总股本的 30%（具体如图 2－1 所示）。潍柴动力是做发动机起家的，进而扩张到动力总成、液压控制、零部件和整车整机。在液压控制、整车整机方面，凯傲具体的资源能让潍柴动力从新秀摇身一变为国内领先者。同时，潍柴动力还获得了宝贵的 3 名监事会成员资格，有机会参与凯傲集团的决策，并能整合凯傲集团在欧洲的产业资源圈，使自己的产业经营大思路有了落地的基石。

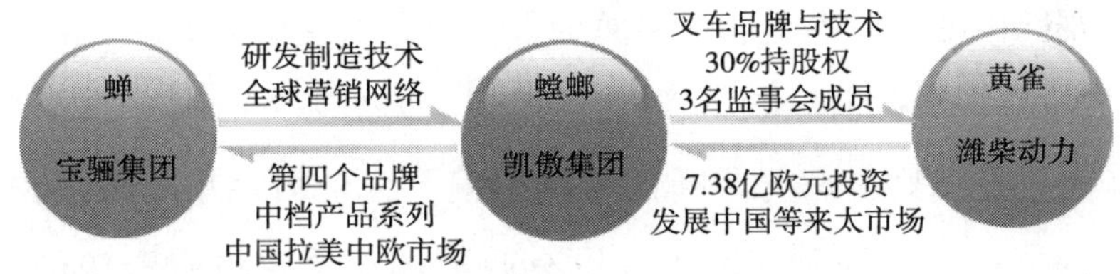

图 2－1 产业链搏杀，螳螂捕蝉、黄雀在后

技术创新，能让中国企业结构性升级，是典型的弯道超车术。让人心寒的是，技术创新多半是梦想，成功率低，时效性差，导向性乱。新材料、精密制造、工艺设备的落后，导致新思路、新创意无法形成并商业化，因此技术创新的成功率很低，通常得不偿失。而且，没有几家企业敢把一帮技术骨干投在技术创新的长期战线上，现实中的产品升级是生存的根基，这个根基一旦崩塌，明天的朝阳即使有，也只能照在他人的身上。因此，时效性差的技术创新，难解企业的当下之渴。况且，很多工业品企业的技术创新没有明确的目标，缺少原创性，也没有市场论证与趋势把握，成了为创新而创新，不能为企业的竞争力与盈利能力带来可见的好处。导向性乱的根源是因为没有把技术创新与市场需求、核心竞争力等明确目标对接起来。

变局下的工业品企业7大机遇

既然技术创新的弯道超车梦难圆，那就只有产业链整合一条路了，特别是对于国内工业品企业来说，以市场换取对等合作条件的机会仍然大量存在，而且依旧可观。你想，欧美市场的规范性、稳定性，也造就了欧美工业品企业的一些问题，比如市场敏感度不够，老是拿着欧美的有色眼镜看中国市场，但那么多有技术、有品牌、有实力的欧美工业品企业，就是在中国市场做不起来，问题到底在哪儿呢？体制问题，只能是借口。真正的问题，是这些欧美企业没有尊重、没有看懂中国市场。国内市场，尤其是工业品行业，保守中突现转变，转变中无规律可循，没有火眼金睛，光靠数据分析与趋势判断，恐怕总是站错队。

细观国内的工业品企业，小而全、大而全的现象很明显。由于没有特别的产品、特殊的模式，只好面面俱到，生怕丢失商机，于是变成小而全。大而全，则是一些垄断性国企的偏好，企图靠量的规模去弥补质上的虚弱，这是经营错乱症。没有政策的偏爱、没有资源的垄断、没有先行的优势，也许这些大而全的国企还能有更好的活法。靠山吃山，最终成了一只只外强中干的纸老虎。产业整合，不是小而全，也不是大而全，那它究竟是什么呢？**产业整合，也许存在一个“鞭子法则”，柄握的够紧，鞭子够长，挥动的够威猛，产业链的整合效应就会更强势。**

柄握的够紧，就是一家企业的核心竞争力要够明确、够强悍，它好比“1”，鞭子长度、挥动力度则是后面的无数个“0”，没有“1”，再多的“0”也还是个0。鞭子的长度，是产业链上下游的跨度，甚至是跨行业的宽度，这意味着产业整合的企业成员数量和潜在市场容量。一片小树林可以怡情一家人，而一片大森林则能荫福一群人。鞭子挥动的力度，就是相关产业的影响力，比如品牌杀伤力、标准引领、占有率领先、成员互补性等（具体如图2－2所示）。

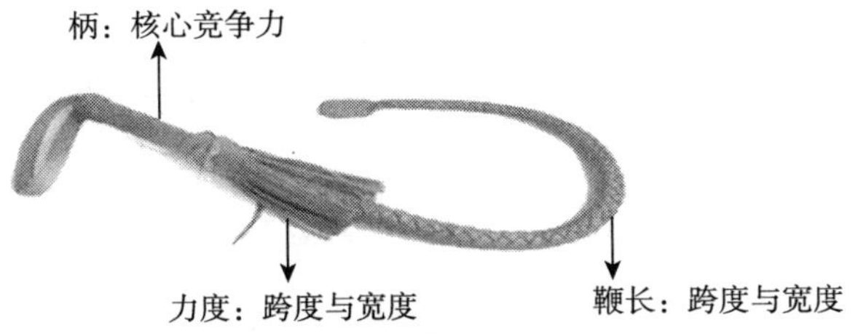

图 2－2　产业链整合的“鞭子法则”

若是用产业链“鞭子法则”审视国内的工业品企业，我们会发现这些企业基本上还处在各自为战、竞争远大于合作的原始阶段，产业生态以内斗、内耗为主流形态。我们太在乎眼前的一片小树林，而对一片大森林感到不靠谱，过于务实的做法，造成一叶障目、不见森林的窘境。国内市场恶斗、国外市场乱斗，我们的制造业就是为别人打工的，让欧美日的相关产业链坐收渔翁之利。**要想在国内市场立足，要想获取国内市场增长的利益，就必须告别小而全、大而全的自治局面，走向结构互补、经营互利、战略互生的产业链整合新生态。**

1. 工业品企业，看清楚生态与食物链

有效的竞争与合作，是产业链整合的内在准则，也适应大自然生态环境，特别是食物链的形成与发展。“大鱼吃小鱼，小鱼吃麻虾，麻虾吃泥巴。”吃与被吃，看上去似乎都很悲惨。其实不然，食物链的每个环节，都与上下游形成能量循环，从而生生不息。上游的技术研发、工业设计、管理咨询、金融和零部件，中游的整车整机生产加工，下游的经销商、终端、最终用户和售后服务，在这其中，物流横跨了每一个产

业链的上下游。国内工业品市场，上下游的合作基本上是单循环，上游求中游，中游求下游，离最终用户越近，话语权就越大，所谓“近水楼台先得月”。

工业品行业的竞合可行性，要比消费品行业大多了。客户懂行、行业相对透明、资本介入程度较深和全球化经营较为常见是工业品行业有效竞合的四个有利条件。

（1）客户懂行。在产品性能、稳定性、技术含量、合作接口上，供求双方深度接触、持久合作，有时候买方比卖方更懂产品，这要比内行对外行的消费品行业简单多了。

（2）行业相对透明。产业政策的明确指导、行业协会的沟通协调、人员的圈内流动、展会上的直接碰撞和核心技术的同一来源，导致工业品行业内的企业彼此知根知底。他们斗起来两败俱伤，合起来能量无穷，关键在于企业决策者的眼界、心胸与领导力。

（3）资本介入程度较深。高新技术类创业企业受到 PE（私募股权投资）的极力追捧，高风险的雾霾丝毫遮不住高成长的阳光。当技术与资本结合时，一家企业撼动产业格局的可能性不能小视。蚍蜉撼大树的不自量力，只是那些看不到技术创新改变市场的近视眼的自说自话。

（4）全球化经营较为常见。工业品企业难以固守一个区域市场，也不大可能只做国内市场，不顾国际市场。消费品行业与大型终端、口味、风俗和文化等牵扯较深，而工业品行业则相对通用化，只要大家的技术标准是一样的就可以顺畅合作。环顾左右，你会发现很多小型工业品企业，比如五金配件、叉车、化学清洗剂，都有内销部与外销部的部门或人员设置。

◆产业链合作，从单循环到双循环

单循环的产业链合作，通常是自远而近的，远吃亏、近得福，这种单一局面正在发生不小的改变。英特尔是典型的工业品企业，它的产品一般都是卖给计算机生产企业、政府机构，个人攒机的时代已一去不复返。英特尔的 Intel Inside 运动（具体如图 2－3 所示）就是一次反向玩转产业链的经典之作。英特尔知道，要想超越 AMD（Advanced Micro Devices），要想产品溢价高，就必须先拉动最终客户的需求热情，形成一种终端市场的追捧效应，然后就能逼宫产业链上的生产性企业客户，从而形成供应与需求对等合作的局面。况且，当一款 CPU（中央处理器）火起来之后，没用它的电脑就会被用户打入冷宫，那时候再求英特尔合作，就会很被动，所以，英特尔的主打产品一开始就能成为很多计算机企业的首选。**这种自下而上的产业链反向玩法，让英特尔从一家零部件企业，摇身一变成为计算机行业的执牛耳者。让品牌跑到最终客户的心中（Customer Inside），才是 Intel Inside 产业链双循环大戏的精髓。**

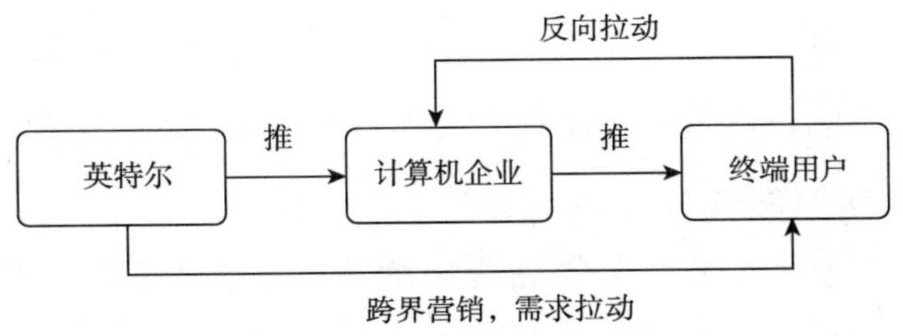

图 2－3　英特尔，玩转产业链的双循环

英特尔是国际性大企业，有技术、品牌、资金和管理的压倒性优势，国内的中小工业品企业又该如何以小博大呢？典型应用也许是唯一的办法，它聚焦了行业、客户类型的典型需求，用差异化的思维做相对标准化的产品和服务，以看得见、摸得着的性价比抗衡外资品牌的高大上，从而赢得行业金字塔底部和中部的庞大客户群，奠定自己在行业中的销量、利润的坚实基础，进而寻求局部突破，在中高端市场一显身手。此时的你，已经是产业链的中坚力量，没有一个上游供应商不喜欢你，没有一个对手敢贸然攻击你，没有哪个客户愿意忽视你。有了好的产业链角色，一场好戏就此开演。

◆现在就构建企业的微笑曲线

1992年，宏碁（宏碁集团的简称）的施振荣提出了台湾制造业的微笑曲线：研发和市场，占据微笑曲线的两个高点，就能再造自己事业的第二春。此时，可口可乐、耐克等美国企业，开始布局全新的全球战略。生产做外包、服务全覆盖、品牌来引领和研发做后盾迅速抢占了研发与营销的两个制高点，这也是美国企业弯道超越日本精益制造的一次壮举。从此，生产制造的老贵族不敌产业链整合的新贵族。施振荣对计算机的产业转移悟道较早，行动坚决，从OEM代工厂的红海中杀出了一条新路，开创自主品牌Acer，做强市场营销，做实产品研发，做空生产制造。由此，台湾电子计算机企业纷纷布局大陆，生产制造落地广东，品牌营销风靡全国。

国内的工业品企业，苦笑曲线比微笑曲线更为常见。研发没有底气，以模仿翻新为能事，鲜有革命性技术和产品的出现，头道汤欧美先尝，二道汤日韩当仁不让，轮到我们的也就是残羹剩饭。不能带来丰厚利润的研发，最多是一个唬人的招牌，与企业的品牌营销战略渐行渐远。有企图心的国内工业品企业，能否找到自己的进化版微笑曲线（具体如图2-4所示）呢？有，那就是应用研发和销售渠道。**应用研**

发，塑造产品的静销力；销售渠道，打造市场的动销力，动静之间，犹如太极的阴阳变化，在自家的市场上还是可以跟欧美日同行一较高低的。

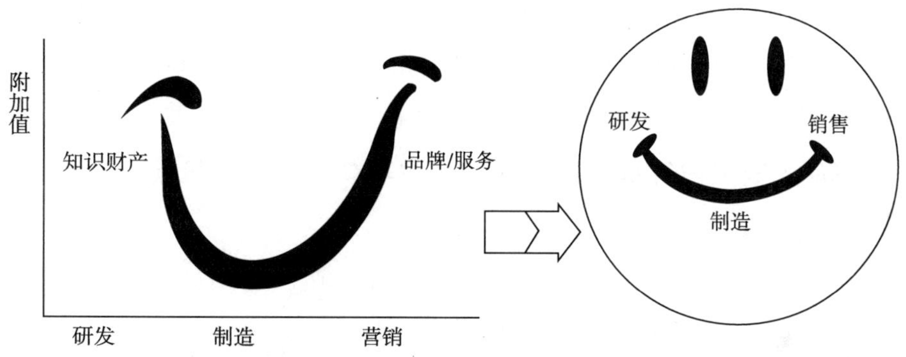

图 2－4　国内工业品企业的进化微笑曲线

◆产业链整合，用核心竞争力做赢家

有时候，查看工业品企业的核心竞争力，像是在剥洋葱，剥到最后发现什么也没有。有人说："创新是核心竞争力。"那么，何为创新呢？创造市场，新事新办，这就是中国特色的核心竞争力。

（1）利用需求的错位，找到技术应用的混搭机会，赢得市场先机。以电动仓储叉车为例，市场上就存在着一种功能混搭的产品机会，一辆车集搬运、堆垛和前移等多种功能为一体，只需要更换几个夹具或配置就可以做到。对于终端用户而言，多花 30% 的钱，买到 200% 以上的使用价值，太有吸引力了。这种以应用为导向的产品混搭研发，也许是欧、美、日同行难以想到、不愿做的。因为，他们已经有各种成熟的产品，自己也不想让产品线产生内斗，于是，这种创新的机会就有可能被国内企业抓住。

（2）新事新办，就是新产品、新区域和新行业的开发，要与新营销战略匹配。不少工业品企业欣喜地看到新产品对应的新客户、新区域对应的新商机、新行业蕴藏的新价值，然后就照着之前的思路和做法继续，“外甥打灯笼——照旧（舅）。”好端端的新产品、新区域和新行业开发，断送在旧思路、旧做法上，新事旧办是国内工业品的经营软肋。新事新办，就是经营方式或者说是盈利模式的改变，具体模式如图 2－5所示，有关内容请阅读第三章《盈利模式的复制机会——做足盈利的乘法效应》。

图 2－5　核心竞争力＝创造市场×新事新办

2. 三向整合，产业链整合的立体发展

产业链整合，不是简简单单的长度就能说清楚的。长度，意味着上下游盲目的通吃，最后成了一个样样有、样样差的肥胖型企业。国内产业的分割式布局，在产业结构升级、技术创新和机制激活的大背景下，会演出一场场立体整合的大戏。

在钢铁行业一片哀号时，宝钢（宝钢集团有限公司的简称）居然春光满面羡煞人，盈利飘红、产业多元，发展后劲十足。立足于“一业特强、多元化发展、电商化转型”，宝钢脱掉傻大、笨粗的旧帽子，戴上了战略先导、产业支撑的新桂冠（具体如图2－6所示）。

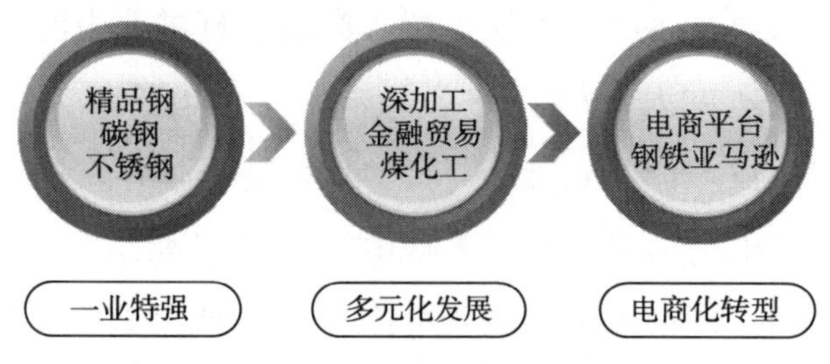

图2－6　宝钢的产业链核心多元化实践

（1）一业特强，指的是精品钢、碳钢、不锈钢三大主力产品，扎根于汽车、造船和建筑等国内迅速增长的几大行业。

（2）多元化发展，则是走贸易服务、金融、工程技术、信息技术、煤化工、钢材深加工和综合利用等核心多元化的道路。

（3）电商化转型，宝钢宣称要打造钢铁行业性的电商服务平台，夸张一点说，就是要打造钢铁行业的亚马逊。尽管现实之路难走通，但重型企业的轻型转变是有未来的。

◆纵向整合：供应与终端两大杠杆

尚德电力（无锡尚德太阳能电力有限公司的简称）高潮中迅速肢解的反面教训，让人对产业链的整合产生了巨大的质疑，一时间，小而美、小而强的呼声日益高涨。以差异化营销，抗衡产业链整合，仿佛是先强后大战略的不二选择，果真如此吗？

尚德电力轰然倒下的原因，也许是外在大势不济，内在关联交易、产品结构、管理思维，这个话题留给他人评说吧。我们还是来看看尚德电力在产业链整合方面有什么值得借鉴和反思的。上游硅材料的价格与供货稳定性，严重影响尚德电力等光伏电企业的盈利与交付能力，因此，尚德电力与上游供应商签订长期供货合同，稳住供货商，稳定自己的供货源，然后放开手脚在电池等核心产品上打拼。中游，通过自己的扩张与并购，快速做大市场，保持 65% 的复合增长率，四年做到世界第四，成功完成技术创业到市场与资本追捧的跨越式发展。

同时，尚德电力最早解开了光伏电行业的“死结”：发电企业没有钱建设光伏电站，尚德电力的光伏电产品或方案就卖不出去；自己的规模上不去，那就无法争取上游供应商、资本和政策的倾斜，如何解开死结呢？尚德电力精心设计了全球太阳能基金、尚德光伏电生产企业和光伏电站的闭环（具体如图 2－7 所示），让全球太阳能基金投给光伏电站，让光伏电站拿钱买尚德光伏电生产企业的产品，一份资金可以带来二份销售、双重补贴。当然，成王败寇，尚德电力的失败，也不必全盘否定，至少，施正荣（与宏碁施振荣的一字之差，命运失之千里）也为中国光伏电产业的全球化做出了有益的探索。

图 2－7　尚德电力的产业链闭环

如果说终端客户具有很大的战略意义，很多工业品企业都会同意，而把供应链的地位看得这么高，不少企业开始嘀咕了：“有没有搞错，卖货的企业是求我的，怎么能够跟我平起平坐，甚至成了我的座上客，这有点夸张了。”**核心的上游供应商，之所以能成为企业的战略合作伙伴，无非是有三个未被很好利用的潜在大价值。**

第一个价值，就是联合研发。上游供应商掌握的核心部件、技术和标准，若是能在第一时间与自己的新产品研发形成对接，就会极大地增强产品的性能优势，也让新产品开发的隐蔽性得以加强，特别是新材料、新能源、环保节能、尖端制造和生物医疗等新兴行业。上游供应商往往盘踞产业链顶端，一手拿着大棒、一手握住胡萝卜，那些只在供货量、供货价格上打圈圈的传统企业，只能是多挨大棒，少吃胡萝卜，为什么？因为，强势的供应商喜欢有发展潜力、有战略眼光的下游买主，他们会在这些有潜力的下游买主做大之前就主动投递橄榄枝，形成排他性紧密合作，当有活力的小客户成长为大客户，它的竞争对手就是想抢夺也是有心无力。可以说，盘踞顶层的强势供应商，他们做大是有道理的，胸怀产业链的大格局，然后精心落子，等到盘面占优的时候，对手才恍然大悟，追悔莫及。

第二个价值，打通产业链的人脉资源。技术、产品和服务，花钱就能买到，而人与人之间的认同、尽心尽力的合作、风险共担的开发和圈内资源的分享，光花钱是买不到的，得花心思。利乐公司怀着伯乐的理想，抓住蒙牛、伊利等黑马客户，要设备给设备、要资金给资金、要培训送培训，从一个包材供应商演变为中国液态奶产业的资源水库。哪家牛奶企业，越早坚定跟它合作，就越能打开牛奶行业的人脉圈与资源库，找对核心供应商，这不比攻克关键市场逊色。

第三个价值，是产品附加值提升。液态奶令人头疼问题之一就是常温保鲜，这与包材、灭菌和生产工艺等密切相关。而国内企业的头疼事，在利乐公司那儿早就不是什么麻烦事。有了利乐公司鼎力支持的蒙牛，以闪电速度夺得常温液态奶的霸主地位，企业排名从第 1000 多位攀升到前 10 位，只用了短短几年时间。如果没有上游供应商的通力合作，恐怕只会是天方夜谭吧。

终端的杠杆效应，在工业品行业内还不是那么明显。终端的个体化经营和散而乱的构成是阻碍工业品行业做强的短板之一。不知你有没有发现，在工业品行业中，企业大而强，而经销商或销售队伍小而弱，造成生产大规模与销售低效率的大反差，结果就出现规模再大也不怎么赚钱的怪象。

工业品行业一时半会儿还难形成沃尔玛、家乐福、乐购、麦德龙、国美和苏宁那样的终端巨头，也没有多大机会聚成来伊份、好想你那样的迷你终端部落，从企业到经销商（或自己的直销队伍）再到终端客户，渠道虽然扁平化程度较高，但信息对流、价值互补和服务共强的生态圈尚未成形。大型工业品企业还能养得起、用得好一支不错的销售团队，而小型企业，特别是技术驱动型的创业企业，就得又当爹又当妈，集技术研发、生产管理、营销开发和销售管控为一体。不把自己弄成全能型选手，就没上场比赛的资格。可问题是，全能型选手注定什么也不能。

比较务实的做法，就是生产型企业寻求那些有发展潜力的新型经销商、新颖经营模式，在资本、供货和服务上采取联合投入的方式，帮扶一拨与自己经营价值观契合、公司化经营的经销商铁军。说起来容易，做起来难。工业品企业的决策层以技术出身为主，对于终端市场感兴趣、懂行的不多。况且，营销的不确定性很强，无法用量化的方式进行精确管理，而生产制造可以薄利多销，而且确定性与存在感都很强，做起来有底气，说起来有豪气。

还有一点，自己的直销队伍要控制规模，以少而精为主，单纯以人数的扩大而带动的销售额增长，会耗尽企业心力与机会。而且，也不主张把每个直销人员都培养成孙悟空，会七十二变，而是要采取价值设计、流程合作的团队作战模式。因为，团队作战模式，对个人素质的依赖性会降低，启动的时候也许慢一点，但一旦开动起来，就会形成惊人的扩张力。先强后大的理念，可以在直销或经销团队上一展身手。

◆横向整合：结构互补的规模发展

德马吉（德马吉国际展览公司的简称），机床行业第一品牌，利润世界第一，规模世界第二（销售台数和销售额仅次于沈阳机床集团），英文缩写 DMG，由德克尔（Deckel）、马霍（Maho）和计得美（Gildmeister）三家机床公司组成，计得美公司取得了其他两家公司的股权进行收买，于 1994 年 7 月正式成立了 DMG 机床集团。

德马吉共有 9 家子公司，共 4637 名员工。德马吉在许多发展策略中十分重要的是经营部。经营部负责调查、了解世界用户市场需求，向生产部门提出生产计划和用户对新产品种的需求，及时供应用户。成功合并的背后，是该公司在欧洲等十家工厂对创新的不断追求，以及对生产和物流的不断优化。战略一盘棋、供应一条线、生产一片天、营销一条鞭，德马吉在机床行业的横向整合，值得国内同行深思。

反观国内机床行业，起家的原因是机械部的条块分配，形成了国内机床的十八罗汉，每家机床企业都是从相对单一的产品线，逐步形成产品多元化的格局，然后就面临着产品同质化、销售价格战、服务无盈利的残酷现实。沈阳机床集团算是国内机床产业整合的佼佼者，在沈阳第一机床厂、沈阳第二机床厂（中捷友谊厂）和辽宁精密仪器厂的基础上形成集团的雏形，进而参股和控股云南云机机床工业有限公司、昆明机床股份有限公司，形成了产品相对互补、产地全国布局的态势。而同一时间的大连机床（大连机床集团有限责任公司的简称）忙着埋头扩张生产，没有在产品结构、产地布局和市场组合拳上动脑筋，等到高速生产线落成时，才发现产能无法充足利用，没办法，只好低下身段去跟那些销售好、产能不足的机床企业谈生产代工的合作。

同样是横向整合，德马吉、沈阳机床集团和大连机床各走各道，结果各异（具体如图2-8所示）。德马吉的并购，立足于全球化布局，在产品结构、产地布局、品牌联合、营销统一上做得较为到位。横向整合后，内耗不多，影响力大增，这是可持续发展的横向整合发挥了“1+1>2”的应有效应。沈阳机床集团的横向整合，让中国这个制造大国拥有了自己的世界级机床企业。机床是制造之母，沈阳机床集团或许是中国从制造到创造的原动力之一。

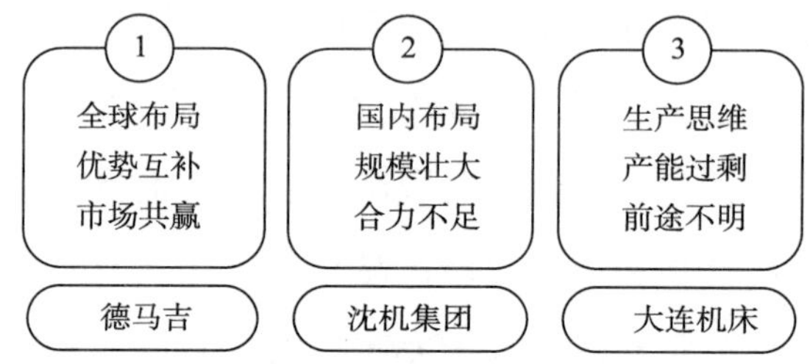

图2-8　三大机床企业飞横向整合效果对比

在佩服之余，说说沈阳机床集团的待改进之处。一是品牌效应模糊，客户对沈阳第一机床厂、沈阳第二机床厂（中捷友谊厂）的品牌认知，强于沈阳机床集团；二是内部协同不够，在市场上内部争斗多于合作；三是规模做大了，利润率远不如德马吉，甚至不如那些做高端专机的国外中型机床企业，比如山崎马扎克机床有限公司、大隈机床有限公司。大连机床的自主型横向扩张算是黄粱一梦，如今的机床市场从数量竞争，转向数控核心技术、销售模式、服务增值，没有市场支撑的生产规模，成本反倒处于劣势。

横向整合，如何多长肌肉，少长肥肉呢？有这么几条路值得深思和实践。

第一条路，产品结构互补。没有同质化的产品，只有同质化的思维。产品线的能量，不在于产品数量以及覆盖面如何大，而在于内在结构有多大程度的互补性。产品结构是否互补，判断标准不在于技术和性能，而在于对应的典型应用场合和使用价值，这一点，很多工业品企业都不太接受。消费品的产品研发与产品结构，是市场倒逼的，研发生产人员的话语权不敌营销人员和经销商，而且还有市场调研在纠偏。而工业品企业，容易形成研发人员定调产品的风气，技术因素只是借口，技术研发人员难得费脑筋去理解客户，认为客户是外行，不如自己懂产品，这才是根本原因。一些国内工业品企业，开始考虑研发与营销的结合，像是产品经理岗位的设置，就是要用客户需求的声音来为产品定调。

第二条路，客户结构互补。产品互补，看得见摸得着，容易接受。可客户互补究竟怎么做呢？从国内的工业品企业实践来看，至少有四条路可走，有些是人头攒动的大路，有些是无人走的小道。

（1）行业分布。单个行业发家的工业品企业，急需在行业拓展上动手，免得受制于一个特定行业。当经济周期波动大或政策调整幅度大时，企业的抗打击力就会很脆弱。像有些高铁、城轨的电气配套企业，这些年也开始涉足民用领域，即使不赚钱也要做开市场，图的就是鸡蛋放在几个篮子里，免受撑得发晕、饿得发疯的折磨。

（2）客户影响力。在一些产业密集型、人脉密集型行业做深特定客户的口碑，就能横扫一片，比如扬中的母线、桥架等智能电气产业，温州柳市镇的低压电气产业，台州泽国的二手机床人脉圈。进入这些行业，先慢后快是要则，前期要做的特别扎实，宁停三分不抢一秒，后面的业务就会自然而然的顺畅了。

（3）旺季交叉。理想的状况是一年四季都是旺季，因为不同行业的淡旺季可以错开经营，相比忙的发疯、闲的发呆的淡旺季，企业可以更为合理地调配人财物资源。

（4）项目周期，长短结合两相宜。有的客户类型是招投标的，流程长，成一单就能完成一拨人的销售任务，但成功率低，受控程度低，这种项目型客户属于锦上添花。而更多交易周期短，成败看得清的客户，则是雪中送炭，必须人盯人、日事日毕。

第三条路，企业文化互补。小生意讲价格，大买卖谈理念，持久合作的客户，势必会日久见人心。卖方与买方，若是沦落到买卖唱主角，这种生意再大也会是随时会丢掉的小买卖。供应商是通过产品和服务去成就自己的客户，没有这种使命感和经营理念，是做不大的，更做不强。企业高层之间的气场要合拍，兴趣爱好是风向标，内心的认同则是价值天平。高层相投，中层就好相通，两家文化气场合拍的企业，交易成本低、持久合作的价值大增。**国内企业，要把企业文化当成一个竞争武器，跟国内同行比内涵与诚信，与国外同行比人文功底。善用国势、善察国情的工业品企业，做好国事的概率高出许多。**

◆混合整合：研发与营销战略联盟

产业链整合，横向以做大规模为主，纵向以做强市场为主，这两者有本质的不同。经济形势预期好，横向整合好比“千树万树梨花开”，气势如虹；经济走势低迷，横向整合就会带来产能过大的大问题，投资成了负担，而那些有技术或产品优势的中小企业在细分市场里夺得花魁。纵向整合，强调对产业链的控制权，上下游成员的互补性很重要，体现在价值创造与价值流通的这两个关键环节上。国内经济结构调整的大态势，纵向整合相比横向整合更为有利。至少，纵向整合以后占据市场主导权，然后再去考虑横向整合，毕竟，以市场换取工厂是居高临下的。

有一个现象值得关注，曾经靠 B2C 消费品风光的企业，比如爱立信、诺基亚、黑莓、柯达，都纷纷抛弃自己的 B2C 业务，专注于 B2B 专业产品和服务。以诺基亚为例，它如今的王牌产品不是手机，而是企业通信服务，专利、技术、队伍和行业地位都派上了大用场。这些企业，是不是日薄西山，开始收缩求生存了呢？其实不然。企业和政府通信市场，不比手机终端市场小，而且利润高，客户稳定性强，诺基亚有一些排他的优先权。工业品企业有强烈的消费品情节，做了一辈子的大买卖，可身边的亲人和朋友都不怎么了解自己，而消费品却可以弥补社会知名度与参与度的缺陷。

荷兰的飞利浦（荷兰皇家飞利浦电子公司的简称），可谓是纵向、横向整合的高手。飞利浦的核心竞争优势在于光学元器件，而非电吹风、电动剃须刀和吸尘器。那么，它为什么要通吃 B2B 业务与 B2C 业务呢？首先，从 B2B 业务到 B2C 业务是产业链的纵向延伸。飞利浦的品牌，可以让无数消费者看到，包括那些光学器件的企业决策者和采购者，一个品牌在两个不同的场合都能得到客户的认可。其次，B2C 消费品品牌的崛起，反向拉动了飞利浦 B2B 工业产品的溢价能力，同等性能的产品，飞利浦要比欧司朗卖的多、卖得贵，让欧司朗这家在医用、车灯照明的领先者只能生闷气。

有了大众熟知的飞利浦品牌，纵向产业链的成员就可以相互给力，横向的收购兼并就会顺风顺水。1974 年，飞利浦在美国收购了 Magnavox 公司，1975 年收购 Signetics 公司。1981 年，飞利浦又收购了 GTE Sylvania 的电视业务和 Westinghouse 的照明业务。2007 年，收购了 LED 照明系统和技术的领先创新商 Color Kinetics 公司。2011 年，飞利浦宣布已同意收购一家中国领先的厨房电器公司——奔腾电器（上海）有限公司，将产业链整合的大旗插到中国市场。一边收购，另一边出售，飞利浦的手机、显示器等业务也都纷纷另嫁他人，具体如图2－9所示。

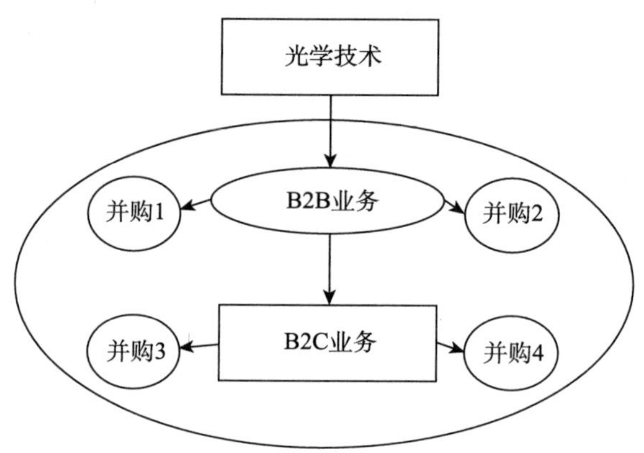

图2－9　飞利浦，以品牌为主导的混合产业链整合

混合整合的产业链扩张，过去的机会在欧美，如今的大势在中国。国内的工业品企业真的要好好珍惜这千载难逢的良机。不过，纵向与横向同时出拳的成功率，估计不会太高，这个发展中的问题如何解决呢？兵法上说："守正出奇。"谈到国内工业品行业的整合机会，是不是可以反过来说成"守奇出正"呢？

国外对手高大上，攻其上三路没有胜算，那就专打其下三路。下三路，是渠道、经销商和促销机会。不要笑看这三招，它让娃哈哈等"土鳖"傲领"两乐"，坐收市场实利。何况，工业品行业产业链整合，大幕刚刚拉开，好戏还在后头。专攻下三路，不是让你放弃品质、规模与盈利模式等内在核心，而是从我们熟悉、有把握的市场上找到突破口，以运动战、游击战和麻雀战对抗国外对手的阵地战。实力悬殊，只能以小博大，这正是孙子兵法、毛泽东军事艺术的要领，我们怎能攻守让外国人领受呢？

若是觉得下三路有点"下三烂"，那我们就另想招数。欧美式企业兵法，有点国际象棋的味道，有规则、有变化。相对而言，规则统领变化，留给自己尽情尽兴的空间并不大。而中国式企业兵法，更有些围棋的意境，规则简单，但变化无穷，大局观与局部断杀、攻守之间快速转换。没有中国文化哲学的深厚功底，汉语讲的再溜、国人用的再好的欧美日企业，也不敢与中国企业高人之间硬碰硬。

搭班子、定战略和带队伍是联想柳传志的大智慧，从 20 万人民币起家，到近 200 亿美元的营业额，世界 500 强原来可以这样炼成！柳传志，最懂得用市场牵引工厂做规模，然后借应用技术做品质。而且，拿来主义也是走高端路线，对 IBM 个人计算机业务的并购，也是联想 PC 在一片质疑声中走向顶峰的决胜之招。联想并购 IBM 个人计算机业务，从豪情万丈，到顾此失彼，再到两情相悦，最后的成功靠的是整合的智慧。联想 Yoga 笔记本和平板，超越了微软的 Surface，算是找到了跨界产品的魂，而其对手们依然在黑暗的巷弄里碰壁。

靠代理起步的联想，对渠道经销的实、企业品牌的势领悟的最为深刻。神州数码与联想电脑的双剑出击占据了渠道和品牌两个制高点，现金流与品牌溢价左右兼顾。拿渠道消化横向整合的产能规模、用品牌提升纵向整合的向心力，两出大戏同台开唱，确是不同凡响的大手笔。实业做大盘子后，联想投资（君联资本）顺势而起，一手抓住房地产的短线机会，另一只手在煤化工、神州出租车落子，并正式投资 TMT (互联网科技、媒体和通信)、清洁技术、先进制造等朝阳产业。

产业链混合整合的内在经营思想，国内企业的领导者们偏爱哲学化思考，对中国的国势、国情和国事的微妙处，拿捏的到点到位，尽显东方哲学的灵动与深邃。而欧、美、日企业的决策者们，有点过于强调资本与产业的压制性，并购企业的换手率较高，企业对于他们而言，要么是买别人做大、要么是卖给别人套现，把企业当成一种商品，相比中国企业家的以企业为家，多了那么一份超脱。

中西方产业链整合的功夫，可以用太极与拳击类比。以小博大，防守中反击，是太极拳的独特神韵，这与中国人块头小有关系。拳击，在进攻中防守，打击力与抗击打能力并重，看似简单的搏击，与人的战斗意志、战术素养密切相关。有没有一种无数可以尽纳东西方功夫的精华呢？截拳道。李小龙的内外修炼，成就了最为瑰丽的绝世功夫。以无法为有法、以有限为无限，内在精神是太极的，而外在体魄强健、格斗技术，却是实实在在的拳击。不知道，在产业链整合方面，哪一天能够再出一个企业商战版李小龙，最好是群英荟萃的李小龙大家庭。

3. 产业链整合，您做好准备了吗

产业链整合，房地产大佬们个个都是重磅选手，就连绿城（绿城房地产集团有限公司的简称）这样的归来者，也是气象万千。一直以住宅为强项的绿城，也将由以住宅项目为主向以市中心城市生活综合体项目转型、由出售物业为主向持有部分商业物业方向发展。2013 年，绿城在养老、现代农业、电商等领域进行了探索，2014 年，这样的探索将持续。与产品的转型相匹配，绿城擅长的园区服务也将全面升级至云服务。2014 年将是绿城云服务从研究、探索向实践迈进之年，也是服务战略转型的元年。绿城将充分利用互联网、云计算和大数据等在线服务手段，形成现在流行的 O2O（Online To Offline）服务模式，并形成社交化的服务生态圈。

刚性需求强的住宅产业，都在往产业链纵深处挺进，何况是竞争充分化的工业品行业呢？规模越大的行业与企业，在遭遇产业急剧转折时，倒下的风险会越大，身在明处有掌声和鲜花，更有暗算与刀枪。创业型工业品企业可凭借技术、产品博得一席存身之地，盘子小、增长快，自己实在想放手也轻而易举。而中等规模以上的工业品企业，产业整合靠的品牌、实业与资本，谋的是大格局，打的是组合拳。这其中，消费洞察、营销能力与组织效力，则是打好这套组合拳的三个绝招。

◆消费洞察：从客户的客户视角看产业发展趋势

工业品企业最容易得营销近视症，一心跟着客户走，围着客户转，以为这才是专心与专情。哪知道，客户最在乎的不是你，而是他的客户。消费洞察，看的是三年后的消费偏好、购买特征与体验感受，它细致入微、敏感多变，与工业品企业决策者们磅礴大气的调性不太相符。工业品企业总觉得消费品是在忽悠、在盘剥，而粉丝们似乎一直是意气用事，毫无理性可言。

真的是这样吗？工业品企业的决策者也是生活中的一员。你多久没有痛快地逛一次商场了？去过几次苹果专卖店？对于果粉的拥簇，疯狂的背后，还有那些消费特征你觉得可以用在自己的产品和品牌上？经营高手，也要成为生活高手，拿生活当琐事的企业家，没有情趣是小事，失去了消费洞察可就吃了大亏。工业品的下游是消费品，消费品的话语权多半在消费者的意念中。消费品行业的蝴蝶一振翅膀，传导到工业品行业就会是龙卷风与海啸。

没有时间逛商场，也没关系，多品味一下身边 80 后、90 后的穿着打扮，他们的审美观与 60 后、70 后区别在哪儿，花钱态度与判断标准又有那些明显的差别。最好的消费者洞察，为什么不从家里的亲人开始呢？孩子的理解方式、爱人的价值观，仅仅是代沟、火星与土星那么简单吗？一切的事业，都是为了美好的生活，以家庭为中心的生活态度，早已不是中国人的土特产，其实美国人相比我们更重视家庭，只是对孩子教育不那么四面楚歌罢了。

一叶知秋、窥一斑而见全豹，中国智慧向来都是由小入大，消费洞察的细功夫，工业品企业决策者肯定学得会、用得好，只是要放下企业家的架子，回归到有情趣的消费者洪流中。看准潮流的方向，驾舟也好、开大船也好，“直挂云帆济沧海”，那种酣畅淋漓，就是自消费洞察开启的。

◆营销能力：吃得下，还能消化好

产业链整合的成败，营销能力提升是唯一的验收标准。怎么评判营销能力呢？从浅层讲，是销售额、销售利润与市场占有率；从深层看，则是客户满意度、持续成交频率，以及最为玄乎的客户终身价值。国内企业在抄底欧美时，别忘前车之鉴，买得便宜不为赢，用的成功才是收购的最终目标。TCL（TCL集团股份有限公司的简称）李东生在收购法国汤姆逊公司失败时的坦诚热泪，至今仍挂在振翅高飞后辈们的眼眶。鹰的再生，相信是李东生事业再次起飞的心灵动力，值得国内企业家深思和学习，可他仅仅将产业链整合的失败归为文化冲突，似乎有点轻描淡写。

汤姆逊公司彩电和DVD业务亏损2.54亿欧元，但是TCL董事长李东生并不以为意，喊出了18个月盈利的口号。然而，事情并没有按照李东生的预期发展。并购不但没有给TCL带来欧美市场的机遇，反而给TCL带来了巨大的亏损包袱。收购汤姆逊公司后的2005年和2006年，TCL遭受巨额亏损，股票戴上了*ST的帽子。联想并购IBM个人电脑事业部和TCL并购汤姆逊公司彩电业务，这是2003年中国企业国际化的标志性事件。但是，与联想并购IBM个人电脑事业部后2012年成为全球第一大电脑厂商相比，TCL并购汤姆逊公司彩电业务毫无疑问是失败的。

吃得下，没有消化好，并购来的资产成了包袱，让TCL母体也遭连累，原因何在？**产品结构互补、市场覆盖交叉和品牌有效整合，这三个营销基本功没有做好**。并购前，没有评估这三项营销基本功，任凭意气风发大手挥。并购后，也没有扎实苦练这三项营销基本功，任由花落花去泪水流。这出产业链整合悲剧，似乎并没有沉淀出多少让后人惊醒的东西，只是让大家记住了悲情的李东生，甚至，《鹰的再生》视频至今仍是百度中最火爆的下载内容。

◆组织效力：规模经济不等于协同效应

发挥普通人的超凡能力，是毛泽东军事艺术的高超之处，成功解决了以弱胜强、以少胜多的逆向战争逻辑问题。产业整合后，商业上的静态互补可能性就必须由组织效力来落地。很多产业整合的案例，回头再看时，发现贪图规模宏大是整合失败的罪魁祸首。虚荣心，一夜之间赶英超美的大跃进情节，鼓噪着钱多人傻的国内企业，按捺不住扫货欧美的内心冲动。产业链整合，并没有抢购奢侈品那么惬意。

后起的工业化国家，视规模经济为成功密钥，义无反顾地吞下的却是迷药。在产业链的底层，规模做的越大，就越被动，因为担心制造的廉价品没有买主。规模经济，我们的实践走错了路。产值，根本不能当作规模经济的核心；价值，才是规模经济的主心骨。**客户新价值、多组织协同和大系统管理水平，这三个要素是有质量规模经济的评判标准。**

我们并购欧美企业，是看他们的有形资产，没有发挥出他们核心员工的二次创造力。我们一进去，他们的骨干就卷铺盖走人，留给我们的只是冰冷的工厂与逐渐荒芜的市场。反观欧美企业，无论是联合利华收购中华牙膏、欧莱雅抱得小护士，还是施耐德夺得德力西，都是朝着客户市场这一终极目标前进。**有了客户市场的整合效应，营销系统就能相互激发，进而带动工厂生产、采购物流的大协同，这种先市场、再工厂的逆向整合方式，国内企业必须作为对标学习、定点赶超的对象。**

市场协同，产业链整合过后的大组织才会生发出协力效应。你自己无法开发与服务好的客户，才是你收购的重心，没有客户，哪来价值呢？国内土豪们又一次集体出动，收购法国低价酒庄，移民、产业第二春的双重梦想真的能一举两得吗？被收购的法国酒庄，最缺的是海外市场运作能力。而这些土豪们，对葡萄酒的市场经营、组织运营，算得上是白丁。白丁主导的落寞酒庄，又怎样激发出组织协作力呢？垂涎中国葡萄酒大市场，炫耀自己的事业品味，对一个人而言，并没有什么大问题，而若作为产业链整合的经营定式，则不适合。

4. 产业链整合力，你的企业得几分

交响乐，为什么中国只有《梁祝》和《黄河大合唱》？有位朋友说："结构性思考，是中国管弦乐的短板。"而结构性思考，正是工业化水平的决定性因素。产业链整合时，我们的决策者要放弃平面化思维，眼观产业链生态全局，善用纵向、横向与混合的整合方式，并从消费洞察、营销能力和组织效力三大能力着手，成为产业链整合的好学生，谱写出产业格局的新篇章。

◆产业链自我体检，确保企业站对位

产业大趋势，人人了解，犹如股民每天必看股市行情。信息多，不代表能把握产业趋势，就像股民不知道何时买入、何时卖出。产业发展趋势的拐点在哪里？波峰期、波谷期会持续多久？自己所在的产业，有没有经济对冲机会可以利用？这三个问题，若是您琢磨透了，对产业链来一次完整的体检，确保您的企业站对位、做对事。企业体检表如表2－1所示。

表2－1　企业自检表

项目	内容	评分标准	您的得分
产业生态链	生态环境	企业战略体现了竞合思维	□10，□8，□6，□3
	产业变迁	战略投资采用经济周期对冲	□10，□8，□6，□3
	微笑曲线	两个制高点的竞争力促进度	□10，□8，□6，□3
	创新意识	创造市场X新事新办的模式	□10，□8，□6，□3
三项整合	纵向整合	人脉圈广度与深度、产品附加值、终端杠杆效应	□10，□8，□6，□3
	横向整合	产品结构、客户结构与企业文化的互补性	□10，□8，□6，□3
	混合整合	渠道、经销商与促销机会	□10，□8，□6，□3
三大能力	消费洞察	B2B与B2C的相互借力	□10，□8，□6，□3
	营销能力	产品结构互补、市场覆盖交叉、品牌有效整合	□10，□8，□6，□3
	组织效力	新客户价值、多组织协同、大系统管理水平	□10，□8，□6，□3
您企业的产业链整合－总得分：			

备注：三个大项，十个小项，每项10分，共计100分。每项得分，采取四档制，非常出色10分，优秀8分，一般6分，有问题3分。

（1）产业发展拐点，是对行业转折时机的提前预判，不要听信那些有利益瓜葛的专家，也不要误把对手的盲目扩张当成产业景气先兆，更不能停留在 PMI 指数（采购经理指数）等空洞的数据分析上。你可以学学洛克菲勒的反向思维，当上游疯狂时，下游就有机可乘，反之亦然。

（2）产业增长率，首先要减去 GPD（全球产品开发）速度，超过 10% 的三年复合增长率，可以算出波峰期。可有一点要注意，规模的增长需要有利润的支撑，否则，波峰与波谷就难以明确区分，产业经济的阴晴冷暖，也随之飘忽不定。产出周期长的大投入，要事前细思量。

（3）经济对冲机会，指的是在产业增长处于平均或以下水平时，提前投入，为的是捕捉下一波增长高峰。最忌讳的就是，在很多人对投的时候，你也跟随，等到不景气时，想产出无市场，想出手无买家。

◆产业整合能力，也许是国内最大机会

产业集中度普遍低，国退民进大势不可挡。产业整合的浪潮才刚泛起朵朵小浪花，而劈波斩浪的大好时机留给无数弄潮儿。IT 行业从小到大、从虚拟到深度嵌入实体经济，靠的就是技术创业与产业整合。大企业掌舵商业模式与产业整合，小企业乐于技术创新，大小搭配，做大自然不难。国内 IT 三巨头 BAT（百度、阿里巴巴和腾讯的首字母）都开始盯准有特色的小企业，从地图业务开始抢夺，下一步在社区交友板块定有另一场激战。

表面上看，产业整合就是有钱的喜主去收购那些缺钱的苦主。往深了瞧，产业整合是对未来产业变化的提前动作。成功整合，钱必不可少，而产业整合的战略思维才是第一驱动力。若是日子还没到，那就专心看准几个标杆行业或企业的产业整合思路，看门道肯定比看热闹更有

价值。这个产业整合最好的黄金十年，你可以不考虑整合，但别人兴许要整合你，要不就是产业大整合后的生态环境变得大不一样。大潮来临，总是走在沙滩上观景，错过产业整合的精彩华章，人生何其遗憾。

◆产业链整合棋局，练就企业高层的领导力

跟大企业老板谈管理，是务实，还是务虚？觉得务实的，偏重管理实践派，对细节改善和精益管理较为在乎，脚踏实地的干好每一天，不愁没有美好未来。觉得务虚的，认为身处大开大合的壮丽时代，理所当然地要把握产业大未来，务实地下好政治经济学这盘大棋，即使做不成中国的摩根士丹利，也要对某个行业产生实质性影响。产业胸怀，事业情怀，企业经营怎能不开怀？

企业高层，领导力重于管理力。管理能力，一个不错的 MBA 毕业生就能基本胜任，剩下的就是拼韧劲。管理，是可以学得会的。领导力，剥去神秘的人格因素，还有眼光、胸怀与魄力。人在极大压力的情况下，要能做到不自我崩溃，耐心等待对手犯错或时局变化，有这样的对手那是一个悲剧。另外，在顺风的日子里，企业高层能不骄不躁，谦卑地看待自己的能力与贡献，这更不容易。领导力，不是技术活，而是内心信仰的外在行动力。有信仰的领导才会有领导力，而产业格局整合的大棋局，正是练就企业高层领导力的绝佳时机。

◆三个问题，看你有没有抓住产业链整合的魂

（1）如果我说，房地产经营是麦当劳产业链的重要一环，你同意吗？

变局下的工业品企业7大机遇

“醉翁之意不在酒”，麦当劳的盈利结构，较之国内的快餐行业，要丰满很多。也难怪，麦当劳从快餐中的奢侈品到今天的大众价格，要没有产业链整合的硬功夫，那岂不是开多少店、赔多少钱。用消费品牌的影响力、连锁店面的覆盖力，麦当劳打起了产业链整合的大主意。当快餐业的跑马圈地告一段落时，谁胜谁输，其实早已注定。看懂门道的您，也该换种思路经营自己的工业品企业了。

与终端经销商联营，在叉车、机床、工程机械和五金等行业，也有了零零星星的尝试，成功的很少。终其原因，是经销商没有做扎实资源，而厂家没有做开全国大终端格局、做大产业链资源整合，一个个无依无靠的联营终端，能够做起来的可能性当然不大。工业品销售终端，连锁、联营是一个可行的做点，关键是后台的产业链资源要打通。水池蓄满水、管道布局畅，还用愁水龙头不哗哗地流水吗?

（2）对于您所在的行业来说，产业链整合的机会，纵向、横向和混合这三种方式哪一种更为盛行?下一个产业周期，整合机会又会有什么明显的变化?

急于一步登天的工业品企业，急匆匆地搞产业横向整合、扩大生产规模和补齐产品线，都是典型的同质化、规模型产业链扩张。需要大资金的风险，而且还要克服对手上量带来的价格血拼。现在看似不错的预期收益估算，多半会被同质化竞争撕得粉碎。

是不是换个思路呢?先攥紧拳头，把自己企业经营得有特色、有核心竞争力，哪怕小一些，也要结实一些。然后，从产业链纵向整合开始，打通上下游的价值创造与传递的通道，再考虑走产业链横向整合的道路。有资金、有人力资源、有盈利模式的绩优工业品企业，也可以试试混合整合的战役式扩张。

（3）假设您有1000亿元资本，您会如何对所在产业进行整合？

1000亿元资本，若是全用到工业品产业整合中，说不定你就是中国的摩根士丹利。有了海量的资本之后，是不是产业春秋大梦就能随意做呢？肯定不是。号不准产业的脉，开不对企业的药方，有资本，也会一筹莫展。不信，看看近几年PE创投、PRE-IPO投资，靠着资本发大财的概率，近似于博彩。证券、投行对产业研究开始发力，夸张一点说，他们对产业研究的深度和质量，比大型咨询公司还要好。毕竟，投行是掏钱的，而咨询是要钱的，责任不一样，研究的力度也就完全不一样。产业研究、企业战略诊断、流程组织优化和创业活力与体制，是您能否用好大资本的前提。用资本去整合产业，用产业赢得资本，二必选其一。

第三章

Chapter 3

盈利模式的复制机会

——做足盈利的乘法效应

变局下的工业品企业7大机遇

“女怕嫁错郎，男怕入错行。”选错了行业，哪怕你是央企，处在哀号声一片的铝业，也难免深陷巨亏的泥潭中。2012年，中国铝业（中国铝业股份有限公司的简称）全年亏损82.3亿元，再亏损一年，就要被带上ST帽子，中国铝业能否就此痛定思痛呢？2014年1月1日晚，中国铝业公告自己的2013年成绩单，预计实现净利润10亿元，用盈利的春风送走ST瘟神，中国铝业的2013年战果，乍看起来还不赖。果真如此吗？

我们先看看中国铝业净利润由何而来。中国铝业称，2013年度能盈利的主要原因是：公司进一步控制成本支出，氧化铝产品制造成本同比下降9%左右，电解铝产品制造成本同比下降5%左右；公司进一步优化资产结构，实现公司业务向产业链前端和价值链高端发展的目标，平衡长短期利益，通过处置铝加工企业股权及资产、中铝铁矿控股有限公司股权获得收益。

撇开这些官腔解释，再往内层分析，就会发现，中国铝业的年底公告故意没有再次提及他们的一个大动作（用了优化资产结构这个幌子遮盖了）。早在2013年10月，中国铝业发布公告称，公司在香港设立的全资子公司中铝香港（中国铝业香港有限公司的简称）拟转让其所持有的中铝铁矿65%股权，母公司中国铝业旗下的中铝海外控股有限公司将成为接盘者，当时交易价格达到20.67亿美元。中国铝业年度业绩最终盈利应该主要归功于出售资产获利，原来是“崽卖爷田”过上了好日子。行业分析人士坦言，面对2014年的铝业市场，中国铝业盈利依旧压力很大。**是靠增强内生性盈利能力，还是继续卖祖产，中国铝业的新生之路尚在十字路口徘徊。其实，再大的企业也同样要过盈利模式的关，没有盈利模式这个金刚钻，就很难让企业揽到令人称羡的瓷器活。**

用盈利模式的四个要素，剖析一下中国铝业2013年度成绩表，就会发现它的内在结构性经营缺陷。**第一个要素是客户类型。**中国铝业的主导客户是房地产，高度依赖经济景气度。到了景气冰冻期，就连“雪龙”号这样的破冰船也只好趴窝，而中国铝业的抗经济周期逆向打击力，也只能跟俄罗斯的“绍卡斯基院士”号差不多了。**第二个要素是客户价值。**中国铝业的做法是“电价成本+规模制造”的生产优势，提供有价格竞争力的通货产品，而非技术领先或服务卓越的价值驱动。电价是电解铝、氧化铝生产成本的大头，而四级电价制度造成了央企与地方企业的成本悬殊。电解铝产能强行限制的2014年，当电价在行业内同步时，中国铝业的超国民待遇就会土崩瓦解，那时他们靠什么吸引客户呢？**第三个要素是战略控制。**铜战略、国际化战略，中国铝业欲走分散风险、控制资源的老路子，而没有下游市场的有效对冲，其战略控制只能听天由命。控制资源，比控制市场简单直接；做长产业链，比做精客户忠诚度光鲜显耀，中国铝业的战略控制功夫，表演欲大于搏杀力。**第四个要素产品与服务。**中国铝业的电解铝、氧化铝，只是半成品，没有抓住最终制品这个产业之根，这一点他们的确要跟宝钢学学。宝钢利用自己的原材料、制造和工艺的优势，在越南等新兴市场上亮剑自己的铝罐产品，搭上了饮料、啤酒等消费行业暴增的大好时机。具体如图3-1所示。

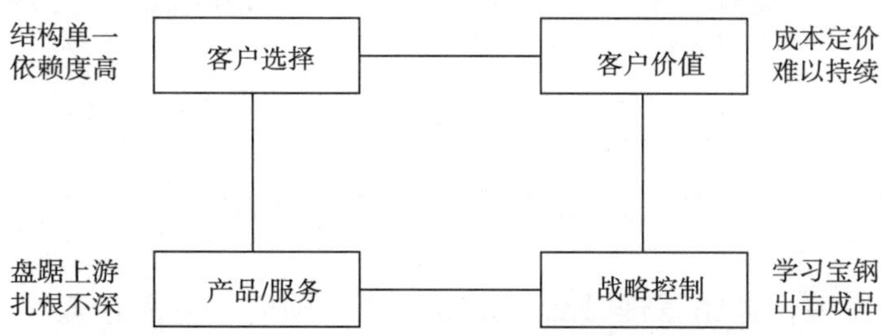

图3-1　中国铝业盈利模式的四要素分析

1. 盈利模式倒逼工业品企业经营重组

国内的工业品企业在登上自己的盈利模式山顶之前，至少有三道关横在面前（具体如图3－2所示）。**第一道关，过剩的产能迫切需要销售能力来释放。**二十多年的高速增长，也让工业品企业患上狂热症，迷恋规模，相信成本领先的一劳永逸。结果呢？销售能力落在产能后面，杀价声遍地，当初规划的销售前景敌不过骨感的现实，而盈利能力的大滑坡，也让产出无法弥补投入的成本。关闭产能，会引起内外部恐慌；放任产能，则可能走上销售血战的不归路。而很多工业品企业，销售能力几乎等同于大客户销售、关键业务员的个人能力和灰色关系网经营，这些动作兴许能满足一家小企业的私欲，但无法支撑一个有规模、有抱负的大中型企业。而且，其经营成本很高、客户满意度低、销售管控差，一个风浪就能摧毁的销售体系，又怎能让人寄予厚望呢？

图3－2　工业品企业盈利模式的三道关

第二道关，营销管理滞后于市场增长。国内工业品企业习惯在增量中抢夺，忽视存量中的持续发力。市场增量带来的销售增量也是顺舟而行，惬意无限。只是稍遇风浪波折，底浅桨小的破船，就变成第一拨祭品。市场存量要在现有客户的使用中，发现使用的新价值，不断地以客户明天的需求，来完善今日还算是畅销的产品，有时候还要有打破坛坛罐罐的勇气，果断抛弃尚有销路的既有产品，全力以赴推动新产品。没有洞察力，没有居安思危的经营敏感性，存量经营常被当成妇人之仁。营销管理，从信息开始，深度把握客户的需求，并构建与提供持久交易的内在价值源，化单一的产品驱动为系统管理的全方位驱动。

第三道关，服务营销得不到组织体系的有效支持。产品赚钱难，势必向服务要利润。而服务营销则是国内工业品企业的软肋。工业品服务营销对人的要求高，高素质的人才主要在研发、生产制造环节，拿着高薪，享受高待遇，在办公室里喜听窗外风雨声，客户的质疑与作难，他们总是能找到体面的理由去应对。一旦转型为技术服务，自己习惯的温馨氛围，立马被暴风骤雨掀翻，甚至会产生对自己能力与价值的怀疑。主动投身于服务营销的高素质人才，内部转型的比率不会太高。对人的要求高，势必待遇还要加码，这又会引起销售队伍的强烈抗议，要求改变“低基本工资＋高销售提成”的收入方式。人人都涨工资，自然皆大欢喜，可有多少企业能够承受呢？服务营销的启动困难，除了高素质人才、合理待遇难以两全，还有服务标准化打造、产品定价方式转变、内部核算机制改变等一系列战略与战术的新挑战。

翻越三道关，找到属于自己的盈利模式，你需要重新审视自己的客户价值结构与组织经营流程，并识别与跨越盈利模式的常见误区，进而领悟工业品企业盈利模式的本质。三道关的翻越，对应到企业经营方面，就是在战略定位上，找到属于自己的窄路；在系统管理上，特别是营销体系方面，找到自己创造价值与传递价值的新丝绸之旅；在运作效率上，追求企业文化感召与管理制度约束的协同效应。工业品企业内生性的变革效果，会很快传递给客户，价值保真度高、衰减率低，慧中而秀外。

◆盈利模式：先审视客户价值的数量与结构

盈利模式的内核，是客户价值与战略控制。客户价值，结构比数量重要。从数量层面看，包括原材料品质、加工工艺、性能配置、稳定性和耐久性，在行的客户很关注这些，工业品企业也把它们当成产品价值的基石，定价系统也随之而生。国内的钢铁行业，以产能扩张为能事，靠规模抢市场，以价格赌明天，多年的集体打拼，结果是“老鼠钻风箱——两头受气”的苦命。上游铁矿石的定价权，攥在力拓矿业公司、必和必拓公司和淡水河谷公司的手中，下游采购的主动权，毫无疑问落在加工制造企业身上。

偌大的钢铁产业，没有核心竞争力，全靠着地方政府大 GDP 情结的死拉硬拽，客户价值等同于“原材料 + 生产成本”，而且铁矿石期货市场的涨价风险由自己承担，跌价的好处却要被下游企业分享。国内最为紧缺的汽车薄钢板、子午线轮胎用高强度线材、轴承刚、食品包装用板，欧、美、日企业占领过半，国内只有武汉钢铁（集团）公司、宝钢能够分享一杯残羹剩饭。

不争气的国内钢铁行业，问题出在哪儿？客户价值的单薄，除了低端产品、低价竞争和规模至上，就没有其他好招。客户价值的结构性问题，体现在技术含量低、新兴行业引领力不够和联合研发等增值服务没有渗透到产品价值中。而且，客户价值开发流程内向化，企业再大，也只是挣点微薄加工费，还要搭进海量资金与巨额风险。

◆常见误区：先强后大、先大后强的悖论

IT行业的高速成长，传统工业品企业至今仍未得其要义。烧钱、炒作概念，是传统工业品企业的第一反应。他们以实业自居，自己虽然慢点、惨点，实实在在地为社会做事，这种感觉还是蛮踏实的。他们认为等到那些IT肥皂泡破灭时，IT行业哀号切齿的日子定会来到。于是，有了王健林跟马云打赌，有了董明珠不服雷军。重视规模与硬件领先，漠视创新思维与软件卓越，注定了国内工业品行业的先大后强发展逻辑。

规模上来了，成本会降低，价格竞争力强，市场占有率高，企业就会盈利。等企业有了稳定发展的基础，再腾出力量搞研发创新，期望规模与创新双丰收。先大后强的发展逻辑，大抵如此。可是，这个逻辑经不起市场的折腾和对手的打击。而且，精益生产盛行的今天，降低成本不止规模一条路。**先强后大，胜率高于先大后强。强，强在客户价值认同与黏着力、强在创新技术促发的崭新需求、强在握住了新一轮盈利模式的坚实抓手。**

说到底，先大后强，还是先强后大，是个伪命题。企业无所谓强大，其生命力在于客户价值、经营利润和社会回报。不盈利的企业是可耻的，多少理由都无法解释。占用社会那么多的人力和物力，不盈利就是经营失败。一个企业的盈利模式，不仅仅是经济上的成功谋算，更要是社会资源经营的信托与兑现。

◆看透本质：工业品与消费品的殊途同归

不少工业品企业的高管，推崇汽车行业的盈利模式，从产品平台到

金融租赁，再到汽车4S店和后市场服务，都能在多个工业品行业里找到模仿的身影。汽车行业以B2C模式为主、B2B模式为辅，用快消品的营销理念去卖耐消品，而房地产企业是其同伙。

有几个问题，您必须留意：汽车到底是在卖产品，还是卖服务？服务的安全感，您是亲身感受到的，还是听到的？满意的服务，您会主动告诉身边人吗？您在传播钟爱的汽车品牌服务口碑时，是出于帮助他人，还是夸耀自己的选择是英明的呢？考虑清楚这几个问题，就会对汽车盈利模式有一个全新的认知。

原来，汽车的确从卖产品到卖服务，服务的利润远高于产品，而且议价能力强、价格敏感度低，更为吸引人的是，服务赢得的客户忠诚度最高。一家汽车4S店若是还在以地面销售作为主竞争力，汽车之家对它的打击将会是致命的。国内汽车4S店必须学习美国经销商，采取线下与线上合作的方式，形成一个联合作战的客户闭环（从客户信息、关注、试驾、购买、评论，到售后、二手车、第二辆新车等环节）。以4S店构建的汽车盈利模式，相比汽车集贸市场，是一次创新。而今天的多中心化的闭环盈利模式（如图3－3所示），则更是一次社会资源大整合发动的利益分享新方式。

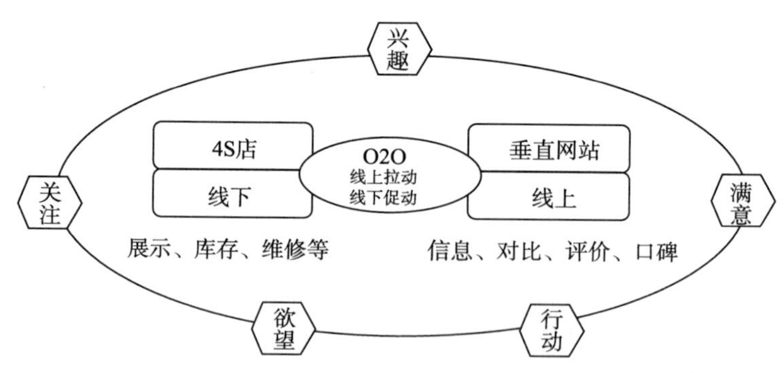

图3－3　汽车行业的盈利模式闭环

能够静下心来揣摩与借鉴汽车盈利模式，这样的工业品企业高层并不多见。眼盯着同行工业品企业的盈利模式，僵化顽固者层出不穷，察趋势懂未来者寥寥。消费品企业要学习工业品行业的产业链整合大文章，而工业品企业则要拿起绣花针，一针一线都用情。不客气地说，工业品企业的生产制造做的过多，而在盈利模式做得过少，少的让客户感觉不到你内在活力与外在的魅力。盈利模式，难免沦落到价格比拼的绝路上。

B2B 模式与 B2C 模式，转换起来更精彩。打开博世集团的官网，就会看到“博世创新火花塞、闪耀世界 111 年”、博世壁挂炉创造乐活舒适家居。B2B 模式中的尖端技术，嵌入到有创意的 B2C 产品，产生的价值势能是纯家用电器对手无法企及的。有底蕴、有爆发力，是博世集团盈利模式的独到之处，值得国内的工业品企业细致揣摩。创造性地发现客户新需求，并用创新技术去满足，是赢得客户的永恒之道，工业品和消费品企业都要循此大道。

2. 工业品企业，适合哪些盈利模式

太了解，就会看不到新机会。创新的经营思维，一是来自宽度，从其他行业中汲取灵感，用外行人的质疑来颠覆既定的思维模式，再用内行人的运作能力，化创想为成果。二是来自深度，来自一眼看穿行业的本质。二十多年前，柳传志盛赞不到 30 岁的孙宏斌，觉得他是唯一能看透 PC 产业的身边人。正是凭着慧眼和血气，才让联想的渠道模式创新、国内最大的房产代理公司顺驰和敢于挑战万科的融创地产，每一次

出手都做到后来居上。孙宏斌的霸气，来自他对盈利模式的提前预判与精准把握。

说到盈利模式，工业品企业有点郁闷，没有广告曝光，没有品牌终端，没有产品诱惑，客户死盯着价格，总是拿细枝末节的技术或性能说事。曾经以为，做大就能盈利，如今也走到了死胡同。看着那些烧钱的IT企业，居然都一个个麻雀变凤凰，自己苦心经营的工业品企业，硬撑着的规模并没有结出利润的好果子。放弃规模的假大空，又找不到利润的真善美，盈利模式真的就像空气一样，得着的人不觉得稀奇，没有的人只好窒息难当。

工业品企业的盈利模式，要走出封闭的思维定式，博采众家之长。一个功夫高手，无招胜有招，为何？知己知彼而已。无为而无不为，又是为何？悟透了企业运作规律的大道，盈利模式的谋划举重若轻，盈利模式的效能势如破竹。

◆基础产品模型：先予后取，细水更长流

“老鼠拖木掀——大头在后边”。基础产品模型颇有点细水长流的味道。工业品企业，首先建立一个可以扩展的基础性产品架构，然后通过售后服务让客户持续购买该产品或者该产品的派生产品。电梯是基础产品，电梯维护业务是后续产品；软件系统是基础产品，系统维护和升级是增值产品；净化水系统是基础产品，而化学处理药剂则是后续产品；吉列剃须刀架，是基础产品，经常搞低价促销，意在扩大基础人群的占有率，剃须刀片和剃须泡沫，是后续产品，利润高、消费量较大。剃须刀片有排他性，无法用在其他品牌刀架上，有了刀架的鱼钩，不愁钓不到消费者长期购买的大鱼。具体如图3－4所示。

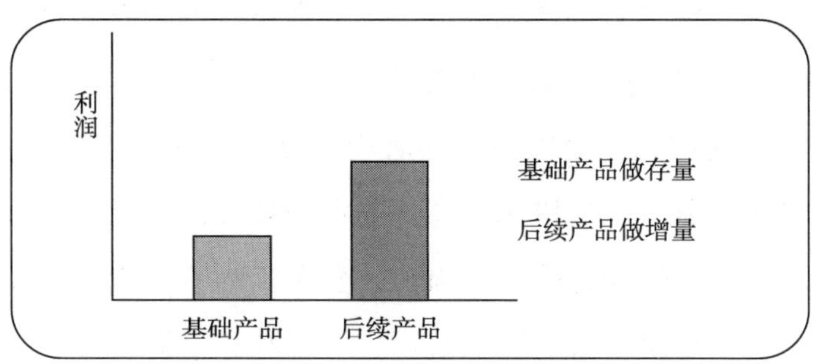

图 3-4　基础产品盈利模式，好戏在后头

这种模型的关键点就是如何建立最具潜力的基础产品，形成自己相对的“垄断优势”，以便带来源源不断的后续产品和服务的销售。薄利在前、厚利在后，玩的是“先舍后得”的持久战。无意中，占有率高的基础产品，会成为客户心中的标准化产品或者是标配产品，甚至成为一个行业的代表，比如大亚密度板、沈阳机床集团、立邦油漆。提起某类产品，客户第一个会想到你，邀标书里必定会写上你企业的大名，是不是感到很骄傲呢？别急，因此而来的痛苦也不少。价格透明，对手的定价策略与促销手段专找你的软肋打。经销商或直销队伍能够走量，可利润微薄，不得已的时候，他们会挂着你的羊头吸引客户登门，而用竞争对手产品这块狗肉去赚钱，很郁闷，对吧？

金融类业务基本上是 B2B 类型（也就是我们目前讲习惯了的工业品），其衍生产品很丰富，基础产品与后续产品的组合变化无穷。一个看似普通的基础产品，其价值是建立与客户持续交易的基础平台，而衍生产品则是产生合理利润的不竭源泉。金融企业的盈利模式可以概括为广泛撒网和重点捕捞。小客户做开，保障流量，分摊固定成本；大客户做精，带来利润，得享高边际收益。

工商金融服务（B2B）是汇丰银行（中国）有限公司的主营业务，基础产品是银行账户服务，每家企业都需要一整套完备、周到的银行账户服务，以确保财务管理高效灵活、业务掌控稳健全面。这是一种简单的窗口式服务，可以赚取的利润微乎其微。

汇丰银行（中国）有限公司的后续产品，则丰富多样，主要包括：①贸易及供应链服务，提供重要文件的顺利处理，以及全程无所不在的财务支持；②资金管理，提供全国性、全系统的支付清算服务；③电子银行，分为电子账单、公司网上银行、财资网和电话银行等业务，快速安全；④投资理财，为企业度身订制投资理财方案，有效增加企业利润；⑤商业贷款，应收账款融资、贸易融资、定期贷款、账户透支和房屋贷款等商业贷款服务，为企业度身制定灵活的融资方案，摆脱资金束缚；⑥国际银行服务，由超过 8000 名客户经理所建立的环球网络，在超过 60 个国家及地区获得汇丰银行的商业建议与金融支持。这些林林总总的后续产品，针对不同客户的需求，收费方式灵活多变，客户在得到个性化增值服务的时候，一般都不会对价格斤斤计较，汇丰银行（中国）有限公司的业务利润率自然就水涨船高。

汇丰银行（中国）有限公司推出的一个国际银行服务的细分项目——“汇丰工商金融专属客服服务”，它通过为本地企业和投资内地的港澳台企业客户配备专属的客户经理，充分利用汇丰银行在大中华区的服务平台，统一协调并满足两岸三地的跨境金融需求，并为大中华地区日益繁荣的经贸活动提供高效、便捷的金融支持。一个统一的交易平台，“金融专属客服”这个后续产品确实为不少企业带来了巨大的便利。

基础产品盈利模式，适合哪些类型的工业品企业使用呢？市场容量大、产品升级机会多和客户对应用很在乎这三个特征是基础产品能否带动后续产品的决胜之地。像五金这样的标准化产品，市场容量大，但产品升级的机会并不多，而且 B2B 类客户对使用价值与体验感受，也不太较真。五金行业，比如螺杆螺帽，只得趴在地上，靠跑量赚取零星利润。上游生产制造企业被下游经销商控制了，他们销售不挣钱，就反过来找厂家要返利、要补贴、要铺货支持。若是不答应，他们就以不提货作威胁，销量瞬间衰落不是假话。

国内的工程机械、机床和叉车三个行业，基础产品市场的存量很大，在经济增速从高速降为常速时，后续产品的增量市场会逐步展示出惊人的后市场空间。可惜的是，行业领先者们还在迷恋产品销售的赚现钱之乐，没花多少心思在后市场上，尽管各种场合频频抛出新概念。究其原因，可以细分为这么几种：第一，管理体系惯性大，供应链与研发人员忙于新产品推出，没心思去理顺千头万绪的配件后市场；第二，营销体系阻力大，只要销售政策偏向回款，那么好卖的既有产品就会成为绝对主角，后续产品若没有强大的促销刺激，定遭经销商或销售人员的冷落或反对；第三，客户需求分散，购买频次低、购量小，一开始难以补足前期开发成本，身在其中的人，也是命苦钱薄，干着干着就散了。

“你是沙来我是泥”，这种关系很接近基础产品与后续产品的关系。基础产品是恋爱，后续产品是婚姻。凭着某个长项，就能打动恋人，个人魅力彻底绽放，赢得无数关注目光。而若要持续经营好这种脆弱的关系，就去成就他人的生活，升级人生的格局，这得靠后续产品来推波助澜。正所谓，大幕已掀起，好戏在后头，打起精神来吧。

◆专业化利润模型：树大根深，独木成林

不少工业品企业，在创业初期都具备技术、客户群等某方面的专长，而且此方面的专业人才也是公司管理的显著长板。扎下根之后，企业就会经历一段高速成长的岁月，业务经营范围也多次扩张，从专一化

发展到相对多角度、多元化经营，团队的专长能力也就无法满足发展要求。销售收入在增加的同时，利润率反倒走着下坡路。当行业内部人士在评价这家企业的时候，就会轻声叹一口气：“可惜了，当初紧握的拳头，现在变得松散而无力，一个专长人士变成了万金油。”

从收到放，专长型小企业变得臃肿，活力的丧失意味着利润的下滑。回归专业化是必由之路，而客户群的收缩是最为重要的一步。EDS（电子数据系统公司）是一家全球信息业领先型公司，十多年叱咤全球，后来被HP收购。半个世纪以前，EDS创立信息技术外包产业。今日，EDS作为HP的业务团队之一，为全球的客户提供全方位的信息技术与业务流程外包服务，其客户主要分布于制造、金融服务、保健、通讯、能源、运输、消费性、零售产业和政府机构等多个行业。

不在四处出击的EDS公司，采用了序列专业化运营方式，在强手如林的信息咨询业重整旗鼓，建立了拥有自己专业和特色的专业化队伍，然后将这种技术专长在计算机系统服务领域中发挥。专业化的做法，使这个年过半百公司的焕发了青春活力，现在他们又与蓝色巨人IBM平起平坐了。

“身为客户最信赖的企业盟友，EDS给予最佳的解决方案，让企业主管的信息投资能获得最大回报值。我们丰富的专业知识能提供创新的想法，让客户提升生产力和安全措施。因为我们言出并行，客户不但和顾客建立深厚的关系，更能在利润上获得成长，在市场上取得胜利。”这段话就是取自EDS网站中的自我评价。战线收缩之后的EDS，创新地推出了一系列IT系统服务项目，包括应用系统的开发与维护、业务流程外包及基础建设，其基础建设包含桌上型系统服务、主机代管、储存及网络管理服务。高质量、低成本的服务方式，让EDS的客户能够快速地响应市场的改变并增强了竞争力。

无独有偶，ABB 集团也是专业化利润模型的受益者。ABB 集团的每一家分支企业都非常专业化，只向有限的客户提供专业化服务。每家分公司都能在自己的领域取得强大的经济优势，以最低的成本、最高的质量和最快的反应，做自己擅长的事情自然就能获取厚利。一家家专业化公司，被 ABB 集团整合成了全球专业化网络，客户可以在这里获得最全的产品系列、最专业的技术和服务，ABB 集团的全球发展得益于根系的强壮。

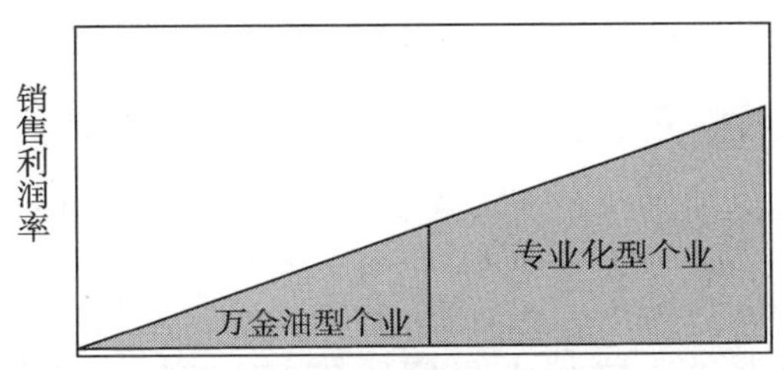

图 3－5　专业化利润模型，相信专业的力量

专业，实业的内芯。有专业技术、产品和服务的工业品企业，可以小而美，也可以大而强。对于消费品企业而言，客户心理、渠道管理与终端动销，是他们偏爱的营销专业主义。**而对于工业品企业来说，深谙客户系统经济学、创新研发和服务增值，则是我们必备的专业经营精神。**

（1）客户系统经济学，是工业品企业经营的指南针。超越客户的主观需求、回归客户系统经济学和综合地认知客户偏好，属于工业品营销的一大特色。客户系统经济学包括使用价值、购买价格、使用成本、购买时间和风险承担，它们远远超过产品本身的内涵，成为一个决策过程和价值构成系统。很多工业品企业之所以长期陷入低价格的泥潭，就是除了产品改进和降低价格这些“通用”价值之外，他们不知道还可以从哪些方面更好地满足客户偏好。

客户系统经济学的研究方法，最需要的是专用信息流系统。这些信息可以源于客户、经销商、销售人员和售后人员等地方，初步的信息需要首先经过工业品企业营销部门人员统一归总，并按照标准的、可统计的格式二次深加工，然后经过特定的分析工具，最后呈现出可资决策的专用信息。

工业品行业的信息透明度低，需要企业自己苦心经营，否则所有的决策都是凭着道听途说和自我感觉做出的。而要养成信息分析的习惯，就需要企业管理层从自我做起。每次接待客户、内部会议、市场拜访和行业会议都要认真做笔记、多请教，回来多讨论多研究。而那些懒散的决策者，只是坐在办公室里听汇报。要知道，听不到炮声的指挥官，就不可能理解客户的真实需求。

（2）创新研发，让技术人员倾听市场之音。发明创造，是我们企业的弱项，好不容易想到一个技术创意，上网一查，发现发达国家的同行早已申请专利。立足于客户系统经济学，组合现有技术进行的应用创新研发，不失为一条可行之路。组合创新的成败，不在于技术本身的先进性，而在于技术是否为客户所想、为客户所用。营销人士的开放心态、经销商的务实做派、技术人员的技术情节，在创新研发的染缸里混合。倾听市场之音，唤起技术研发人员对客户创新应用的追求，会是引领下一波工业品行业结构升级的大机会。

现实中的难处是，技术研发人员很固执，喜欢用自己熟悉的技术术语去论断客户的活生生需求，时不时以专业人员自居，漠视客户需求的微创新、微应用。技术有自己的逻辑与语言，这没关系。关键是，技术人员的思维必须进入客户的思考逻辑与声音。一心为客户价值而创新的技术研发，成全最正宗的专业精英主义。工业品企业的决策者谁最先打破技术研发团队的闷葫芦，谁就会最早从里面捣鼓出无尽的新应用。专业化利润模式，就是从破除封闭思维开始。创新应用这棵大树，客户之根扎的越深，价值之林就会越发茂盛，一个个创新研发，滋润了一片片价值森林的生长。

（3）服务增值，让客户购买后体验到专业精神。“客户比技术原创者更懂技术应用的内在价值。”这句话您相信吗？生产制造企业的技术重心，多半是关注产品性能过于客户价值，而购买后的服务增值，更是排除在技术创意与方案设计之外。国内工业品行业的整体落后，技术不是主因，工业服务业的滞后与稚嫩，才是罪魁祸首，不知您是否认同这样的说法？

服务增值，是技术研发的延长线。价值创造从原来内在的、一次性的，转变为外在的、持续性的。价值创造的外在性，就是敞开大门，请客户参与进来，让他们的抱怨、烦恼与偏好，成为下一波产品创意、服务方案创新的活水源。价值创造的持续性，则是转变传统售后服务的观念。以为服务就是维修、就是解决问题的，这个没错，只是有点应付差事。在与客户接触中，创造新价值，理应成为服务增值的新动力，营销、技术、生产、物流和售后服务，概莫能外。而且，一家工业品企业的内在专业精神，也会在人与人交流过程中体现。工业品企业，信任是建立在品质性能、服务增值的基础之上。单凭公关活动、新闻传播等作秀，是沙丘，而持续的服务增值，则是磐石。

◆品牌模型：客户偏好与体验价值齐飞

工业品企业对品牌的认知，还处于初级阶段，典型的心理就是等企业做大之后再考虑“面子”问题，这恰恰是本末倒置。外在的生产规模甚至销售规模，其发展节奏与资金投入密切正相关，靠的是程咬金的三板斧功夫。而品牌则是小火熬汤，要的是专业加耐心，它应该在企业成立之际就要开锅下料，本着推动具体销售和引领品牌价值创造的两条腿走路原则。企业做大了之后并不意味着品牌就会自动跃升，国内工业品企业至今也没有几个拿得出手的国际品牌，这一点就是对“做大自然做强”论调的无声反对。

工业品企业品牌的内在结构，可称之为“品牌成长的五个阶梯”，从产品品牌、企业品牌、企业家品牌、行业品牌到社会品牌的成长步骤，其内在关联和外在认可的塑造方法，不同发展阶段和不同行业的工业企业也有着不同路径选择。而且，工业品企业品牌可从分成“销售工具化品牌”和“战略增值型品牌”两个层次，分别对应现实销售的推动力和中短期战略的扩张力。

而没有品牌护航的工业品企业，就像一艘豪华巨轮在黑夜中无声地驶过港口，丝毫引不起人们的注意。塑造品牌，既花钱不菲，又劳心劳力，然而客户的认同带来的物质利益和精神享受，就算是爬雪山、过草地般的折腾，都是值得的。一个国家要得到世界的尊重，就应该有自己独特的价值，而富有竞争力的国际品牌则是这种独特价值的主心骨，可以说，品牌不仅让企业赢得了信赖和尊重，也让自己的国家扬眉吐气。

品牌发展与销售增长是同步的，品牌为销售赢得了更大的空间，而销售则给品牌带来弥足珍贵的客户体验，每一次客户的使用和切身体验，都是品牌效应不断累积的源头。客户愿意优先选择，或者客户愿意出高一点的价格，都是品牌价值的具体体现。品牌是依托实业又高于实业的无形价值，在兼并、扩张、上市和海外发展等重大场合，品牌就会绽放出迷人的光彩。

江苏扬中，母线企业云集。有一家当地有名的民营企业，尽管它的产品占据国内头把交椅，并在国际市场上销量领先，但很难进入国内大型工程前三名备选名单，因为这些采购方都青睐西门子、施耐德、ABB和通用等国际品牌。虽然这些国际品牌的价格高出不少，性能与也相差无几，但它们在决策者心目中的分量却高出很多，这也是单纯的产品、技术和价格因素所不能企及的。

是的，国内工业企业在遇到价格不敏感客户时，往往一筹莫展，有大鱼，但没有钓竿。高端客户的采购战略，用的是另外一种套路，陌生而神秘，自己的苦心经营难以迎合他们的真实需求。而且，如果客观地看待这些国际巨头品牌，还会发现他们的品牌内在结构丰满，工作细心扎实，自己很难在短时间内赶超。不做品牌不行、想做品牌无门，品牌困局如何突破呢？可以从单点突破带动组合创新的角度，重新构思自己的品牌营销差异化，采取先登堂、后入室的递进战略，先蚕食国际品牌的边缘市场，集聚一定能量之后才采取适度的中心开花战略，夺取对手的一部分核心市场。华为的先取亚非拉外围，再攻取法国、美国等核心市场的做法，就值得国内工业品企业效仿。

三一重工（三一重工股份有限公司的简称），为何一边冲破徐工集团（徐州工程机械集团有限公司的简称）、中联重科（中联重科股份有限公司的简称）的国企垄断，另一边又能与美国卡特彼勒公司、小松（中国）投资有限公司成功热战呢？降低客户购买风险、提高沟通效率和增加产品附加值，是工业品（或称 B2B）品牌的三大益处，三一重工看得真、做得诚。挖掘机，客户多为个体户，而乡村的富人，需要邻里的认可。敲锣打鼓送挖机，邻里乡亲齐欢庆，这样的送货方式，土的有内涵，闹的有名堂，面子里子一下解决。讨好挖掘机用户，只算是三一重工品牌大餐的凉菜。大型展会的概念炒作，比如世界最长的泵送管、抢眼球的展会运作，是三一重工的特长。断臂事件的危机公关、赈灾救援的公益传播，显现了三一重工的品牌底蕴。吉尼斯世界纪录的娱乐化传播，更是体现了三一重工 B2B 模式与 B2C 模式融合传播的深厚功底。工业品企业的品牌模型，光砸钱是不灵光的，要懂得热闹表象之后的客户心理感受，七分理性说服，勾兑上三分感性渲染。

品牌模型是进入高利润区的首选，品牌力不强的工业品企业，往往只能停留在产业的下层，做苦力是免不了的。品牌模型则是把产品服务价值勾兑进了客户认知和使用价值，以客户为中心的思维方式和经营管理，本身就应成为创新型工业企业的灵魂。工业品企业的品牌塑造好在客户接触点不多的标识、画册、网站、产品模型、展会和技术推广会，做少点做精点，打几场干净利索的漂亮仗，品牌的种子便会破土而出。看到投入产出的现实可能性之后，企业高层的决心也会更大，营销执行层的操作手法也会更实效。而且，与客户直接见面打交道的机会很多，团队精神面貌与职业气质，也都是直接感染客户认同的因素，人际的品牌感染力，遇上媒介传播的品牌诱惑力，工业品企业的品牌模型就会生龙活虎动起来。

◆创业家模型：激情接棒，事业上层楼

美国热电公司（现为赛默飞世尔科技公司），成立于 1956 年，全球科学服务领域的领导者，通过不断分拆，从单一的热电母公司，发展到热容器、热医疗等三个子公司，而这三个子公司又裂变为热光谱、热激光等六个孙公司（如图 3 - 6 所示）。分拆之后的最大好处，就是子公司可以从外部筹集资本。资本来源不再局限于母公司这个单一渠道时，子公司就不受制于母公司其他业务的收益所产生的现金流的唯一通道，而且通过出让母公司持有的股权，就能为子公司引入现金流或资产。

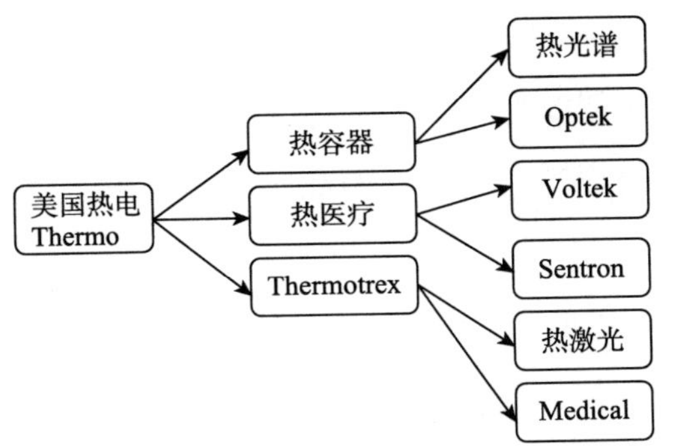

图3－6　创业家模型裂变效应

货币化激励和非货币化激励的双重措施，已经在热电公司形成这样一种气氛，美国热电公司的分支机构相互竞争，以希望成为下一个分拆出去的独立公司。而更为关键的是，通过分拆，美国热电公司保留了人才，使得公司发展最为必要的管理层稳定性得以保持，因为自分拆开始，没有一个管理执行人员离开过公司。成长起来的人才，需要高度扩张的事业空间，这也迫使企业始终处在创业期。反之，失去了持续创业冲动的工业品企业，规模再大，也难以容得下那些依然保持创业激情的人才。留下来的，是摘桃子的分享者，而不是创造者。

美国热电公司不断分拆、内部创业的企业架构设计，为公司究竟带来了怎样的市场表现呢？这组数据最有说服力：若你于 1983 年 8 月 10 日投资 100 美元购买热电子公司的股票，那么到 1995 年末，其价值就变成了 1667 美元。热电子公司的股票收益的良好表现，主要归因于其占有控制性权益的分拆出去的上市子公司的市场表现，热电子所有分拆出去的子公司从分拆开始到 1995 年底加权平均年复合回报率超过 33%，连优秀 PE 创投公司的业绩也都望尘莫及。

一家快速成长的工业企业，开始尝到规模经济的甜头，可一旦规模超过自己的控制能力，规模不经济的现象也就不可避免地发生了。公司规模一大，管理者的注意力就从外部市场转移到内部复杂管理中，间接费用不断攀升，不必要的开支也是持续增加，管理者从成长中的甜蜜一下子跌落到烦恼的漩涡中。公司决策变得缓慢，与客户的紧密关系也逐步松散。总而言之，当创业的热情消退之际，大公司官僚病悄然缠身。

20世纪20年代初，通用汽车公司合并收买了许多小公司，企业规模急剧扩大，产品种类和经营项目增多，而内部管理却很难理顺。当时担任通用汽车公司常务副总经理的艾尔弗雷德·P·斯隆参考杜邦化学公司的经验，以事业部制的形式于1924年完成了对原有组织的改组，使通用汽车公司的整顿和发展获得了很大的成功，成为实行事业部制的典型，因而事业部制又称“斯隆模型”。艾尔弗雷德·P·斯隆留给现代企业的最大管理遗产，便是让职业经理人成为企业利益代言人，企业的管控不再受外行股东的干涉，企业的命运掌控在经理人与员工手中，股东只需用好自己的投票权就可以。当职业经理人成了内行的创业家时，企业的高速成长才有了永不停息的接力棒，人才代代出、事业上层楼。

稻盛和夫在京瓷和KDDI企业内实行阿米巴经营，就是把企业划分成许多独立核算的小组织，目的是在企业内，使员工们具有同经营者一样的想法、相同的意识，让他们分担企业经营的责任，而相应的管理会计系统也成为这种分权管理的重要管控手段。据说，稻盛和夫在用“敬天爱人”激活日航这个休克鱼之后，打算引入阿米巴，教会日航这头大象如何跳舞。而张瑞敏在海尔推行的自主经营体，则是建立在以市场需求为核心、企业的资源配置服务于市场需求的基础上，建立倒三角的组织架构，让企业高层的领导者为一线提供资源。稻盛和夫实行阿米巴经营、张瑞敏倡导自主经营体，两位企业大家不约而同地在探索将“大企业做小”的灵活经营之道，企业的创业激情像短跑的接力棒一样不断传递。也许，这就是东方企业的“内圣外王”的经营哲学吧。

多数人首次创业，少数人二次创业。首次创业与二次创业，谁更难？首次创业如登山，二次创业如登天。登山，靠毅力和体能，山在那里，人就有征服的目标。登天，找不到门在哪儿，成功人士要再燃起创业激情，也不是很难，难就难在抛却现实拥有的享受、名誉。二次创业若是不成功，经济上的损失倒不算什么，颜面丢失就令人无法接收了。光脚的不怕穿鞋的，首次创业有时是逼出来的。而穿鞋的就怕再回到光脚的时光，患得患失的事业心理，当然会让二次创业一开始就背上沉重的负担。

首次创业，要解决个人梦想与事业理想的不相容。自己过上好日子，这个单纯的信念很有力量，它可以撑起个人主导的一片生意，不断激发一个团队众志成城。事业的成败与生活质量关系越少，首次创业的信念就会演变为企业理念，而团队激情鼓起的大帆、摇起的大桨，会让事业的大船驶向更远处的蓝海。二次创业的条件比一次创业优越很多，但国内鲜有成功的连续创业家，原因在哪里？事业与人生目标的分离。功成名就，唯一的目标就是享受生活，田野牧歌的中国式文人生活，促使中国式企业家骄傲地为自己而活。也许，生活的情趣是人生的重要因素，但若没有创业为中心的价值理念，季琦这样的连续创业家，就永远是凤毛麟角。从携程网到如家，再到汉庭，季琦一口气创出了三家上市公司，而如今的华住酒店集团更是囊括了汉庭酒店、禧玥酒店、全季酒店、星程酒店、海友酒店和漫心度假酒店六大酒店品牌。创业，一辈子的事业，季琦诠释得很到位。

◆地区领先模型：宁为鸡头，不做凤尾

家电行业和白酒行业，最爱大终端。国美、苏宁、百思买，成了

家电销售的品牌集散地，以消费者的海量购买作为武器，家电巨头的商业品牌制服了昔日高高在上的企业品牌。白酒即饮市场被AB类酒店垄断，团购市场开始被一些酒类专业网盘踞。“部分酒品低至1折，时时有促销，刻刻有团购，天天有惊喜，月月有礼品，实惠又便捷”是酒仙网大小团购通吃的杀招。大型商业终端，成就企业品牌快速上市、销售上量的同时，也制约了绝大多数消费品品牌的自主式发展。安居一隅，成为地头蛇，这样的安逸梦，越发难在消费品行业中实现。全国一盘棋，区域全覆盖，正是强势消费品品牌扩张的战略核心思想。

工业品行业还没有形成商业大终端，每家企业自行构建销售渠道，直销撬动大客户，经销覆盖小客户。直分销结合的渠道模型、厂商合作方式和地区精耕细作等方面，还有大量可以改进的空间，这也是新锐工业品企业成长的良机。一时做不到全国市场的高举高打，那就俯下身来扎根一个产业、一个区域，选好种子、施有机肥、科学化地头管理，实行农夫心态的工业品企业营销管理，定会造就小企业的区域化领先。纵观工业品行业，地广人稀的粗放式区域销售仍是主流。一个业务员负责三个省，是常有的事儿。再落后的区域，三个省恐怕也有几百家目标客户，上百家关联方，比如设计院、研究院、行业协会和商会。跑一圈，也得要三年时间，维系好更得费功夫。广散网，网眼大，捕到的鱼又怎能多呢？

杭叉集团股份有限公司奋起直追合力股份有限公司，撒手锏之一就是分公司的战斗力。总部用叉车铺底，分公司经理解决流动资金，职业经理人摇身一变成合伙人，销量提成的弊端没有了，共同谋发展的局面由此形成。扎根一个区域后，瞄准有潜力的行业，以相对低价抓住一波用户，抢占市面上杭叉品牌的曝光率，进而带动其他客户的跟进。同时，与维修工合作，分公司在第一时间分享维修工提供的客户二次购买信息，而维修工则可以得到信息费和该客户的维修活。分公司的业务由直销、分销和行业内推荐三分天下，一个区域的信息与人脉流动起来之后，品牌相对落后于合力品牌的弱项，就不再那么致命，分公司的以弱胜强与持续发展就有了统一战线的坚强后盾。

高产出效率，高利润率和高市场占有率，是地区领先模式先进性的三大衡量标准（如图3－7所示）。

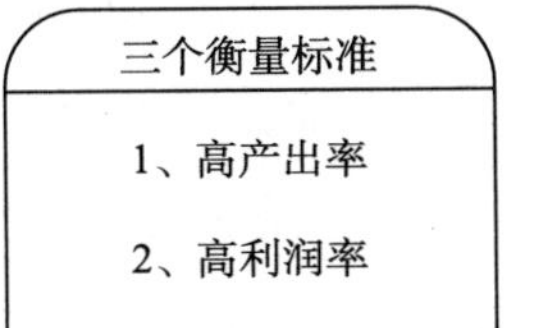

三个可行做点
1、区域营销中心
2、产品类型化
3、服务背地花

图3－7　地区领先模型的三个标准与三个做点

（1）高产出效率有点抽象，带有资本方或财务人员说话的腔调，营销人员不喜欢听。工业品企业的市场投入费用比例一般在预期销售额的1%以内，而主导的营销预算花在人员的打单与客情维护上。企业的高产出效率，底层是营销人员的个人销售业绩，顶层则是营销体系的活力。

（2）高利润率，换成营销的话语，就是产品毛利率。地区领先模型，强调产品的增值性，靠针对性产品赢得优质客户是该模型的决胜点。有一些工业品企业，凭借工厂所在地的密集客户群，做起了薄利多销的简单买卖，在没有替代品或强对手介入的时候，还能发挥交货方便与人脉熟悉的优势。生意做得稍为像样点，对手蜂拥而入，或者客户主动外出找对标企业，微薄利润的最后防线随之崩溃。不赚钱的买卖，产品无前途，企业也没干劲。

（3）高市场占有率，区域领先模式的最终目标。目标客户的高占有率，较之笼统的市场份额占有率，显得更为重要。因为，客户结构的优质，才会带来利润率与忠诚度的杰出表现，不计成本的单纯份额占有率，“自损八百、杀敌一千”的赔本买卖，别去干。

区域营销中心、产品类型化和服务本地化，是地区领先模式的三大可行要点。

（1）工业品企业的区域营销中心，常常被误解、误用。误解，是照着消费品企业的样子学，殊不知没有大媒体、大终端和大促销的死扛，工业品企业的精耕细作只能靠地面战、靠联合纵队、靠服务的深度与效度。误用，刻板的销售目标层层分解，制约了区域营销的有效落实，围着数字讨价还价，忘却了客户购买的潜力开发，丢掉了区域营销战略的高屋建瓴，区域营销终究被打回销售分包的原形。**那么，工业品企业的区域营销中心到底该是什么模样呢？它至少是客户信息的汇聚中心、营销策略的发动中心和产品研发的思想中心，有了这三个中心作用，区域营销中心也才会名至实归。**

（2）产品类型化。工业品企业的产品结构终将要打破以技术性能和参数主导的冗长产品线，以产业群需求、客户类型的焦点需求为根基，对现有产品线进行一次大扫除，那些瘦狗产品或无望的鸡肋，会腾出资源注入希望之星或现金牛产品上，资源回报说不定能翻番。

（3）服务本地化。装载服务的区域营销中心，区域市场的客户之根，才能扎的更深、更实。售前服务和售后服务的总部空降部队逐步减少，本地招聘或合作的服务力量渐渐占据主导，快速响应、成本降低、服务与销售绑定，有了客户的高回头率，区域领先模式就有了本钱。

地区领先模型，在战略上要求工业品企业胸怀“客户至上”的理念。决策者听得见炮声，才能谋划出制胜战略，而战术上授权区域营销中心，更是将营销战场从参谋部直接搬到一线市场，捕捉战机能力强了，竞争得胜的概率也就高了。在组织流程上要求工业品企业打破传统的权力金字塔。区域营销中心的负责人，其岗位重要性要与总部的营销副总平级，还可以更重要一些。在人员来源上，还可以向技术研发、生产制造等技术人才开放。在营销体系上，要求工业品企业寻求营销资源的本地化整合。区域服务要做透，而人员队伍要做轻，与本地服务力量结成联盟，肥水多流他人田，联盟的紧密度就会更高，本地化服务也越发朝气蓬勃。

3. 盈利模式就是会赚钱、久赚钱

盈利模式容易被神化，有人以为它是芝麻开门的咒语，金山银山任他搬。盈利模式，说得直白些，就是把产品或服务卖给谁，赚多少钱，能赚多久。盈利模式等于赚钱方式，就这么简单。一家企业，在成立之前，就应该谋划好自己的盈利模式，正如一栋大楼在施工之前要有规划图纸那样。而我们的工业品企业呢？先建厂，再找市场，仿佛成了定规。先建厂，就是寻找圈地运动中的财富增值，这都是土地上涨带来的坐享症。工厂大建设，规模放卫星，成本制胜的看家本领，遭遇太多同路人，阳关大道成了独木桥。规模制造、成本领先和低价销售，唯一擅长的盈利模式，不灵光了，怎么办？

工业品企业应该回到经营的原点。为什么要创办或继续经营这家企业？它带给客户的价值是什么？客户为什么要选择你而不是别家？没有你的存在，客户会失去什么？先别急着辩解，也不要自说自话。找一个你信任的行业外朋友，听听他的逆耳忠言，冷静地给自己照照镜子，就会发现幻想与现实之间的残酷落差。据说，人在照镜子时，模样要比真实的自己更好看一些，因为人会照着理想的自己，要求现实的自己配合。工业品企业的盈利模式，也会走上自我迷恋的迷途，总是拿着理想去涂抹现实，一丁点的优点都会被放大。自己看自己，恐怕难以主动发现问题。**盈利模式，到底有没有竞争力与续航力，从战略定位、价值交付和营销系统三个角度，以平常心、用客户情，细加审视，客观对待，为自己的盈利模式找到一个从容生长的合适环境。**

◆战略定位的表层占位与深层错位

定位，成了工作与生活的高频率用语，如人生定位、职业生涯定位。面对看似无限的选择可能性，找到自己最为合适的那一个，然后投入所有资源和精力，力图达到预先的设想，这就是企业的战略定位。战略定位，不能等同于企业发展规划。企业发展规划，是企业经营过程的考核标准，对内是绩效评估、人员奖罚任用和组织流程优化的凭据，对外是投资者信心、客户满意度和社会认同度的保障。而战略定位，则是企业发展规划的内在驱动力。**战略定位，是内涵，决定企业发展战略规划的成败；发展规划，是外延，统辖企业各职能部门的执行力。**

战略定位，是企业经营智慧的晴雨表。企业家的领导力，集中体现在战略定位上，把握住战略定位的大方向，就能领导企业走在持续发展的大路上。行得通，才能行得好，领导力直接影响执行力。诸葛亮式的企业家本领再大，也落得个鞠躬尽瘁死而后已的下场，终其一生也没有培养出几个像样的人才。执行力强，是诸葛亮的长项。而战略思维弱，则是导致蜀国劳民伤财的祸根。以攻为守，收复中原，诸葛亮错把个人理想当成国家的战略方针，文人掌权，中看不中用。战略定位莫学诸葛亮，而是要学刘备、曹操和孙权。他们懂得宣传与实干的差别，认得清周遭的环境压力与突破机会，更善于调动骨干人才的事业激情。最难能可贵的是，他们的愿景、口号识时务、有感召力，这促成了这三位事业经营的战略定位，成就其一方霸主的政治地位。

企业战略定位，分为表层占位与深层错位，表层占位是战略愿景，深层错位是经营思想。诸葛亮式的战略定位，表层占位缺少感召力，刘禅最想要的是玩乐，朝中大臣要的是安逸，而万民急需休养生息。讨伐曹贼、恢复中原，空洞的政治口号，得不到高层、中层与基层的支持，硬性动用自己的相父威权，蜀国上下给折腾得够呛。一个将才，被推上了帅才的位置，于人于己都是一场灾难。

企业战略的表层占位，要从行业演变轨迹、企业生命周期和愿景使命价值观这三个相互关联的经营要素进行匹配。

（1）行业演变轨迹，定调企业战略的力度与速度。处在急剧转型期的行业，需要全新的战略定位替代现有的战略定位，急剧变化难免会带来阵痛，但若是秉持渐进式改良，就会得出模棱两可的战略定位，企业的未来便是温水煮蛙的安乐消亡。

（2）企业生命周期，定性企业战略的轻重缓急。身处创业期的工业品企业，急于用即期业绩证明战略的正确性，牺牲市场持久发展换得的短暂成果，无疑会将企业带入低效的不归路。而成熟期的工业品企业，则过于抱持既往的战略思维定式。再创业的经营模式，也会被中和，改革成了不伦不类的改良，人心被折腾几次后，熟透了的企业很快就成了烂柿子。

（3）愿景使命价值观，是摆设还是内心的呼唤，这个取向极为重要。做企业，是在做实业，还是在做商业，这是企业战略走向的分水岭。实业心态的工业品企业，对客户、技术、创新有强烈的使命感。而商业心态的工业品企业，则只对短期回报等经营数字感兴趣，钱袋的饱与瘪，左右了他们的喜与乐。

战略的深层错位，比差异化营销来得更为彻底。差异化营销，属于一种竞争手段，瞄着竞争对手价值主张的弱项穷追猛打，最终赢得客户的购买与认同。可以说，差异化营销是客户心理战，营销战果是唯一的衡量标准。而战略的深层错位，则是企业主动选择的一种活法，它追随领导人的内心期望，有完整的愿景阐述与使命表达，也是企业全体成员的心灵鸡汤与行动纲领。**对客户价值的别样理解，是战略深层错位的开始，到企业价值链的构建、对自我价值实现的持之以恒，成了企业运作的灵魂。战略的深层错位，就是企业对自我价值的真实理解与实践，它是企业活体的生命线。**

◆价值交付的客户满意与客户黏度

发现价值、创造价值和交付价值，是企业存在的三个核心事项。发现价值，依靠战略的深层错位；创造价值，依赖组织流程的运作效率；交付价值，则是以客户为中心管理的必达使命。对于工业品企业来说，要发现价值的一双眼睛，左眼是客户价值领悟，右眼是需求趋势洞察。发现价值的活儿，消费品行业干的不赖，恐怕是缺少技术的缘故，因此他们对消费者格外用心。而工业品企业，拼规模、拼技术、拼投入、拼政策，很少有拼客户的，顶多是销售不济时拼命抢客户。创造价值，凭研发、凭工艺、凭质量管理，而只有为数不多的工业品企业，用客户体验来倒推产品与服务的定制。

到了价值交付，更是众多工业品企业的头痛事。顾前不顾后，造成了工业品企业重视生产制造，轻视前期的客户需求研究、中期的客户价值创造，以及后期的客户满意度维护。一辆大吨位的卡车，油箱和发动机皆小得惊人，又怎能驰骋呢？

国内的工业品企业中，华为的价值交付体系是一个亮点。华为的“价值交付体系”包括研发、供应链、制造、品牌营销、销售与分销和客户服务，而华为由弱到强的进步历程，与这个价值交付体系密不可分。价值交付体系，是客户可以明确感受到的企业。

（1）研发上，华为初期的研发能力，远不及爱立信与摩托罗拉。华为奋起直追，不断追加研发投入，从以生产销售人员为主导的企业，转身为全球研发人员比例达 45% 的科技型企业，专利数量甚至超过思科系统公司这个巨无霸。

（2）供应链上，华为的订单履行周期长达 20 ~ 25 天，而国际电信设备制造商平均水平为 10 天左右。设计和建立以客户为中心、成本最低的集成供应链，成就了华为今天的全球领先地位。

（3）制造成本上，以手机为例，华为拥有自己的芯片解决方案，且已覆盖高、中、低档三大领域，大幅减少其对台湾联发科技股份有限公司、高通公司和美国德州仪器公司的技术依赖，使产品供应链的主动权得以掌握在自己手中。如此一来，制造成本的优势得到尽情发挥。

（4）品牌营销上，华为进军海外市场之初，品牌影响力很小，低价、抄袭的坏名声如影相随。在美国，思科系统公司诉讼华为抄袭它的路由技术，华为凭借自己过硬的技术专利和法律诉讼应对，成功摆脱了思科系统公司的专利纠缠，为在发达国家市场的扩张奠定了品牌认同。如今，华为、中兴，是最不怕和欧美打专利官司的中国企业。

（5）销售上，华为“铁三角”销售团队，算是国内外响当当的业务开发与管理模式，无数工业品企业争相效仿。

(6) 客户服务，华为正成为服务型导向企业，客户服务体系会有进一步的完善。为客户服务是华为存在的唯一理由，客户需求是华为发展的原动力。成就客户，成就自己，研发与服务成为华为高飞的双翼。

价值交付体系的残缺不全、运作逻辑与秩序的错乱，说得好听些，有技术、有质量的工业品企业，那是“茶壶煮饺子，有货倒不出”。没有兑现给客户的价值，基本上被视作沉没成本，白白消耗了企业的有限资源。规模之争、成本之争、价值之争，渐渐退出历史舞台。产品、技术的单项竞争，早已转向以价值为中心的综合竞争，这正是价值交付体系大有作为的新时代。

豪车、名表、高档服装等奢侈品，价值交付系统从设计到实施，做得最讲究。这不是面子这么简单的问题，而是触及客户灵魂的价值渗透战，客户的梦想由品牌点亮。品牌从物化到精神化，带来的客户忠诚度与购买黏着度，怎么会不高呢？工业品企业的决策者们，请不要将奢侈品价值交付方式统统视作弄虚作假的把戏，未来的客户之争，正在于此。技术、生产、产品，都可以花钱买到，而客户价值交付系统成就的体验感与忠诚度，是无法花钱买到的，必须亲手栽下树苗，浇水施肥，呵护它一路长高。不做用心用功的好园丁，就培育不出客户忠诚度的大苗圃。

◆营销系统的市场开发与营销开发

盈利模式，以战略定位做势能，以营销系统挖潜能，战略与营销，两手抓两手都要硬。战略在行，营销外行，是工业品企业的通病。行业专家、技术大拿和生产能手这些角色在工业品企业一抓一大把。而营销专家、服务高手和猎手就不太容易寻见。对看得见的东西痴迷，对看不见的事物排斥，或许是内在的原因。行业有人脉、技术有研发、生产有章法，蜀道再难，终有人行之路。而客户体验、客户评价、客户终生价值，尽是些外行瞎嚷嚷的无聊事，装作听一下就行了，何苦动真格的呢？

工业品企业的营销落后，体现在意识、技术和系统三个层面。意识上，技术派喜欢确定性，中意看得见摸得着的，对虚头巴脑的营销颇有些心理障碍，认为花心思研究客户，还不如踏踏实实搞好技术和生产，否则，企业就会走上邪道。技术上，理工科思维主导的工业品企业，心理、艺术、社会和习俗这些对他们来说都是陌生的字眼，从高中开始就从他们的知识库中消失，捡起来确实有困难。系统上，销售人员跑单帮，研发人员宅一族，其他职能部门也是按章行事，没有问题时，大家较少聚到一起研究市场、分析客户、比较价值。

工业品企业的营销系统，可以简明地落实到市场开发与营销开发两个板块上。市场开发，就是赌明天的市场，从2~3年后的市场机会，由外而内地构建自己的企业经营价值链。营销开发，则是博今天的市场，积蓄已久的产品实力、营销功夫与服务能力，必须要展现。市场开发，是重要而不紧急的战略事项，而营销开发，则是重要而又紧急的战术任务。这么说吧，没有多少管理层会因为战略事项不给力，然后降职或走人的，而因为战术任务差强人意吃苦头的比比皆是。两件事情的成败命运如此悬殊，那就全身心投入营销开发，出成绩相对容易，公司与自己皆大欢喜，何乐而不为？苦心付出，弄不好还耽误业绩，市场开发，就先空谈着，何必动真呢！本来就脆弱的营销系统，又被这种做法给耽搁了。

4. 工业品企业盈利模式的复制机会

连锁店得到投资者的青睐，是因为它有很强的复制性。那么，工业品企业的盈利模式，有没有复制的可能呢？盈利模式的内在要素与外在模型，已经有所了解。因此，一个好的盈利模式，要在销售区域、客户类型和行业上快速找到自己的复制机会。否则，模式再好，也只能在某块试验田上获高产，而全局始终无所作为。别着急，即使你的盈利模式已经成形，也无妨静下心来，用 12 个问题检查自己心爱的企业战略设计与盈利模式，检查出问题的地方，迅速去弥补，那些禁受住检查的地方，则极有可能成为你的核心竞争力。盈利模式，无非就是客户认同度与企业竞争力的组合方式，而盈利模式的复制机会就是一粒好种子在合适环境中的成长速度与质量。好花结好果，盈利模式的花团锦簇，只为迎来复制机会的硕果累累。

◆工业品企业盈利模式 12 问

问问表 3－1 中的 12 个问题，看看有多少能通过“诊断要点”的高要求，若是接连有 2 项或者总共 4 项，未能通过要求，那你就要着手你的“不停车修理”：企业运营惯性进行过程中，决策者一边开车，一边还要拆下故障件并替换上新件。立即行动，这种强悍的执行力文化，应从高层开始，战略的势能，决定了一切系统的效能，用好杠杆力，就能产生竞争力。

表 3－1　工业品企业盈利模式 12 个问题、诊断要点及行动

序号	问题	诊断要点	立即行动
1	我的客户是谁	活生生的客户：公司类型、区域、行业、经营规模、购买理由、购买频次、决策特点	客户资料的鲜活度、公司高层对客户的熟悉程度
2	客户偏好如何变化	从客户角度，写出自己最在乎的、一般需求的、无所谓的产品性能和服务内容	以客户的思维与使用习惯，评估自己的产品与服务
3	我的客户应该是谁	客户的选择，要具有创造性，客户的升级也很重要	评估从不购买客户转化率的可能性
4	如何为客户创造价值	近距离体验客户感受，静下心来向对手学习，重塑价值体系	发现客户需求、满足客户需求的能力
5	如何让客户选择我	客户选择倾向性，与企业产品和服务对应的得分情况	产品的定量与客户体验的定性评价
6	我的盈利模式是什么	我所处的行业中，利润区是如何分布的？获利能力最强的公司是哪些？他们凭什么获利	盈利模式的高层认同度：共同的目标、坚定的决心、合拍的步调
7	我的企业设计如何	把握企业经营战略四要素：客户选择、价值获取、战略控制和业务范围	四要素组合结果，其竞争力、协调性与文化传承性
8	我的竞争对手是谁	要注意替代品、新进入者等隐形竞争者，战略眼光要从现单个产业的竞争结构移入到更为开阔的社会经济中	用雷达图找出自己的现实对手、潜在对手

续表

序号	问题	诊断要点	立即行动
9	最怕竞争对手做的事	比对企业间的战略设计的差异，有助于你更清楚地观察和预判行业内价值流动的方向	避开对手盈利模式的锋头，预先抢占自己盈利模式山头
10	企业战略设计有无余量	唯有客户和利润导向的企业战略设计，才能为客户创造更多价值，给自己更多选择余地，也给了对手应有的出路	面对经济波动、行业转折与企业战略调整的自适应能力
11	战略控制手段够强吗	品牌、专利、版权、产品研发的领先、成本优势、销售控制力、供应商掌控力、客情关系、企业文化、价值链的主导力、建立行业标准等十种类型	建立行业标准、控制价值链、销售主导地位和良好的客情关系，这四个手段你做得如何
12	我的公司价值如何	公司的市场价值，由四个要素构成，分别是销售利润率、预期利润增长、资产效率和战略控制指数	直接拿市场价值除以销售额得出未上市公司的市盈率

◆结构性复制机会：客户结构与产品结构

国内经济转型的机会在于结构，而工业品盈利模式的复制机会在于客户结构与产品结构。当前的境况，工业品企业的客户结构，划分笼统，只是以大、中、小，或者以新、老加以区别，只从交易规模和合作周期两个最为简单的量化角度，而没有涉入客户选择偏好、使用习惯和使用价值。

工业品企业的客户结构，最起码要从合作价值、发展潜力与战略紧密度三个定性方面详研细查，增进客户结构的优化空间，以客户质量弥补客户数量的不足。合作价值，指的是合作双方带给对方的企业价值，这必然要将重心从交易转移到合作上，比如共同研发、联合推广和指定采购等。发展潜力，是从增量角度看待客户的中长期价值。找到客户大树当然开心，可若是拥有一颗颗茁壮成长的树苗，未来的市场则收益倍增。战略紧密度，一是合作有排他性，核心技术和主打产品的优先供应与长期使用计划相结合；二是双方企业的产业链战略，会适度嵌入企业战略规划中，战略紧密度便有了组织靠山。

产品结构与客户结构，在客户需求处有些重叠，可还是有必要再往深里细琢磨。想想看，工业品企业的销售目标分解，有些企业偏向产品结构，而有些企业偏向客户结构。产品结构，可对应现金牛、明星、瘦狗与问题四个经典象限，将企业所有产品表现（市场占有率与销售增长率）加以评价，然后逐个写在匹配的空间，一张产品结构总表跃然眼前，产品线的内在逻辑与外在业绩，强弱判若分明，应对措施也随之清晰。

◆行业性复制机会：口碑效应，居高声自远

行业之间的差异性，甚至大于区域。历史上的垂直型权力分配，导致行业自成一体。“隔行如隔山”，主要指的是行业信息、成员交流和政策审批。信息化、智能化和网络化推倒了大部分行业的柏林墙，原来不可能合作的行业之间也开始在技术、产品和经营上互送橄榄枝。眼光开阔的工业品企业，现在就着手勾画自己的行业势力范围图，以客户需求差异为准星，用标准产品与定制产品作子弹，找到自己盈利模式的行业性复制机会。

变局下的工业品企业7大机遇

行业成员之间的仿效，促成一款产品或应用的快速普及，特别是那种能够解决传统问题或者能够赢得当下机会的产品与应用。标杆学习、行业解决方案和口碑效应是工业品企业盈利模式行业复制机会的主战场。

（1）标杆学习，就是后进学先进。从模仿到创新的过程中，行业领先企业的战略战术都会是相关行业成员争相效仿的热点。拿下这些标杆客户，您的产品和服务就会迅速覆盖这些学习者企业。

（2）行业解决方案，是在行业的个性中找共性，最终形成行业定制产品，既保留目标行业的专有性，又能产生一定的销量，解决了成本与效益的传统矛盾。

（3）口碑效应，发挥口碑营销的扩散力。熟人圈子，成员之间的信任高，信息传播的成本与接收度就会高很多。新浪微博和微信，一个是粉丝圈子，一个是熟人圈子。粉丝也许相信名人，而粉丝之间的信任度，可忽略不计。微信的朋友圈，信息传播是以质量换取数量，一些工业品企业或经销商已开始尝试导入客户服务，把线下的一对一服务，搬到线上的一对多、多对多的交流。

◆区域性复制机会：营销管控系统显身手

工业品销售区域管理，怎一个粗放了得。总部的营销中心经营的少，销售的多，只是换了一个好听的销售管理中心名字罢了。区域上，也是个人承包制，有的是直销人员扛大梁，有的则是经销商担重任。区域之间的协同、针对性营销策略、当地资源整合，总部做得很少，由着区域经销商或销售人员自管自。于是，产品占主导的大一统销售政策成了区域营销的主要武器，刺激各区域出上销量、促新产品的招，也无一例外地落在销售政策的讨价还价上。散兵游勇的区域分布、政策刺激的销售管理，让工业品企业的成长始终建立在流沙之上，不可控制，难以扩张，也是不少产品卓越、服务出色的企业之痛。

工业品企业的区域管理，在松散的扁平化现状下，要加强营销统筹、大区统管与服务统领三项工作，区域的涓涓之流汇集到营销大河时，企业的营销系统也就有了永不枯竭的源泉。

（1）营销统筹，主要涉及品牌建设、招商、渠道成员优化、营销队伍培训、新产品推广、新行业开发和新解决方案推行。大一些的工业品企业最好有一个市场部，作为营销统筹的枢纽机构；小一些的工业品企业，可以设置营销专员的岗位，但必须直接向营销副总或总经理汇报。

（2）大区统筹，不是简单地指派一个大区营销总监，然后像钦差大臣一般巡视自己的领地。多了一层管理机构，区域营销的效率反而降低，这样的营销管理秀别再玩下去了。大区统筹是将物流供应、区域联合推广和跨区域产业群有机整合到相对一致的营销方案中，得以高效利用营销资源，增强客户体验的一致性。大区统筹，仿佛是在原来独立的区域砖块间隙处，涂抹上一层厚厚的泥，使区域间的营销黏性更大。

（3）服务统领，总部营销中心做400热线电话、配件供应、服务工程师培训与统一调拨及服务标准的制定与推行，而区域销售部门则做好客户及时登门、维修实施和定期回访。有了总部服务统领作为后盾，区域销售工作就更能赢得客户的信任。

第四章

Chapter 4

赢得营销红利的机会

——营销为王，规模退场

变局下的工业品企业 7 大机遇

结构性增长，是下一波发展的主旋律，资源催生会让位于市场拉动。因此，技术引领型、规模至上型很难再成为工业品企业发展的导向。在成本、技术、品牌不占优势的情况下，工业品企业如何找到自己的优势呢？营销红利，是继成本红利、政策红利之后的第三波发展驱动力。只不过，这一次不是被机会推着跑，而是要跑着去追机会。**毕竟，品牌营销对工业品企业来说还是陌生事物，从概念到操作再到管理体系，都还需要不断试错与锤炼。而且，工业品企业的“两复杂、两依赖”的营销特征，注定了营销靠体系、管理靠流程、战略靠整合。**

营销红利，未必能引领工业品企业直接驶入蓝海，但至少可以大大提高那些产品有卖点、管理有效率、战略有远见的工业品企业的市场竞争力。当规模与成本不再是竞争王牌时，市场竞争力的强弱就决定了工业品企业命运的好坏。**行动起来吧，用营销的理念与方法武装自己的营销组织，打造营销铁军、赢得市场竞争力。**

那么，为什么不少工业品企业对营销红利视而不见呢？没尝过营销的甜头是主因。挣扎在销售救火、生产停工、成本居高和管理失控的困境中，哪里还能相信有什么营销红利呢？这种内在化经营思维，将企业的发展建立在自己完全可控的基础上（一切风险都必须控制，一切投入都必须要有明确回报），从而将看不见、摸不着的市场经营排斥在经营焦点之外。不是不敢冒风险，而是不知道风险在哪里、有多大。营销红利，最多也就是一个梦中情人，惯于过踏实日子的工业品企业，大多是敬而远之，免得“逮不着狐狸，反惹一身骚”。

营销红利，如何可望又可及呢？越过六大病症的泥沙地、启动营销系统的大引擎、搭上业务战略的顺风船、敢用营销审计给自己照镜子、敢为人先的工业品企业，定能使营销红利的大船驶入蓝海。“流水不争先”，那是功成者的淡定，怎能成为落后者的借口？谋取高利润，是营销的头等大事。营销红利，正是对抗高成本、政策依赖的首选武器。

1. 六大病症，阻挡工业品营销显威力

经济景气时，企业家手中拿的是放大镜，一个契机、一次拼搏，就会产生意想不到的大收获。经济低迷时，企业家手中拿的是显微镜，外部机会既然难找，那就老老实实做好内部挖潜。其实，工业品企业家还应该多拿一副望远镜，这就是工业品营销。它可以很好地看到下一波客户的需求，从而提前配置好资源，等到浪头到来时，他们便在别人羡慕的眼光中踏浪而去。

营销，造就了消费品企业的麻雀变凤凰，那也理所当然可以造福工业品企业。而工业品企业，深陷六大病症之中，还未能享受到营销阳光的普照。病症一直存在，只是被行业井喷般的需求给遮盖了。**外力减弱时，就必须要开动内在拉力。工业品营销，要从概念认同开始，逐步落实到企业决策与经营中。营销问题缠身的工业品企业，也该到总盘点的时候了。**

工业品营销六大病症如图 4－1、图 4－2 所示。

图 4－1 工业品营销六大病症（一）

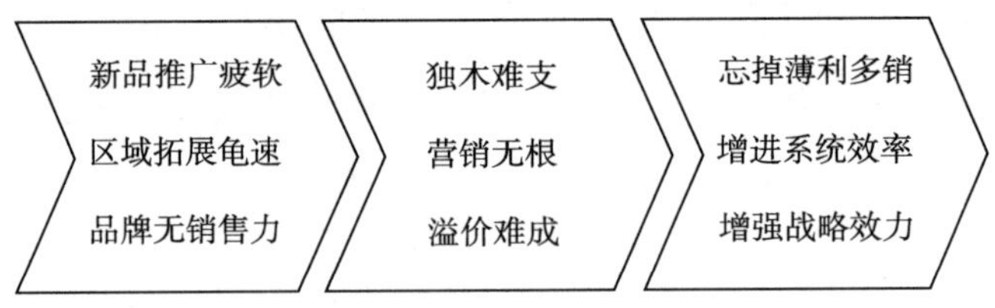

图 4-2　工业品营销六大病症（二）

◆身陷低价泥沼，盈利之路在何方

被动的低价策略，只因为产品无鲜明卖点、品牌无独特魅力、行业无领先之能和营销无体系之力，靠低价博客户欢心，而凭销售团队卖力，也只能拼下一小块存身之地。低价格，也许带来了一个时期销量的持续上涨。可一旦达到某个临界值，比如三千万元或是一亿元，就再难找到当初快速增长的感觉。线材、槽钢等钢材大路货，销售毛利比超市还低，用期货手段操作钢材贸易要比埋头生产或销售更有利可图。钢材行业，实业干不过商业，商业又不敌投机。钢材产品，定价策略极其被动，是拖累钢材行业整体低迷的元凶之一。

企业要走出低价格泥沼，单靠几款新产品推广是无济于事的。它必须是一套组合拳，包括客户选择标准、客户价值设计、营销体系改变、管理流程再造和战略方向重设。当然一家企业不需要一次打完组合拳的所有部分，但至少，必须从关键因素的组合角度去思考、去执行！

◆经销队伍老化，持续增长遥无期

成就了公司发展的经销商队伍，已经严重老化了，也跟不上公司下一轮的发展了。是旧瓶装新酒，还是新瓶装旧酒呢？旧瓶装新酒，是用新产品的分割战术，老经销商与新经销商各霸一方。而分兵把手，导致资源分散、策略矛盾、管理混乱，止住短痛的代价是长痛的绵延，得不偿失！新瓶装旧酒，是在销售组织上、区域市场上和终端方式上，采用错位营销与立体营销，而产品、客户群与营销手法，基本无变化。

经销商队伍老化，是不争的事实。经销商的商业化经营思路与企业的市场化战略，都是因为利益聚到一块，又是因为利益一拍两散。经销商公司化经营，既是经销商群体的自救之举，也是有眼光企业的发展之需。工程机械、农机和机床等工业品行业，经销大户比比皆是。合肥中建工程机械有限责任公司作为日本日立建机株式会社日立挖掘机的重磅经销商，年销售额早已超过 15 亿元，盈利能力和管理水平比同等规模的制造企业还要强，因为，它的根在客户端。据《第一工程机械网》的早先报道："合肥中建工程机械有限责任公司自 1996 年成立以来，历经奋战十余载，在 2010 年最终实现销售 3000 台日立挖掘机，所取得的成绩和背后付出的艰辛令人瞩目。我们在叹服这家代理店惊人的营销能力之余，其良好的企业文化和人才培养制度同样令人向往。"

◆销售管控乏力，规模边际效应差

业务能力强的销售人员不听话，而听话的销售人员，业务能力一塌糊涂，等、靠、要，成了他们的护身符。周期长的项目性销售，过程管理捏在业务人员手中，水落石出时才能知道结果好坏。高层要求客户群体拓展或者客户类型升级，而业务人员则只卖好卖的产品、只服务好伺候的客户，反正完成销售额是硬道理，至于产品结构、客户结构等考评指标，他们没太当回事，似乎每次都能绕过去。

销售管控乏力，若是只从销售管理方法、绩效考核制度等方面下功夫，看似事半功倍的事情，结果多半不了了之。销售业绩，是企业管理、营销战略和人员考评的最终目标，像是高考分数。就业绩抓业绩、就管控抓管控，“小猫追着自己的尾巴，白忙一场”。要解决销售管控乏力的问题，必须从业务战略着眼、执行体系着手，做到销售目标有资源匹配、目标分解有内在联系、销售过程有节点控制、关键节点有里程碑管理。

◆新产品推广疲软，联合作战梦难圆

新产品，往往是开发新客户、进入新行业、拓新区域展、推行新政策的武器，至于是钝刀还是利剑，那就是天差地别了。上海国际博览中心，是一扇新产品活力测试的大橱窗，谁在花拳绣腿、谁在真刀实枪一眼就能看分明。那些只讲产品、不谈应用的，是自我陶醉派；那些空谈行业整合、不见策略细节与成员联动的，是王婆卖瓜派；只有那些有产品推荐、有行业应用、有盟友支持的企业，新产品推广才是动真格的。

新产品推广，到底是销售部门的分内差事，还是市场部的妙笔生花呢？都不是。

新产品推广，是一场战役，销售部经销商队伍在前线作战，市场部是前敌参谋部，总经理是总司令，生产研发、采购、财务部门则是后勤保障部。“运筹帷幄之中，决胜千里之外”，谋定而后胜，就是企业各部门围绕营销战略与目标的协同作战。

◆区域市场拓展慢，错失营销先机

三道难关，挡住区域市场难拓的前行路。**第一道关，样板市场复制。**以为做好几个样板市场，然后就可以大量复制，动人的梦多半碎在凄风苦雨的下半夜。**第二道关，多点市场管控。**有点像同时抛接多个盘子的杂耍，稍不留神就碎落一地。资源投入成本，营销产出减半，多生孩子未必富。**第三道关，鞋子跟不上脚。**市场管理能力跟不上客户要求与竞争升级。规模小时，企业在暗处；而规模上来后，你就在明处了。此时，一招一式都要拼基本功、拼体系能力、拼战略执行力，打冷枪、防冷炮的机会一去不复返了。

区域市场拓展，形在销售方略，神在战略体系。形而下的工业品销售，好比打乱拳，打的过瘾却空耗力气，除非对手是站着不动让你打。形而上的工业品营销，好比拳击高手，进攻中防守、防守中反击，瞄着对手打，还要在被对手打击之后组织有效的反击。攻守有序，资源方能有效利用，区域市场拓展就能不拼资源而是凭内在的实力与外在的效力。

◆品牌没有销售力，盈利能力堪忧

常常听到："还是先把销售做起来，然后再去塑造品牌吧，我们很务实，不玩虚的。"这就像一个人说："等我更有钱了，我自然会放松下来享受生活的。"先予后取，还是先取后予，品牌决心与功底立判高下。安徽无为县高沟镇，电缆企业鳞次栉比，怎奈没几家品牌大户，大型招标做陪客，销售业务靠承包。拿到业务后，销售专业户反过身来，在几个东家之间比价，谁让他赚钱多，就卖谁的。一个业务大拿，就能横行电缆基地，只怪企业没品牌利刃。

有销售力的品牌，品牌与销售不是先后，而是并行。品牌与销售互为因果，品牌不再是单纯的因，而销售也不再是单纯的果。有销售力的品牌，除了能获得客户注目之外，还能让客户体验到产品的价值、服务的周到、企业的可信和方案的可靠。可以说，工业品销售的整个过程，品牌都在发挥作用。企业品牌是图钉的帽子，产品品牌是图钉的针尖，而体验营销则是按下去的力量。还有，工业品的售后服务，若能从被动的维修服务转化成方案沟通、企业战略合作等售前服务，那么品牌在先天性上就有了销售力。

2. 营销系统，用实力打造竞争力

撒豆成兵，工业品企业最拿手。客户数量有限、单台价格和购买频次高，在这三种情况下，营销系统最为薄弱，销售重心落在个人身上，营销系统顶多是搞个展会、办次活动、印本画册的杂货铺。轻系统、重个人，轻规划、重行动，是工业品企业营销系统的通病。不愁销的日子，逝去了；靠价格赢天下的机会，也无影踪了。“一个篱笆三个桩”，一家工业品企业的营销系统，则需要在销售目标、销售流程、大客户营销和市场部四个块面上，练就规划、执行和管控能力，然后还要在管理思维上破除狭隘的筒仓主义，并想尽办法增进营销系统的活力。

内部营销、外部营销和互动营销，是工业品企业营销系统的三个有机组成部分。

（1）内部营销靠领导的吹与锤。大会小会吹风，鼓励部门负责人要精诚团结，要心胸开阔，要有大局观，拧成一股绳服务好客户。先吹风，再锤人，老不听招呼的就给点颜色看看。

（2）外部营销靠业务员的腿和嘴。真羡慕业务员，做着不掏本钱的活儿，两头吃回扣，能来事儿的老手，赚得比中小经销商还多。

（3）互动营销靠网络的土与匪。成立一个网络直销部，竞价排名获取客户点击流量，大方一些的企业，把潜在客户信息交给经销商，小气一点的企业，则交由地面销售人员跟进，利润装进自己口袋。

工业品营销系统的三种营销，也就是外部营销有点动静，而内部营销和互动营销无实质进展。

缺少营销系统的工业品企业，核心竞争力就只能停留在战略规划的纸面上。“内圣外王”，是中国人性竞争力的古训。若是用到企业上，外王，可以理解为业绩为王；内圣，是否可以解释为系统制胜呢？产品别人能模仿，技术花钱能买到，规模胆大就出手。而只有将销售、营销和管理融为一体的企业，才拥有核心竞争力，不惧模仿、不怕追赶、唯有在创新中不断自我超越。

◆销售目标分解，迈向聚焦与聚合之路

企业经营的使命，现实点就是多销售、多赚钱，而其他的股东回报、员工幸福和社会满意都是在此基础上。一家不赚钱的企业，是不道德的。有些工业品企业，动不动就拿民族气节、国家命运说事，仿佛他的企业不存在了，整个国家的经济就会停止发展。要知道，那么多资源才垒出这么一丁点成就，若是他自己投资，打死也不会干。

例如天津的一家消防给水企业，每年制定销售目标时，都搞得人仰马翻。销售人员尽量往低处报，而高层则是用往年平均业绩加上增幅，双方相持不下时，王老板终于出场了。王老板，销售出身，自认为对市场最有发言权，他先是挥舞着奖金的胡萝卜，然后委婉地晃动了一下惩罚大棒。于是，销售人员口服心不服地接受了公司划定的销售目标。于是，强行制定的销售目标，先是遇到销售部门的讨价还价，进而是生

产、采购部门的掣肘，最后以妥协收场。信誓旦旦的销售目标，业已面目全非。没有信仰和坚定决心的销售目标，说它是数字游戏也不为过。

◆销售流程规范，效率与效益兼容并蓄

江苏中部的一家亚克力企业，年销售额 3 亿元以上，规模国内排名前三甲。从作坊小车间到今天的二期现代化流水线，企业景象日新月异，成了行业中的标杆企业。而其销售管理，还是当初能人承包制的变形，分公司负责人独揽大权。客户是自己打拼的，当然要牢牢捏在自己手中；而且，分公司营销规划和销售策略，书面上报的与他们心中所想、实际所干是两个不同的套路和打法。总部营销中心以及两个大区总监，浮在销售流程管控的表面，业务的主导权和管控权，都得看分公司负责人的脸色，因为，他们才是销售的第一责任人。也就是在分公司销售目标难以完成时，分公司负责人才笑脸相迎总部大员，图的就是额外的营销资源，比如特惠的价格或支持政策。而今，这家企业的产能翻了一番，而销售增长最快速度只为 15%，内在压力无法消融于有张力的销售流程中。

在一定时间和地域内，销售流程具有动态中的稳定特性，一群人、一堆事，是有规律可循的。销售流程规范，简单点说，就是销售从开始到结束的关键节点、事项、标准、里程碑（成功与否的验证）、奖惩、支持条件和管理手段的一致性进行过程监控。说到底，就是用个人的自由度，换取集体的自洽度，给企业一个相对可预期、可控制的销售业务运行保障体系。习惯于经销商跑货、业务员跑路的工业品企业，一时半会还难以接受刚性的销售流程规范，总觉得头上戴了紧箍咒。因此，销售流程规范可以抓大放小，先让销售活起来。然后，再一一推进更为细致

的管理规范，效果看得见、每步都不难，推行的阻力自然就小很多。销售流程规范，规划上要面向未来、面向整体，而执行上则可以步步为营。

◆大客户营销，猎手、渔夫与农民之分

对于一些客户数量有限、交易量大或持续时间长的工业品企业而言，大客户营销好比王冠上的明珠，资源为它特用、人员为它特配、政策为它特设，期盼几个客户能够全面带动销售好转或上升。大客户营销，最忌讳的就是不聚焦，本来就稀缺的营销资源若是赌不赢，就会全盘皆输。

人人都想摘得蟠桃，可往往到手的却是烂桃。大客户营销，成果鲜亮，过程却是寂寞的，只有意志坚定、行动敏捷和头脑灵活者，才能享受这鲜美无比的蟠桃盛宴。猎手、渔夫和农民，是三种惯见的大客户营销做派。猎手，招投标在行，竞争手段丰富，喜欢一枪命中，做一个客户吃三年的投机心理颇重；渔夫，善织关系经营的大网，人际上的见招拆招功夫惊人，圈子里关键人物变动都会让他从头再来一次；农民，抬头看天识风雨，弯腰把土知肥瘦，好产品做种子，好经营做肥料，好机制做土壤。农民式大客户营销，追求从小到大的培育，不贪图一口吃成胖子。广阔天地，大有作为，就看你如何作、怎么为。

◆工业品企业市场部，玩转剪刀石头布

上海，500强工业品企业云集，有市场部的企业比例也相对最高。一次聚会中，发现市场部经理多是巾帼少须眉，主要职责也就是展会、技术会议、新闻发布及画册设计与印刷，品牌物料占了工作大头，并没

有深入企业营销系统的规划、决策与指导过程中。说是市场部经理，其实只是品牌物料与活动外包主管。外资工业品企业的营销决策权，在大中华区总部或几个高层手中；而民营或国营工业品企业，设立市场部的并不多，职能也限定于销售的支持部门。混得差的市场部，仅存的决策建议权都被剥夺了，只剩下埋头写写画画或是电话指挥广告、公关公司干活。

市场部，表面上是老板的决策智囊，可很多老板总是盯着细节与结果，对战略决策兴趣不大，将战略拆解成鸡零狗碎的战术执行，雄心勃勃的市场部成了无用武之地的“灰心英雄”。市场部经理应该学学诸葛亮，尽管是用三分天下的宏图大略征服了刘备，可要是让关羽和张飞服气，那还得靠博望坡与樊城的两把火。市场部，也得会烧三把火，这就是剪刀石头布的价值递进。首先，用剪刀撕开一个口子，迅速出业绩。其次，用石头打开一片市场。这个石头，该是什么样的呢？它最好是一个畅销新产品，一个区域拓展策略，一个行业开发方案。尽管这些石头比剪刀复杂一些，可是也能在半年内见到效果，而且过程中的前进状况也是一目了然。最后，构建营销体系，让流程运转自动、组织协调自如。手中的石头多了，市场部就能有不错的内外在气候，可以考虑战略布局与业务格局，这就是“布”，横扫一片的大效果。

◆破除筒仓主义，新建倒三角价值体系

工业品企业，营销只有在老板亲自过问下，才有权力指挥生产、研发和供应。否则，只能担营销大任，并无资源调配权力。资源向内倾斜，憋在一格格筒仓里，远离市场客户端，造成了大企业、小市场的逆差。筒仓效应，也称“谷仓效应”，据百度百科所述，它是指企业内部

因缺少沟通，部门间各自为政，只有垂直的指挥系统，没有水平的协同机制，就像一个个的谷仓，各自拥有独立的进出系统，但缺少了谷仓与谷仓之间的沟通和互动。这种情况下各部门之间未能建立共识而无法和谐运作。

破除筒仓主义，先是要将主导权往市场端倾斜，进而是内部价值链与利益分配机制，最后就是构建客户导向的全新战略与价值观（具体如图 4－3 所示）。

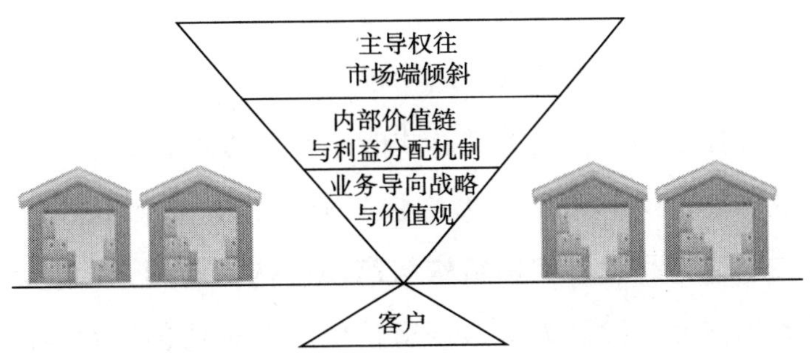

图 4－3　消除筒仓主义，激活营销系统

（1）主导权往市场端倾斜，好钢用在刀刃上，资源效率就会更高。一些民营企业，当老板兼任营销总监时，销售效率与市场开发像是打了鸡血，立马好起来。老板以为是自己领导有方，其实这是典型的“老板效应”，老板重视的事情，大家自然支持。老板在营销部门泡久了，资源投入没了初始的聚集效应，激情转冷为懈怠，营销加速度顿时锐减下来。老板的决策权是救不了营销的，而只有营销主导权落在业绩主战场与主要人手中，资源才能发挥产出的杠杆力。

（2）内部价值链，就是算清产品或服务的增值点，以及增值点对应的部门或人员。而利益分配机制，则是论功行赏，不搞平均主义。梁山好汉的有福同享，摇身一变为西餐的各吃各。

（3）客户导向的全新战略与价值观，则是破除筒仓主义的终极力量。客户导向的战略，就是竭尽所能为客户创造更多的附加价值；客户导向的价值观，则是真正对客户负责，在做决策时能够排除过多的非客户因素的掣肘。国内工业品企业高层，困在工厂繁杂事务的围城里，情感上远离客户、智慧上俯视客户，企业战略多是自己的雄心壮志，难让客户兴奋，价值观多是自己的事业理想，难让客户认同。

工业品企业的研发与生产供应体系，也许领先消费品企业，而在财务管理与营销系统上，则远落后于消费品企业。财务管理，停留在会计层面，居然还为扣留客户款项而邀功领赏。财务要参与到产品定价、售后成本计算与控制等营销活动中，才能让资金的血液畅通起来，为营销系统注入更多的活力，从而极大增强工业品企业的竞争力。**而营销系统，则要在销售与品牌、客户结构与产品结构、营销开发与市场开发、增量与存量等方面，找到为客户创造价值、为企业创造利润的利基点，承接企业战略目标，引领各职能部门与相关合作成员，走向共生共荣的多赢局面。**

3. 业务战略，工业品企业的杠杆力

绝大多数工业品企业，企业战略等同于业务战略。这么说并不是奉业务为上，而是要给内向的战略抱负找到一个客户的端口。企业战略，只有从企业江河奔流到客户的海洋中，战略势能才能转化为营销效能，企业资源也才得以与市场资源有效交换。工业品企业扩展战略中，业务战略考虑太少，需要服一剂矫枉过正的猛药。

公司战略、事业部战略与职能战略，层层推进，环环相扣，构成了企业战略的经典三要件。看似无懈可击的经典，其实漏洞不少。一是多层次决策，信息不对称、责权力不对等，就会造成资源利用效率低、商机捕捉能力弱。二是战略与执行，总是双向的、实时的回馈，决策与行动需要合二为一，只有业务战略主导公司战略时，才能反应及时，行动到位。三是大企业病，在工业品行业最常见。麻烦的是，一些规模不大的工业品企业，只要有多个生产基地，或者运营总部与生产基地不在一处，就会出现沟通不畅、信息延迟或扭曲及市场应对迟钝等乱象。工业品企业，要以业务战略统领事业部（或事业单元）战略与职能战略，也唯有如此，资源与机会才能无缝对接，战略与执行才能有效互动。

◆B2B 营销、B2C 营销、B2G 营销建构营销战略铁三角

工业品营销，这个词不太恰当，过于以产品为导向，而工业品营销的本质，恰好在于系统营销与战略制胜。名正了，言才顺。那么，工业品营销该用哪个名呢？用 B2B 营销，简单易懂，朗朗上口，它代表工商企业对工商企业之间的营销（business to business marketing）。B2B 营销这个名字，也有两个问题：第一，容易跟电商 B2B 混淆；第二，忽视了 G（政府机构 government），要知道，政府与机构的采购量，在欧美和中国可都是超过 1/3 总量的重磅市场。

工业品营销，内涵与外延过窄。B2B 营销，稍好一些，也还是难免牵强。组织间营销，这个叫法最为妥当，既涵盖了 B2B 营销，又包括了 B2G（Business to Government）营销。国内的光伏、轨道交通、石化、钢铁、采矿和农机等行业，政府在进入权、采购订单与补贴等环节上，

相对主导了行业的发展方向，那些能够赢得政府订单的企业们，战略与营销的调性也早已在裙带关系中定格。而电信、金融等规模与利润硕大无比的行业，仍是B2G营销唱主角。

国企经营这些年也进步不小，找市长不如找市场，也从被动适应到主动拥抱市场，技术沉淀、人才质量和规模优势，渐渐找到了用武之地。而诞生于改革开放的民企，一出生就是弄潮儿，尝足了B2B营销的酸甜苦辣，也吃了不少B2G市场的闭门羹。而那些长袖善舞的欧美同行，则是B2B营销与B2G营销双箭齐发，令人称羡不已。

施耐德，名字的德国味十足，却是一家地道的法国企业。他们的董事长（如假包换的正宗法国人），给自己取了个高端大气的中国名字：赵国华，汉语说的倍儿溜。2010年11月，胡锦涛访问法国施耐德，赵国华的汉语派上了大用场，一个500强企业老板，在异国他乡用汉语介绍企业和产品，那舒服劲儿肯定不小。央视新闻联播对此次参观活动，足足报道了1分多钟，折算成广告费起码得有上亿元。善于公关，猛拿大项目，施耐德在中国市场近十多年的增长率达到20%以上，从寂寂无闻到行业大佬之一。B2G营销的甜头，施耐德品的最透。

化学产品技术含量高，可口碑不大好，没有多少人希望自己家附近有化工厂的身影。生活中离不开化学品，而人人又害怕，若只是闷头做B2B营销发大财，那长此以往的B2C营销变得压抑，会反过来损伤品牌溢价和企业生态，怎么办？

德国巴斯夫股份公司发动了一波“创造化学新作用”的B2C（企业对消费者）传播运动，中小学生的快乐实验课、科技创新汇、机场液晶屏与电视台广告及杂志与网络海报传播，在北京、上海等大城市投放了上亿元的B2C传播费用，不亚于一家大型消费品企业的品牌传播力度。从创可贴、保温产品、汽车部件和油漆等生活场景切入，巴斯夫股份公司努力消除人们对化学品的惧怕心理，引领人们了解并喜欢上高科技的化学品，并让自己从幕后的陌生人，成为被关注的焦点品牌。B2C 传播反向拉动了 B2B 业务，并顺带做好了 B2G 营销。要知道，决定企业发展的掌权者们，也是生活中的消费者，他们的很多决策也是盯着民意而决定的。

B2B 营销做聚焦，力道用在目标客户上；B2C 营销做广角，更多人群的关注会培育倾向性的舆情环境；B2G 营销做微距，号准行业与政策的脉搏，起跑时就一马当先，具体如图 4 –4 所示。B2B 营销、B2C 营销、B2G 营销是营销铁三角，谁构建的越完整、结合的越有力，在市场竞争中就能打出更多的组合拳。相机的镜头，好比企业看市场的方式，长枪短炮的配齐了，工业品企业的营销视野才会开阔、深远，营销资源的池子也才能汇集企业、行业和社会的活水。

图 4 –4　B2B 营销、B2C 营销、B2G 营销三箭齐发

◆工业品企业高管，要学会下好三种棋

山东一家民营化工企业，2012 年销售额近 70 亿元，规模国内领先，世界排名前三。200 多人的直接销售队伍，30 个超级老业务员占据

销售额半壁江山，老业务员疲惫不堪，新业务员苦无破局之能。企业高层以技术派为主，大老板从CEO变为董事长，儿子接任CEO（二老板），但至今也还是在营销、财务等几个“边缘”部门活跃。生产、供应和研发仍由大老板掌舵，而且打江山的几个功臣凡大事都向大老板汇报。

前几年，二老板说服了公司高层同意上ERP（企业资源计划），做到一半，发现采集数据居然要添加几十个人手，而且，这种规范化管理束缚了高层灵活的大脑与决策的魄力，曾被寄予厚望的ERP项目，被大老板叫停。二老板想冲破老一代的经验主义，引入品牌营销、数据化管理、科学决策等现代化管理方式，改变能人拍脑袋、常人做工作的战略与执行分离状态，可屡次受到大老板的斥责，苦于没有机会证明自己的想法是对的。而大老板也不想在他即将退休之前，看到公司高层集体震荡，况且，他觉得儿子对公司的掌控火候还嫩得很，自己不扶他上马送一程，是断然不行的。

经营企业如同下棋，棋局变了，对手也不同了。而很多棋手（企业高层或老板）还是走旧招，让对手在他落子之前，就能轻易算清楚下法，不输棋是不可能的。

民营工业品企业的高层，最善于下跳棋，借力打力、见招拆招，不怕有竞争，就怕没甜头。在激烈竞争中摸爬滚打，练就了自己的腾挪功夫，有了对手就来劲。可一旦进入更大的格局，对手从战术型变为战略型的时候，自己就看不懂对手的棋路，常常被动地走入设定的圈套中，高层的手忙脚乱，必然会引发中层的茫然无从。外资工业品企业的高层，也许乐意下国际象棋，高手能看透象棋规则背后的选择自由，出对手意料之外，给予猛烈打击，赢棋靠的就是规范性与灵活性的奇妙结合。而在国内，规范性与灵活性难以兼容并包，走极端的国人中层难以理解高层决策之妙，还是照着自己的老干法，这也是很多世界500强企业在中国至今盈利微薄的主要原因。而国有工业品企业的高层，围棋高手如林，于政治经济学沙场中博弈的老兵们，大局观、中盘绞杀与局部争斗，是他们的拿手好戏。而遇到问题时，他们身后的中层们，只有少数人看懂棋局并能主动跟上配合。精彩的战略布局之后，中层成了拖后腿的，没有意愿和能力去改造流程组织，中盘之战丢兵卸甲。而基层员工没有全情投入局部战斗，再好的战略构思与策略，都不能直接转化成好的结果。开局精彩、中盘拖沓、局部松懈，国企高层心中的一盘大棋，无疾而终者甚多，具体如图4－5所示。

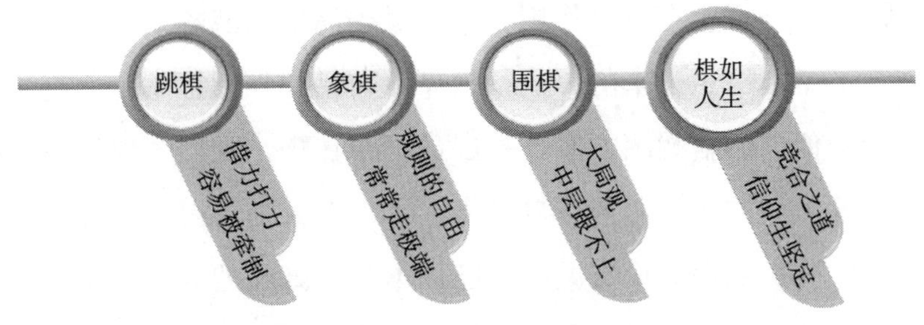

图4－5　工业品营销的四个棋局

很多老板喜欢说：“我们的战略并不差，问题出在执行上。”这种老板的开局功力深厚，而中盘指导与关键局部推动力明显不足，唯有在流程组织与机制文化持续充值，才能一气呵成下好整盘棋。一家企业的执行力，来自高层的信仰与中基层的信念。而老板的战略信仰，决定了中基层的执行信念。局面领先时，夸大对手的反扑力度，激发自己的战斗热情；局面落后时，盯准对手的漏洞，出其不意地决出胜负，让对手在保守中渐渐丧失优势；局面胶着时，沉着应战，提高行棋效率，半目一目地往回赢，终至小胜对手。人生如棋，企业如局，唯有信仰者得坚定。

◆战略执行力，工业品企业的生命力

战略做势能，执行做效能，一家企业的战略执行力，注定了它的存在价值。战略与执行，是一体化还是为楚河汉界隔断，战略执行力则天差地别。实际上，不少工业品企业，都存在着战略与执行的楚河汉界，也就是说，他们的战略与执行是两回事。而在心理上，高层与中层都认为早已越过界去帮助对方，自己做得太多，对方担当太少。高层觉得战略是自己制定的，策略方案还需要自己亲自指导，就连执行中的调整那也是自己的管理智慧在发挥作用。中层觉得高层的战略纸上谈兵，有价值的创意都是自己想出来的，执行也靠着自己的强力推动，而高层却隔开自己兜售他们的瞎胡闹方案。基层员工很迷糊，觉得领导们意见不统一，功劳算他们的，苦命背在自己身上。每个人都觉得自己过界了，事实如此吗？其实他们都没有做好自己的本分，高层的战略中没有解决执行力的源头问题，比如战略资源整合的势能、流程组织的合拍和体制文化的感召，大话容易说，执行可就难了。而中层则没有解决执行力体系的问题，小到区域市场的精细化操作，中到销售与营销组织的协同，大到战略机会的发现与捕捉，他们坐等着高层的战略出丑，然后跳出来大说特说自己的先见之明。

战略同质化和空洞化是工业品企业的外伤与内病。同质化，在于缺少战略洞见与思想，害怕承担风险，高层自保的心理会造成公司上下推卸责任，即使思想上想走新路，而沉重的双腿却不自觉地迈上了老路。老路纵使没有惊喜，可也不至于惊恐。于是，小修小改去年的战略框架，然后套上来年的概念，于是战略闪亮登场。空洞化，因为信息不对称、利益纠葛，高层美化战略的执行力，而执行则不得不另起炉灶。

战略有没有效，首先得看是否明确地促进市场获得能力（A，即accquire)，否则，中看不中用。市场获得能力，可分解为市场开发与营销开发。市场开发，是抢在下一波机会到来之前做好准备；营销开发，则是抢在对手之前赢得客户的选择倾向性。可以说，战略的根基是市场，由外而内的谋划，要与由内而外的执行互通互动。其次，战略要解决利益分配机制（B，即 benefit）的大问题，战略是说法，还需要实实在在的干法，在国内职业化素养一时难以跟上的境况下，利益调节就显得尤为重要。内部价值链、奖惩升降和分配机制也要从管理规范跃升到战略考量的高度。然后，就能腾出手来做好内部事业单元和职能部门、外部产业链的协同（C，即 coefficiency)。协同的根本，是经营价值观和使命，这个若是不大可能办到，那就以量化目标作为替代。最后，才轮到战略方向（D，即 diretion）的是非短长。**没有差劲的战略，只有差劲的执行，这话虽说的有点过，但却道出了战略可执行性的重要程度。战略的可执行性，关键在于方向的选择，产业趋势中的波折点，同行大动作背后的商业逻辑，自己企业的资源与机会契合点，都是方向选择的重要依据。**

国内的工业品企业，战略执行力的 ABCD 循环，大体可分为三类(具体如图 4 -6 所示)。ABCD 循环是最为常见的一类是用市场的活力驱动利益分配、内外部协同，并借此审视与调整自己的战略方向。AB-CD 循环的穴位，在于营销系统的效力，这有点类似于中国的改革开放大方略，在发展中解决发展的问题。不停车修理的难度很大，也往往会以牺牲长期换取短期的悲剧收场。DBCA 循环，则是立高远，谋大局，体现了企业家战略意志的坚定与毅力，战略格局的重新规划，消解了利益迷局的内耗，协同的战车轰然启动之际，市场获得能力就会强劲驰骋。战略执行的双向循环也日渐增多，市场获得能力与战略方向，同时打好两场战争，对工业品企业的体系竞争力提出了极大的挑战。简易一点的，就是先从ABCD循环盘活市场，然后立即从DBCA循环优化战略方向，在变动快速的行业中，最能将战机直接转化为商机。

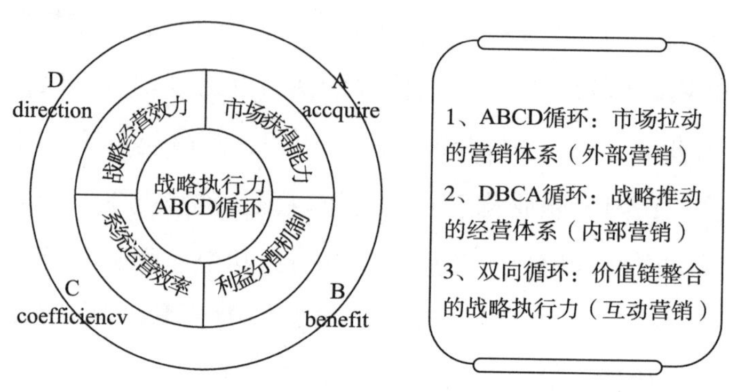

图4－6　战略执行力的ABCD循环

4. 营销审计，剖析企业的“五力”组合

“审计”这个词，时下变得越来越严肃了，有点“被拿下”的感觉。有问题的人，才会面临审查；有问题的企业，才会面临审计。若是企业好好的，又何必杞人忧天呢？再说了，哪有没问题的企业呢？至于营销审计，估计又是有所图之人的居心叵测。汽车有年检，人也有体检，防病重于治病。营销审计，也是在大问题出现之前，发现蛛丝马迹，并在第一时间解决问题，防止战略大船栽在问题的阴沟里。目标明确的人，在看清机会之后，然后就专注地发现自己可能出现的问题，目标使命感越强，发现与解决问题的动机就越强烈。战略机会，属于目标坚定、危机感强的企业家。

系统性强、内部营销效率决定外部营销效益、互动营销优先于广告传播、产品与客户购买决策复杂，是工业品营销的四个明显特征。

（1）工业品营销，可以称作“系统营销”，从战略到执行，从跨部门合作、内外部产业整合、宏观经济到企业微观经营，他们之间的互通程度与互相影响都较之快消品高出很多。工业品营销的大局观、系统感要比方法和工具重要多了，谋定全局者方可谋胜一隅。

（2）工业品营销的修为，是以内养外的，赢得客户的机会往往决定于内部价值的创造与传导。高人赢棋后，淡定者居多，因为对手投子认输前，胜负早已分明。功到自然成，用到工业品营销上，再妥当不过了。

（3）工业品的互动营销，较之微博或微信的跟帖、转发，时间上更持久、关系上更紧密，它来自企业间合作的价值认同，来自人与人之间长期交往的信赖。“路遥知马力，日久见人心”，理性的价值与感性的认同兼而有之时，主客双方的关系就开始平等了，一头热也变成了两厢情悦。

（4）产品复杂是因为技术含量高、需求定制化；购买决策复杂，是由于交易量大、影响程度深、合作周期长。

成败论英雄，工业品营销的高下，也是由业绩一锤定音吗？不是。业绩是结果，一次结果也许有偶然性，而年复一年的结果，肯定是过程在发挥作用。成长性工业品企业，四分看结果，六分看过程；成熟期工业品企业，六分看结果，四分看过程。结果与过程并重的做法，更为合适一些。过程由时序、空间、机制与文化共同作用而形成，在过程中孕育结果，在下一个结果到来之前调整过程要素，工业品营销审计要从过程与结果的均衡性开始。

产品动销力、营销扩张力，是工业品企业竞争力金字塔的塔基。国内工业品企业的产品动销力，零散而薄弱。产品设计、配置和操作体验，不完整、不太连贯。产品亮点多是技术性能与参数指标，没有转化为直观的客户价值。工业产品的艺术化再造，使产品卖相更有杀伤力，是产品动销力的一个大趋势。销售店面的体验化再造，为客户传递更多专业价值、服务保障和品牌信任，也会成为产品动销力的内在驱动。有了产品动销力，营销扩张力就有了底气。高质量的营销扩张，不是以成本堆砌，也不是靠规模虚张声势，必须在营销传播、交付环节和细分市场等要点上做足功课。营销传播是工业品企业的大漏勺，很多资源和精力都在做无用功，没有大动力的营销传播，等于没有。能够引起客户共鸣的互动营销，尤为值得关注。高端大气上档次，是奢侈品玩弄的不对等营销，而工业品企业则要推行全信任营销，低调奢华有内涵是首选。

中小工业品企业，若是能舞动产品动销力、营销扩张力这两把刷子，过上好日子是指日可待的。可企业规模一大，原先的流程与架构设计，就会千疮百孔。老板从熟悉所有的员工，到熟悉企业的中高层，末了只是常汇报的几个高层。不接地气的战略决策，只能在大会小会上声嘶力竭，没有多少员工真听真干的。流程，是常规、重复性事务的标准化运作。流程的复制力，来自训练有素的员工队伍，以及坚定有效的执行文化。十几年前，海尔的“日事日毕、日清日高”让一个小厂成为国内大品牌，那么多取经者没有几个成功的，原因在于学得会样子、做不好里子。同样，国内工业品企业的产品品质一直不高，就是在于工艺改进与生产精益的不到位。

流程应在组织之前，什么样的流程设计，就会有什么样的组织对应。而在国内工业品行业，高层们都是习惯在战略制定之后，直奔组织人事这个关键抓手，然后再考虑流程设计。这样做对吗？只能说，它符合国情。流程再精湛，交给软塌塌的人去实施，结果就是一团糟。流程哪怕差一些，乱一些，有了使命感的管理层与员工，也能在执行过程中自我调整与优化。事，是人干出来的；流程，也是靠组织来实现的。创新意识、透明机制和平等文化是组织战斗力的内芯。一些企业过于迷恋军事化组织，可内芯若没有活力，就徒剩下僵化的空壳。

战略落地力，恐怕是营销“五力”组合中最难的。小时候，我们玩老鹰捉小鸡的游戏，最前面的老母鸡肯定是最强的，老鹰只能跟她声东击西，然后突然扑向队尾手足无措的小鸡，老鹰就赢了。工业品企业，执行力多半是小鸡，担当战略大任的翅膀还没有变硬。细掰一下，就会发现原因是战略定位模糊以及执行力 ABCD 循环不畅。而其源头，则是战略设计四要素（客户选择、客户价值、战略控制与产品服务组合）的搭配错乱，没有客户价值穿透，没有行业前瞻，也没有企业经营的居安思危。战略阶段，执行力就已分出胜负的一大半。

工业品营销“五力”及分析如表 4－1 所示。

表 4－1 工业品营销“五力”及分析

序号	审计项目	审计标准
1	战略落地力	思想到行动的坚定性： （1）战略定位与资源指向的明确性 （2）战略执行力 ABCD 循环的通畅 （3）战略设计四要素的组合贯通力
2	组织战斗力	机制与文化的鲜活度： （1）企业的创新文化与员工使命感 （2）组织扁平化效率与信息流动率 （3）跨部门合作与内部利益分配机制
3	流程复制力	量变到质变的转换率： （1）流程设计的科学性与组织适应性 （2）员工学习成长速度与组织扩张力 （3）产业演变过程中的流程自我调整

续表

序号	审计项目	审计标准
4	营销扩张力	工业品营销的加减乘除法： （1）善加：三种营销补强与三种传播加力 （2）敢减：淘汰弱势产品与内耗交付环节 （3）有乘：区域与行业市场的进入与增长 （4）会除：组织精炼与细分市场高占有率
5	产品动销力	产品销售从推力变为拉力： （1）产品创造的使用价值与客户体验 （2）产品外观设计、终端展示吸引力 （3）新产品的销售额与销售利润占比

备注：善加：三种营销补强与三种传播加力。三种营销补强，是指互动营销为主导，内部营销与外部相均衡；三种传播加力，是指对话传播为价值传递与体验的重心，做活营销传播，并做实公司传播。

5. 工业品企业，如何增进营销活力

开放思维，谦卑地审视自己，敢于抛下既得利益去拥抱变革，企业高层思想得解放，工业品企业的营销才有活力。行业的微小变化洞若观火，对手一举一动看得分明，这是工业品企业决策层的长项，也容易造成内向化思维。妈妈看自己孩子，总是天底下最可爱的。从母爱角度看，这很伟大；若从孩子未来成长看，当初那活泼可爱的小苗，很容易掉在人堆里认不出，世上又多了一个同质化孩子而已。没有活力的孩子，工作时很难适应，没有人指挥命令，自己就不知道干些什么。现在的 80 后、90 后保持旺盛学习欲望，愿意躬身实践，就会迅速脱颖而出，成为同辈翘楚。同理，工业品企业习惯了生产计划、技术攻关路线

图等刚性管理，不确定性极强的营销管理，给他们的既定思维模式和适应能力提出了极大的挑战。

变革的年代，需要企业有活力；营销先机，有活力的企业才能夺得。相比较而言，工业品企业营销红利容易抓住，外部市场的复杂程度不高，对手的反击水平也很一般。工业品企业客户端的价值传送链条短，企业的营销大作为，客户很快就能感受到。做对了几件营销大事，比如产品结构或客户结构调整，就能在半年时间内收到实效。工业品营销的难点，主要出在内部价值链整合，部门战略与公司战略的匹配，执行过程中的战略坚定性与灵活性。因此，工业品企业要盘活外部营销效益，就必须从内部营销开始激活机制效力。由外而内的营销思维，由内而外的营销活力，也许就是工业品营销的特有逻辑吧。

◆产业研究，大局观成就事业大格局

消费品的行业协会，主要是解决打价格战的内讧。工业品的行业协会，则更多用于政策、信息、人才、人脉的交流和交换。特别是新能源、新材料等创新企业，需要走出孵化器的小圈子，投身于行业协会的洪流，为企业博得更为开阔的舞台。行业协会这个舞台，也是产业引导基金、风投资本、管理咨询、法律和财务等专业服务的汇集地，善用资源者，就会获得产业发展的先发优势。在行业协会混个脸熟之后，就要开始对产业进行实用型研究，产业是海，企业是船，好水手当然要熟悉水性。

杜邦集团对服装行业需求的预见性，比很多服装大品牌还要超前。杜邦莱卡，精准地捕捉到人们对合身内衣的潜在需求，发起了声势浩大的“我有莱卡”传播运动，直接与消费者互动沟通，与布料服装品牌形成战略合作，一块崭新的新服装市场被开发，对内衣等服装行业造成了较为深远的影响。**工业品企业的战略眼光，要盯准产业上下游。技术应用化的市场浪潮下，下游产业格局或客户需求的细微变化，都会引发上游产业的蝴蝶效应。**

投资心理，李嘉诚和巴菲特算是看得最透，别人恐惧的时候要贪婪、别人贪婪的时候要恐惧。经济发展的节奏，主要由人们的心理预期牵动，恰当把握买入与卖出的机会是金融投资客的看家本领。行业景气度骤然攀升时，急匆匆上项目的公司都是后知后觉的，运气好的能够分些许残羹剩饭，绝大多数只是为延缓行业萧条期的到来做出一些自我牺牲而已。赶在行业景气井喷期之前，进行投资或兼并，等到好戏开场时，早已占据舞台的中心，这才是产业研究透彻者的投资行为。在别人犹豫不定时，提前投资，迎接高潮期的到来；在别人疯狂投资时，考虑相关行业的上下游投资，或干脆收割后出手想让；在别人心灰意冷的时候，投资或大手笔兼并，为下一波高潮期埋下优质种子。这三种产业投资或推出行为，就是行业经济周期的对冲措施，它成就无数产业不倒翁，比如三十多年屹立产业高峰的万向集团公司。从万向节到汽车零部件，再到美国菲斯克电动汽车的竞购，主产业竞争力突出、新兴产业弯道超车，万向的产业扩张与并购措施较好地把准了产业张弛的脉搏。

◆跨界视野，营销时时新鲜、处处精彩

化妆品营销的客户价值与体验，想得巧妙、做得精彩，工业品企业可以偷师。特别是在三种营销力构建上，化妆品企业倾心倾力将让客户期待的美丽，活生生地显现在产品包装、店面生动化与导购服务上。终

端形象的杀伤力、导购人员的沟通力和体验营销的促销力，这三股力量，始终围绕着消费者的直接感官做文章，把看不见的化学品，变成了美丽的拯救者。化妆品行业就是善用各种营销工具，在较短的时间内调动顾客内心的欲望；化妆品销售，也从死缠烂打的“要你买”，变成和风细雨的“我要买”。

(1) 终端形象的杀伤力。“螺蛳壳里做道场”，化妆品不愧为高手。形象突出、个性鲜明、陈列有序、层次分明和找寻方便，一个小小的化妆品开放式展区就是一个终端形象的大舞台。而工业品企业呢？还把终端当成是经销商的一亩三分地，反正自己的产品已经“卖给”了经销商。至于经销商怎么卖出去，这个就得靠他们自己的“实力”了。其实，经销商的终端，应该纳入工业品企业的战略资产范畴。像三一重工、沈阳机床集团等国内营销意识领先的工业品企业，都已经在全国布局6S店或者4S店，其用意就是把企业的营销中心，向一线市场前移，成为区域市场的品牌中心、服务中心。有了品牌的直接感知和看得见的服务承诺，大型工业品销售就不再只靠销售人员的嘴皮子了。形象力，就是销售力。

(2) 导购人员的沟通力。对于化妆品而言，察言观色是第一关。仔细辨析每一位顾客的皮肤特质、缺陷，然后拿针对性的产品去“忽悠”。导购人员的言语得体，是必修的第二关。既要说清顾客皮肤的问题，又不能说破，免得伤别人自尊。而要引起顾客的共鸣，导购人员的话术就变成了顾客口中的需求，这则是较高层次的第三关了。化妆品人员导购的“三关”，在工业品人员销售方面也可以应用吗？可以，只是形式上稍有不同。工业品人员导购的第一关，是弄清楚客户的真实需求，这需要对使用场合、性能规格、使用习惯和生产效率要求等环节，进行逐一剖析，然后按轻重缓急梳理出客户需求的几种可能性，最后才是报出自己针对性的产品解决方案。工业品人员导购的第二关，则是计算好一个公式：客户经济价值 = 解决方案价值 – 综合成本。客户经济价值，客户能听得懂，算得清。工业品人员导购的第三关，就是总也绕不过去的信任关。沟通力、亲和力、移情能力、专业能力和人性魅力，是工业品营销的五个人际信任点。它们由浅入深，是职业工业品销售人员的成长轨迹。

（3）体验营销的促销力。化妆品的导购人员容光焕发，本身就是一块活招牌，她们会对顾客说：“你看我现在的皮肤好，以前可不是这样。再说了，你皮肤的底子，比我好很多，要使用了 XXX 品牌，那效果可比我现在还要出色很多。”说着，她们手脚利索地摊开化妆包，一会儿工夫，化妆品就上了另一个女人的脸。然后，她会意味深长地问：“感觉现在的自己，相比刚才容光焕发了吧？”多快呀，轻轻一抹，就抹掉了戒备之心和怀疑之意。体验营销，化妆品玩的倍儿棒。工业品销售也开始注重体验营销了。不少工业品，很难从工厂、经销商仓库搬到客户现场，怎么解决产品性能的直观体验成了一大难题。企业画册、产品手册和视频光盘，这三种品牌化销售工具只能解决最基本的信息传递，用于初次沟通的破冰。那么，工业品销售除了 6S 店或者 4S 店这么宏大的工程之外，有没有什么“低成本”的办法，可以应用于中小规模的企业呢？

◆营销教练，工业品企业的成长伙伴

李娜第二次大满贯是一部振奋国人的励志大片。坚毅的性格、灵性的技术，是李娜的撒手锏。而她背后的教练兼老公姜山，才是她坚实的事业靠山。运动员是千里马，教练是伯乐，遇到好教练的好调教，是运动员一生的幸事。没有菲尔·杰克逊执教的公牛队，迈克尔·杰弗里·乔丹能否成为“空中飞人”？没有菲尔·杰克逊执教的湖人队，科比·布莱恩特是否还在单打独斗呢？千里马常有，而伯乐不常有。一家工业品企业，也需要积极发现并找到自己的营销教练，从而释放出自己的营销活力，尽占工业品营销红利的先机。

在客户思维薄弱、市场部缺失或稚嫩的当下，工业品营销教练应主动登场，帮助那些资质不错、潜力不差和信心不弱的工业品企业，走出规模制胜、低品质低价格的危城，迈上价值引领、团队协作和战略制胜的阳关大道。最起码，有三个红利是工业品营销教练可以也必须带给工业品企业的“为师之礼”。

（1）红利一：客户导向的产品研发。工业品营销教练，要为工业品企业指出一条以客户为导向的产品研发新路径。研发阶段，至少有三个关键点，工业品营销教练要做到开阔视野、谋定而动。

第一个关键点，就是研发时产品的成本控制。要交出符合客户需求、预期利润的新生力量型产品。

第二个关键点，是目标客户的选定。在产品性能上，要找到见解深刻的挑剔型客户；在业务合作上，要找到价值契合的包容型客户；在定制开发上，则要找到价值共创的互补型客户。

第三个关键点，则是创立协同作战的研发共同体。人数不在多，在于相互激发、在于以挑战为乐、在于及时反馈、在于及时行动，除了人型搭配与团队文化塑造之外，还要打开封闭的研发高墙，让客户价值的新鲜空气不时地吹拂。

（2）红利二：价值导向的内外部合作。企业，就是社会价值洪流的一个中转站，有的在损耗、有的平进平出、有的融合了新创价值。工业品企业的产业链，是企业生存发展的中观环境，**对于工业品营销教练**

而言，可以从产业链价值流动趋势、话语权把握和价值再创造等方面，给予一些开放性的思考、精深性的推演等经营指导。比如，一个行业处在突然的上升期，工业品营销教练就必须判断出这是一个机会点，还是一个战略延长线，进而指导企业做出断线操作还是长期投入的经营举措。

（3）红利三：战略驱动的执行力体系。战略与执行力，总是被粗暴地分开。战略是空军，只能震慑对手，而执行力才是步兵，可以占领阵地。战略归高层，执行归基层，流程组织的割裂必然导致战略与执行的背离。**战略目标、战略路径，中层更有发言权；战略资源、战略方向，高层要深度参与并适度引领，施加影响力要比直接拍板重要**。这就像孩子上了初中以后，功课开始复杂起来，性急的家长，或是手把手直接搞定、或是请家教代劳。搞不懂题目背后的原理，只要换个花样，做错题的概率依然很高。问题背后的原理，就是企业战略决策；而做题目，就是企业的执行力体系。执行力体系，若是直接从它身上动手，常会欲速不达。只有战略决策嵌入到执行力体系中，才能将战略的势能转化为执行的动能。

第五章

Chapter 5

工业服务商转型机会

——服务为先，标准为绳，品质为心

变局下的工业品企业7大机遇

有人说，互联网与物流催生的电子商务只能用到人们熟悉的消费品上，而且只有溢价高的产品才能走得更远。社科类、管理类图书，毛利肯定不如儿童类和生活类图书，而化妆品、服装又比普通电器挣钱更多。而今，人人可淘宝、个个能天猫、全民皆网商的日子也成了追忆。网上开店运营成本与实体店面越来越接近，而且物流的高成本也导致很多薄利商品无法持续经营。新生的电商业务也从虚拟走向现实，没有大投入、没有商业头脑、没有业务经营，只能是昙花一现。

阿里巴巴和慧聪网开启了国内的工业品电商业务，商机与业务的平台化，令众多标准化小件工业品如鱼得水。随之，固安捷中国网站等MRO（Maintenance、Repair、Operations的缩写）工业品超市如雨后春笋般遍布江浙沪一带。其后，我的钢铁网等大型垂直电商网站也来势凶猛。想绕开低效低能的传统经销渠道，直接与客户沟通并提供服务，大工业品的缔造者们，也开始酝酿大商业。“客户为尊，渠道为王”也从消费品企业的专利，成为工业品企业的共识。战略与资源往客户端靠拢，推动了工业品企业流程与组织再造的新一波风潮。从重规模、薄利多销的制造年代，到重客户、销量与利润均衡发展的营销时代，现代制造服务业正在重塑传统制造业。**扎根客户与市场，借助信息化、智能化与网络化的思维与技术，用价值吸引客户，以服务赢得客户持续购买，也是工业服务商转型的必经之路。**

然而，现代制造服务业始终挣扎在误区中，幻想着用“鼠标+水泥”的经济奇迹治愈自己大而无当的顽疾。可在结构转型的当下，传统制造业的转型必须走自己的路，而不是步消费品行业的后尘。制造与服务、工业与服务，谁轻谁重？服务贯穿于制造过程中，才是首选。**其一，客户价值成为研发的主导。**客户声音要高过领导与技术控的调门，研发与生产客户喜欢的产品。**其二，制造流程应转型为服务流程。**核心供应商要从买卖关系成长为战略伙伴关系，产品与服务交付系统要占据流程组织的主要地位。**其三，以客户占有替代规模领先。**以下游优势反向整合上游资源，并以产业链的整合姿态，赢取战斗群的集体胜利。“鼠标+水泥”模式中，“鼠标”好比一条鲶鱼，自身并不直接创造惊人的价值，可它能激活“水泥”的内在结构与外在应变力的变化。工业服务商的成功转型，决定于服务在制造中的渗透程度。

1. 制造业服务化，垂直起飞看今朝

大吨位的制造业，起飞需要一条很长的跑道，而修筑跑道的周期很长。但事已具备时，恐怕时机早已错过。国外的工业品企业，尽管在技术、管理和品牌上，占尽各种先机，但在制造服务业上，国外企业一时半会儿还会有些水土不服。于是，懂得本土作战的国内工业品企业，必须抓住这个难得的机会窗口，放弃长跑道的助跑，干脆采取垂直起飞的姿态。**边实践，边上手，边理出头绪，或许，这就是中国特色的制造服务业之路吧。**

制造服务业欲求垂直起飞，必须修炼好“国势、国情、国事”这三门中国功夫，具体如图 5－1 所示。

（1）顺应国势。工业品行业的结构效率低，技术创新功底浅，资本拉力不够，政策扶持常是有力无处使，因此，很多战略机会在于客户价值的混搭。比如，一款创新应用型产品，技术并无多大优势，但能解决某个行业特定生产效率问题，就有资格赢得品牌溢价和客户忠诚度。有市场爆发力，就能弯道超车那些只会开高速的国外同行们。

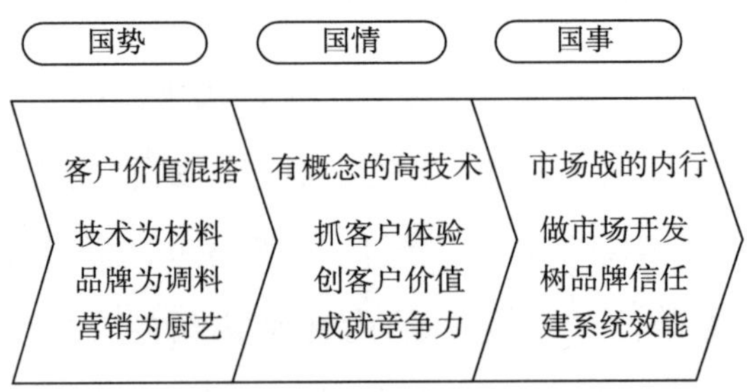

图5－1　国内工业品行业的国势、国情、国事

（2）深谙国情。新三板、中小板与创业板天生就是高技术创业企业的盘中菜，因此，新能源、新材料、环保节能和尖端制造等工业品企业，终于迎来了属于自己的新天地。有市场概念的高技术，以其高成长吸引经销商、资本与政策的支持，众志成城，定能成就一番大事。

（3）善成国事。国内工业品企业，内战内行、外战外行者居多。内战，斗规模、拼价格、抢政策，能人辈出；外战，做市场、树品牌、建系统，懒人与庸人四处奔走，志高手巧者鲜有。驶出内战的红海，驶入外战的蓝海，制造服务业正是春风拂面时。

◆大商业重塑大工业，制造业新生机

工业品行业占国内GDP比例超过60%，国内500强企业中，至少有320家以B2B业务为主，可是，大工业并没有促生大商业。五金机电城、机床城、工程机械产业园，这些都是最为初级的商业流通；跑马圈地，只为抱定土地价格增长的粗腿；商户进驻，也是奔着房地产不停涨的红利。无锡一家全国最大的不锈钢交易城，就是一个例证。第一批进驻的经销商户，门面是自己的，不需要交租金，客户也有了固定的圈子，一家三口的日子过得还算不错。然而，从交易城的全局看，十多年的大流通并没有培育出几个有规模、有可观盈利、有持续增长势头的经销大户，也没有帮助几家有潜力的不锈钢企业成为全国有影响力的大品牌。与新崛起的近邻，价格战的序幕已经拉开。租金上不去，成本日见高，交易城这个香饽饽，也不得不开发网上商城、物流配送系统、金融服务和精品商城，以期打造一个品类商品的交易和服务闭环。他们意识到大商业必须是靠服务和品牌拉动的客户增值服务商，不能再靠大流通带来的房租和物业费。

大工业的大流通，先是依赖体制内的垄断渠道，然后是体制内人员下海利用差价搞活流通，而工业品企业对销售终端的掌控力，一直都是心怕手软的调性。心怕，制造业文化向来轻视商业，认为商业就是赚差价的外行和俗人，有抱负的工业人怕过分沾染上铜臭气，尽量远离商人、商业和流通终端；手软，因为制造企业的标准化不能满足商业的多样化需求和变通化管理，在工厂里挥斥方遒，到了市场里就晕头转向，认为还是交给“不务正业”的人去折腾，商业经营权，就这么拱手相让。最后，商业流通与制造实体之间也就井水不犯河水，渐行渐远了。大工业，必须凭借品牌和服务，夺回流通控制权，义无反顾地走向大商业的希望大道。

◆工业服务商大转型，胜过技术领先

外部市场捉摸不定，那就走上技术创新之路吧，好歹技术是响当当的硬通货。“技术是第一生产力”成了技术派的职业信奉。据说，“知识就是力量”属于错误翻译、错误传播。“知识，通往力量的道路之一”，这样翻译也许更为准确一些。同理，技术，也只是通往盈利和发展的道路之一，它本身并不能拯救工业品企业的竞争力虚弱症。技术是什么？是更好的产品。更好的产品能干什么？给客户带来更好的体验与使用价值。然后呢？促进企业提高生产力，赢得更多订单和客户认同，为企业带来更多的盈利能力和竞争力。瞧瞧，从技术到盈利和竞争力的路程，中间有好几道坎，技术决定论是行不通的。

没有市场生命力的技术，是隔靴搔痒。还是痛快点，让技术直接服务于客户需求吧。若以一盘菜打比喻，技术和产品是原材料，品牌是盐与调料，而市场意识与营销能力则是大厨的烹调艺术。有些工业品企业想走转型的捷径，于是在菜里猛放鸡精，强行包装产品概念与炒作市场话题，热闹一段后，又回到门可罗雀的冷清。破除国际品牌的森严壁垒，国内的工业品企业必须发挥中国厨艺的调和精神，紧紧盯准国内市场的特定需求，攻心为上、攻城为下。工业服务商的转型，必须强化市场意识，磨炼自己的营销能力，以国势国情的大纵深谋求国事的大成功。

◆产业格局的大重组，服务吸聚资源

国内工业品产业的各自为政，恰似八十多年前军阀割据与混战的民国初期。J总裁雄心勃勃地制订了标准，并造就了自己的营销铁军，意图一统江山。打败军阀，以符合中央的意志，可军阀决不会主动放弃自己的利益，而民众因看不到自己的利益而冷眼旁观，结果呢？产业格局大整合的梦想，只能以龟缩到一个区域市场告终。M老师的战略格局更为高明，他巧妙地建立了统一战线，利益清晰，行动一致，以多数人的诉求战胜少数人的对抗，收拾破碎山河成一统。工业品产业格局的大重组，大利益做先锋，大智慧做后盾，专注于大作为，不愧对大时代。

产业格局整合，是不是新一轮大鱼吃小鱼的并购呢？不是。产业格局的整合，规模与资本只是海鸥，他们追逐食物，但并不能生产粮食。

唯有工业服务商才是暴风雨中的海燕，辨识方向，搏击长空，引领同行飞向更高、更自由的新天地。工业服务商奉行双向的整合与被整合的对等关系，市场话语权与客户认可度决定谁是整合者、谁是被整合者。整合，没有主动与被动的差别，只有整合过程中创造新价值的多与少、快与慢。服务客户、服务合作者是新一轮产业整合的主基调；先客户之忧而忧，后客户之乐而乐，才是工业品企业经世济民的大格局。

2. 传统制造业升级的服务之路

有人认为产业做大之后，出路自然出现，事实证明是行不通的。偌大的家电和汽车行业均未能培育出一家销售额超过百亿元的维修或服务类企业。产品存量够大了，服务增量还是没着落，这说明从制造到服务之间并没有一条现成的路可走。投资、出口和消费是国家经济增长的三驾马车，同样也可以用在工业品行业。越来越难指望投资带来的规模增长和出口带来的市场增长，唯有国内的消费市场一枝可栖。转型中的国内经济结构需要服务含量更高的制造业，因此，先知先觉者肯定得先机。

汽车4S店销售毛利保住经营成本，配件维修挣利润，工业品行业也能如此吗？在回答这个问题之前，我们简单归纳一下汽车行业的内在特点。存量大、增量也不小和产品生命周期内的服务费用（能赶上甚至超过汽车待定购置价格）这三个特点，是汽车服务产业得以发展的根基。看似花团锦簇的汽车后市场，其实也问题多多。单个款型的产品量并不大，而且也是每年出新款，这对配件市场的评价与及时供应的挑战很大。同时，品牌想把后服务市场揽入自己的创收闭环，第三方服务企业在品牌、资本和管理上无法与汽车品牌形成深度合作，只是简单地以低价格抢夺现存业务。结果，分散割据的后市场供应商都很难独自满足客户越来越高的需求，后市场看上去挺美，可就是找不到生财之道。

工程机械、农机、机床、软件系统、电子半导体、工程电气、节能环保等工业品行业，也都基本具备汽车行业的三大内在特点。后市场能否做起来，也需要挣脱品牌割据、低价竞争、服务低效的牢笼，走向服务整合、品牌合作、价值竞争的新道路。一个地方的开放机会，大多由外来者享用。工业品行业的服务商机，是不是也要等着外来人掘金呢？

◆工业品超市，小荷才露尖尖角

生活中若没有大超市，有多少上班族会在菜市场与小店面中忙乱呢？方便、快捷、随处可得与品质服务有保障，是生活超市的强项。手工用具、刃具、润滑脂、劳保用品这些工业品也像生活中的柴米油盐，消费量大、购买频次高，也迫切需要一站式的快捷采购。以固安捷为代表，一批线上线下结合的工业品超市，这几年在国内一线城市争相绽放。

工业品超市，也简称为 MRO 超市，指的是 M（维护）、R（修理）、O（运作）的大数量、高频次工业消耗品，以 O2O 方式运营的集成服务商。一直以来，MRO 工业品都是从各类大型商城或沿街店面中采购，靠着多年的商誉、客户人脉以及在圈内的调货能力，店商们也过得有滋有味。只是，降低成本、提高生产力的压力，逐步逼迫企业走向一站式采购。你想，一家 MRO 采购产品款项超过数百种，年度采购频次超过百次，年度采购金额高于百万元的工业品企业，要花多少精力跟几十家经销商打交道，内部的仓管、财务与采购部门又要打多少电话、填多少报表呢？若是能有一家像固安捷这样的 MRO 超级供应商，企业工作人员就能腾出更多时间去照顾自己的客户。

以轻松简单的方式为客户提供安全采购、提高生产能力，是固安捷的经营原则。2012 年全球销售额过 90 亿美元，增速超过 11%，固安捷用事实证明了 MRO 工业品超市的旺盛生命力。在中国，固安捷产品供应名录已囊括 4 万多种，在上海、天津、广州等地共设立了 7 家办事处，3 间仓库，员工超过 600 多人。而且，美国拥有的 90 多万种产品和日本拥有的 300 多万种产品还会成为中国市场的新供应源。据中国网报道，2013 年 9 月 10 日作为国内领先的一站式维护、修理和运作（MRO）解决方案提供商，固安捷中国近期启动了其电子商务平台（www. grainger. cn），成为中国首家打造优质 MRO 产品网上商城的企业。通过大力发展电子商城，固安捷中国将能够为国内 MRO 市场提供更为便利的服务，继续帮助企业节省时间和成本。

MRO 工业品超市，一夜之间成了新盈利模式的时尚品，无数传统经销大户踊跃转型为“在线商城、离线仓储物流相结合的 O2O 运营商”。几年下来，高声叫嚷者不少，而经营有头绪、业务有发展的却不多，原因何在？**想经营好 MRO 工业品超市的投资者，必须要打好四场硬仗：信息管理、合理库存、高效物流和展示推广。**几万种产品，那可是上百万种产品、上万家工厂的大浪淘沙，没有高效的产品与企业评估、监控能力，信息管理这第一道关，就让绝大多数 MRO 梦想者重重地跌倒。每天过万的订单，要想以几个仓库迅速调配给客户，对合理库存、高效物流提出了极大的挑战。从供应商到 MRO 仓库，从 MRO 仓库到客户企业仓库，期间的多节点操作必然产生的错乱情况需要全流程、全品项、全员间的无缝化运营加以化解。低成本、高效益的展示推广，也是一般工业品供应商不太熟悉的高难度动作。

变局下的工业品企业 7 大机遇

MRO 工业品超市，在打好四场硬仗之后，还要有国内市场的适应关。国外 MRO 工业品超市的领先者，要本土化再造；而国内的模仿与追赶者，则必须一开始就解决接地气与上档次的双重问题。接地气，以对客户的洞察力与服务力，对抗国际品牌的规模与品牌优势；上档次，锁定有利润的中高端客户，初期跑量开发的中小客户要采取有舍有得的两分策略，有潜力的加以培育，没前途的逐步放弃。**国内市场的适应关，要走好三步棋。**

第一步棋，产品品类的土洋结合，以便满足需求差异化较大的本土与外资企业。外资企业对 MRO 工业品超市的接受度高，但要求也很高；本土企业还在观望或浅度尝试，但包容度与购买潜力都很大。

第二步棋，中心城市开花，其他重要城市考虑联盟运营方式，也就是以自己的经营模式去帮助那些有决心、有能力转型的传统供应商。

第三步棋，学习顺丰快递，谋划自己的信息化手段、现代化管理与全国化战略布局，寻求产业政策与资本的助力，以杠杆力去盘活 MRO 国内市场的大资源与大需求。

大超市出现之后，街头巷尾的杂货店纷纷关停并转。工业品超市盛行的未来，店商们是否会丢盔卸甲呢？低效经销商的确会受到威逼。利用自己在地性优势，缩小客户和产品范围，提高客户黏着度与满意度，小而美的专业化经营也能活得不错。也可以成为全国性 MRO 工业品超市的区域供应商，专心从事客户经营，而品牌与商业的大戏由总部去唱，做一个加盟商也会比自己一把抓、一场空强出百倍。

MRO 工业品超市，战略与管理可采用动车模式。动车，是分布式自我控制，每个单元都是盈利独立体，经由信息反馈形成共享的控制系统。基层有活力，中央有魄力，这是动车式管理的最大优势。淘宝与天猫，不足以借鉴，因为这两个平台最大的价值只是解决了价格便宜与交易信任等初级问题，应对网购客也许够了。但无法提供定制化服务，也没有为供应商品牌提供多少增值服务，至于促进客户生产力的使命，更是无从说起。**MRO 工业品超市，小荷才露尖尖角，机会与问题并存。有作为的领先者，也许在不久的将来会成为工业品企业的超级管家，那些烦琐的、费劲的事都由管家操办，企业可以专心致志地服务好自己的客户。而且，超级管家的行业经验还可以免费分享，从而成就企业的平台化或专业化经营的本色之路。**

MRO 工业品超市的发展路径如图 5-2 所示。

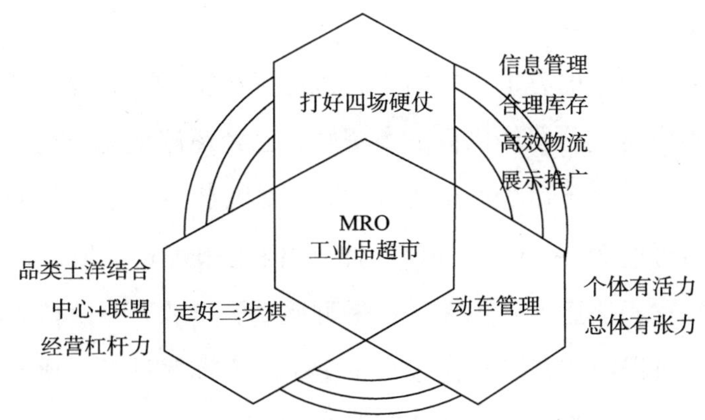

图 5-2　MRO 工业品超市，企业的超级管家

◆金融租赁，根子在客户盈利力

乘坐飞机的朋友，若是留意一下舱门上端，就会经常发现上面赫然写着租赁公司的大名。买飞机，不如租飞机，正如买房不如租房合算。当然，有自己的房子，那是梦想实现，尽管成本会让一些人付出青春。而若是航空公司成了飞机地主，经营成本则会惊人高涨，因为，庞大的航空市场，需要越来越多的飞机。美国波音公司称，全球未来二十年需要新增30900架客机，价值3.6万亿美元，其中，中国将新增4330架客机，价值4800亿美元。由于资金需求旺盛，中国银行业、进出口公司、航空公司共计成立了16家飞机融资租赁公司，服务对象涉及中国、德国、阿联酋、美国。据透露，中国飞机的融资比例大致是波音金融公司占3%、航空公司现金支付占25%、商业银行放贷占25%、国家进出口银行占20%~30%以及其他租赁公司占一定比例。显然，银行借款是主要资金来源之一。**不幸的是，拼资金、拼规模，此种银行病也悄然在金融租赁界蔓延。新人，患上了老人的病，但愿也能像本杰明·巴顿那样可以返老还童。**

波音金融公司的方世达指出，飞机融资租赁是金融界一项十分专业的业务，能为航空公司提供低成本资金，已经逐渐成为航空公司解决飞机购买资金问题必不可少的融资方式。“飞机是一种独特的资产，一架飞机的寿命可达25~35年，退役时的残值也很可观，所以，飞机属于优质资产。它相比房子等不动产，是可移动资产，万一负债人出现了意外，债权人可以将飞机转移出去，不至于陷入彻底被动。比如，可以把飞机从欧洲转到非洲，继续运营。”这是吸引外部资金进入的重要原因。**业务有钱赚、产品余值高，飞机的金融租赁真是一个绩优项目。但不能忽略的是，采购权的高度集中遇到资金的相对垄断，这才是中国式金融租赁能够野蛮生长的内因。**

飞机和远洋轮船是金融租赁的主力产品，叉车、机床、工程机械也步入金融租赁的主力军阵营。两年前，金融租赁成就了三一重工和中联重科的极速增长；一年前，零首付模式的金融租赁，也让这两家巨头陷入应收账款的烂泥坑。金融租赁，究竟是产业的推手，还是杀手？故事，还得从头说。

2010 年 12 月 8 日，三一汽车金融有限公司（以下简称三一金融）在长沙举行了隆重的开业典礼，是国内工程机械行业唯一的一家汽车金融公司。看来，屡开先河的三一重工，这次也毫不例外地夺得花魁。新成立的三一金融，注册资本 8 亿人民币，其控股股东为三一重工，业务聚焦于工程机械行业的金融服务，主要为客户提供专业汽车金融贷款、租赁服务和一站式金融服务整体解决方案。他们信心满满地宣称，到 2015 年，三一重工所有的金融业务都将由金融业务板块进行管理，届时，金融业务板块所管理的金融资产规模将超过 1000 亿元。

从数据上看，金融租赁是三一重工销售业绩年年过百亿元增幅的主要推手；可从经营风险来看，金融租赁又可能是三一重工走钢丝绳的可怕杀手。2012 年度第一季度，三一重工应收账款累计总额高达 201. 23 亿元，环比增长 78%，应收账款是同期净利润的 9 倍以上。另外，第一季度的销售额只有 146. 8 亿元。三一重工通过金融租赁和按揭方式获得的销售额总额，约占公司整体销售额的比例分别为 20% 及 40%。金融租赁的高风险凸显，也挡住了三一重工登陆港股的步伐。**金融租赁像是超级酵母，一个小面团终成大面包，内在空洞虽有益于美味，可吃下去不久就会饥肠辘辘。以色列人出埃及后，每逢逾越节就只吃无酵食品，因此，逾越节又称作除酵节，是为纪念曾经的奴役与苦难。国内的金融租赁行业，何时才能迎来自己的除酵节，以纪念走出贪婪与妄为的捆绑呢？**

《金融租赁公司管理办法》规定，金融租赁公司的租赁资产规模不得超过其注册资本的 12. 5 倍。同时，根据中国银行业监督管理委员会的规定，金融租赁公司资本充足率需达到 8%，核心资本充足率达到 4%，流动性比例达到 25%。《金融租赁公司管理办法》还规定，金融租赁公司不能吸收银行股东的存款。因此，目前国内的银行系金融租赁公司无法从资金端获得母银行的优惠。数据显示，截至2013年12月末，在中国银行业监督管理委员会监管下的金融租赁公司达到23家，总资产达到10125亿元，年度净利润达到188亿元。与2008年规模不足300亿元相比，五年间金融租赁行业资产规模增长了逾30倍。很多金融租赁公司业务基本一样，都是船舶、航空、机械制造等领域，大多没有较为明确的方向。然而在船舶、工程机械、光伏等行业风险不断暴露的情况下，这些领域有融资客户的融资租赁公司的不良资产率也开始不断攀升。尤其是在江浙地区，很多商业银行的不良贷款都发源于当地，金融租赁行业情况只能更加严重。

杠杆化，造成了政府机构几十万亿元的负债，也导致金融公司同质化、拼规模的恶性增长。金融租赁，理应造福于最终用户以合理成本提前享用产品带来的收益，是造血机，不应该是吸血鬼。可如今，金融租赁一边露出迷人的微笑，另一边却挥舞着伤人害己的双刃剑，又是为了哪般？新瓶装旧酒使然。金融租赁要展现出应有的生机勃勃，就必须要着重去杠杆化，多考虑客户的增值率与便利性。

还是以三一金融为例，零首付只是在纵容购买力差、风险度高的劣质客户，公司有限的金融资源会白白浪费，而那些优质客户却没有得到更好的服务，亲者痛、仇者快的拙劣之举，都只因过于贪恋销售额的空幻数字而已。**相反，工程机械闲置期的减少、二手设备同行间流通、维修保障体系的在地化、有规模经营户的规范化经营，更应该是三一重工、中联重科的服务主战场**。有了这些增值服务的铺垫，金融租赁的合理杠杆力，才能落到实地。本来客户赚得更多，对你的服务自然出价更高，水涨船高的互利互助，才是金融租赁的价值之本。金融租赁，就是要根植于客户的盈利能力。

金融租赁如何根植于客户盈利能力，如图5－3所示。

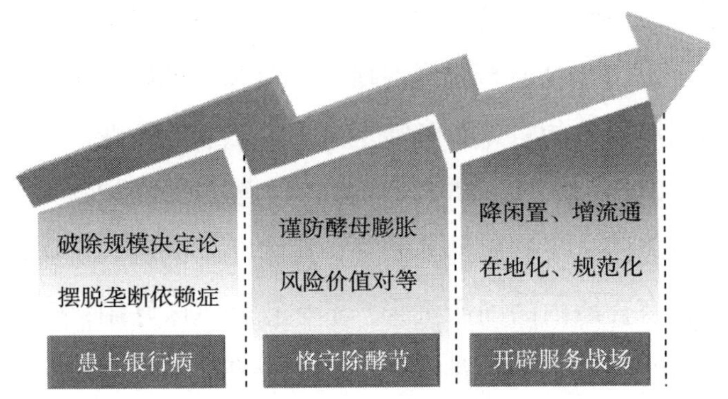

图5-3　金融租赁，根植于客户盈利能力

◆二手市场，破除供需的不对称

一个企业界朋友，年前卖掉开了八年的沃尔沃 XC90，低调地置换了奥迪 A6 的 50TFSI，卖出二手车、买入新车，都是在奥迪 4S 店完成。汽车行驶到 20 万公里后，配件更换量开始变大，何况原装进口配件的价格也不便宜，开旧车不如换新车，这是他以旧换新的理性逻辑。2012 年，国内二手车市场规模就达到 500 万辆，占乘用车总销量的三分之一，总利润估计也不比新车差多少。汽车，是最为标准化的工业品，它身上的很多属性，也会是不少工业品明天的写照。

去台州考察市场时，我发现一个有意思的现象，机床和车间设备的投资回报期短则半年、长则一年半。究其原因，才知道企业主认为如今的经济周期短，逮着机会就拼命用好，因此，机床和设备的购买心理也从图便宜到讲耐用。稳定性强、高质量、快出活，是企业主的刚性需求。而当新机床的投资赚回来之后，该如何处理呢？继续“免费”使用或者以合理价格出手，然后再去买新机床。一台机床，并不能陪伴一家企业走完它的生命周期，但得以让更需要他的新主人满意使用，也许，这能更好地体现它的经济价值。台州泽国镇，也是国内二手机床的最早弄潮儿，他们如今遍布全国各地，经营二手机床或是开综合型代理店，还有的利用自己的机床设备涉足金属加工制造行业。

二手机床的余值不比飞机差。机床的主要成本在钢材上，二手机床多半还有保值增值的天然属性，而且，用了几年的国产机床稳定性会更好。有人说，磨合期内的国产机床，不如日韩机床好用；但过了磨合期或保质期，国产机床愈发精神抖擞，用起来得心应手。旧一些的机床，还有数控化改造的潜质，机械部分维修翻新后，再配上新一代数控技术，这种二手机床能产生很不错的生产力，很受一些中小加工企业的追捧。再制造的概念，也喧嚣了好几年，而二手机床的数控化改造，就是一个很好的开局。**令人叹息的是，国产机床大企业还在忙于新产品的全覆盖，没花多少心思去推行大有可为的机床再制造业务。若从未来市场看今天，机床再制造也不只是业务新增长点，更是国产机床企业的战略新选择。欲在存量市场上有作为，机床再制造肯定是一个不错的开局。**

中国是世界上最大的机床消费市场，目前拥有约800万台机床，依照国际通用的3%裁减率，每年裁减的旧机床约25万台，其金属总分量超越150万吨，若是哪天钢材成了稀缺产品，这还是一笔非常可观的战略物资储备。仅在“十二五”时期，国内就新增90万台机床需要进行再制造，没办法，我们空守着这么一大堆好吃的“核桃”，可就是没办法砸开外面坚硬的壳。新机床的利润，几乎被欧美日韩鲸吞，若二手机床的再制造还是肥水流入外人田，那国产机床行业也就只好靠政策苟活了。

工程机械同机床一样，市场保有量和二手交易量也很惊人。据《中国机械设备网》统计，2006年二手工程机械设备交易额约350亿元，2007年约500亿元，2008年约800亿元，2009突破1000亿元，年均增长速度超过20%。而据全国设备租赁及二手设备专业委员会统计，截至2010年底，全国工程机械二手设备的交易额已突破1000亿元，挖掘机、装载机、叉车、旋挖钻机、摊铺机、压路机、铣刨机、汽车起重机、混凝土泵车和混凝土搅拌运输车等产品交易量突破500万台。虽然数量庞大，但是二手产品在市场上的合法性仍待解决。

二手工程机械的销售方式一般分为三种：第一种由经销商自己渠道内部消化；第二种是通过徐水、青州、天津、深圳等二手机集散市场处理；第三种则是借助易极、利氏兄弟等第三方平台进行拍卖。

二手设备交易，有三大顽疾有待攻克。其一，定价环节依然是行业“水最深”的领域，二手工程机械评估定价缺少标准，交易缺乏有效监管。其二，缺乏具备权威性且具备规模性的交易平台，交易成本与风险度都很高，极度打压了二手市场的强烈需求。其三，信息不对称，交易随机性很强，销售渠道不完善，国内的二手设备交易量有80%以上是私下交易，诚信度与售后服务无法保障。具体如图5-4所示。

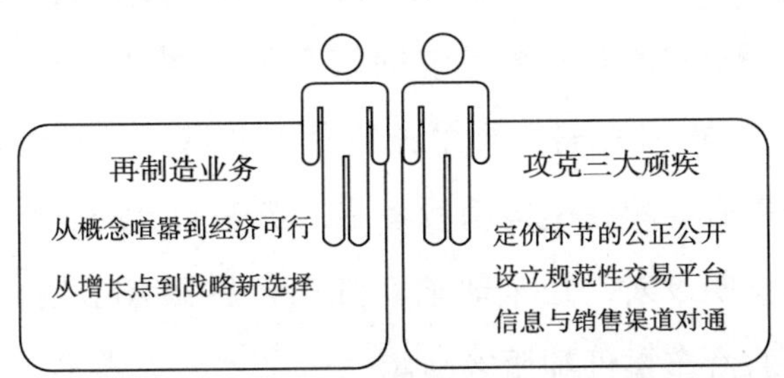

图5-4 二手设备交易市场，破除供需的不对称

◆配件维修，服务含金量定成败

AC德科作为全球汽车零部件领先品牌，以提供“全车全系列”汽车配件产品而著称，通过具有高质量保证的产品，以及受过良好专业培训的AC德科技术人员，为不断扩大过保修期的汽车零部件和维修市场的消费群体提供世界一流的全车系维修保养及客户服务。

自1999年正式进入中国以来，AC德科的经销商网络已经遍及全国，拥有100多家AC德科维修保养中心，并且致力于发展售后市场。在AC德科的经销网络中，共有多达20个高质量且价格极具竞争力的产品线，并且适合于中国汽车和路况的1000多种零部件在销售，包括蓄电池、油品、减振器、滤清器、火花塞等各种易损件，同时还推出了汽车美容精品，包括汽车防爆隔热膜、高强度气体放电灯等高品质产品。**配件齐全，高性价比产品线、人员素养高和维修保养中心的连锁网络是AC德科的撒手锏，也同样是撬动工业品后市场的阿基米德支点。后市场这块大蛋糕，人人都惦记着一口就吃到上面的奶油和水果，没有耐心去做底层的面包，而若没有维修与配件这个底层面包，金融租赁、再制造等奶油和水果，也就无从附着。**

据腾讯汽车报道，AC德科，通用汽车旗下的全球知名零部件和售后服务品牌，荣膺2006年度“中国汽车后市场十大影响力品牌”称号。同时，这也是AC德科连续第三年获得此殊荣，充分表明这个全球性的独立汽车售后品牌在中国消费者中的影响力已经越来越大，品牌形象深入人心。长期以来，在全球独立汽车售后服务市场，AC德科一直是消费者信赖的汽车零件和服务品牌。

AC德科有186家供应商为其供应售后零部件，并且在北京、上海、重庆、广州等几十个城市拥有400多家经销商。其物流战略合作伙伴DHL公司（为敦豪航空货运公司的简称）在2005年开始合作的初期就与中国通用公司一起探讨通过借鉴美国通用汽车售后零件运作公司的物流管理方法来建立和改进在中国的第三方物流管理。**以服务品牌面世、品牌独立于母公司和物流配送提升到战略层面，这三点给了我们很好的**

启示：国内的工程机械、农机、粮机、机床等工业品（B2B）企业，若想分得配件维修的蛋糕，就必须另创品牌，独立运作，并在物流配送这个最容易丢分环节形成高效战略合作。看到这儿皱眉头了吧！不错，配件维修业务一开始要啃硬骨头，战略远见、管理系统与品牌运作必须要做强；然后才能慢慢尝到肉的滋味，享受服务品牌的高溢价，以及供应与物流战略联盟合纵连横带来的优势。

火花塞、蓄电池，是汽车配件中的常客，而刀具则是机床的易耗品。一台机床的销售是“批发采购+整机零售”，启动成本高，销售利润却不高；机床刀具的销售，则是“零售启动+批发采购”，启动速度不高，可加速度却深藏惊喜。机床销售搭台，刀具尽情唱戏，山特维克可乐满公司最在行。他们专门设立“MI 机床投资”部门，有 14 个专职销售经理与各大机床厂商紧密合作，在客户企业购买的机床中配备自己的刀具。别小看了初期配置，它能带来二年左右的持续购买，等到客户使用习惯自己的刀具之后，再想换品牌也就不那么容易了。这种“嵌入式”营销，着实高明，值得零部件企业多揣摩。除了跟机床厂商合作，山特维克可乐满公司还跟壳牌（润滑油、切削冷却液）、system 3R（防震治具）、ZOLLER（刀具检测）、ASSAB（磨具材料）等厂家合作。关联品牌的联合展出，让客户一次性解决所有问题，产生品牌之间的销售联动效应。

山特维克可乐满公司的终端客户分为三类：直销客户、经销客户和贸易客户。无论哪一类客户，都要通过直接服务掌握客户第一手信息，利润可以跟经销商与贸易商分享，但客户信息与服务传递必须直达。**产品来铺路、服务去驰骋、配件业务的软硬结合与张弛之道，工业品企业要虚心学习。得终端者得天下，只是虚火在燃烧；得客户者得未来，才是熊熊服务品牌之火的燎原之势。**

配件维修业务，服务含金量定成败，有三种可能的模式，能让工业品企业走出传统的配件生产与销售的老套路，走上客户欢喜、伙伴愿意、自己有利的整合发展之路。

（1）淘宝模式，搭建一个买卖双方便捷交易的可信平台。一些工业品企业发现配件业务正当时，于是义无反顾地投资建厂，想在原厂品牌、副厂品牌与杂牌的三国杀中博取自己的一席之地。可做着做着，就发觉销售渠道建立依旧是个大难题。配件的传统销售方式是随整机产品销售渠道顺水而流，面临代理商、经销商和零售商的多重利润挤压。如果能在一个更高、更开放的平台上，直接面向终端用户销售，将在利润收益方面、客户服务方面和品牌建设方面获得极大的便利和优势。

（2）终端连锁模式，解决客户就地供货、及时维修的快需求。以“直营店+加盟店”模式覆盖客户密集区域，也可以采用“线上交易+线下服务”的混合连锁模式。超威、天能电池也模仿立邦漆当年的做法，在电动车维修店下手，抢占门头、背景墙等品牌展示资源，与维修商合作开发电动车第二块电池的后市场业务，包括新电池销售、旧电池回收再利用等。这两家电动车电池品牌，还难以布局真正的连锁品牌终端，产品单一是主因。他们若想有大作为，就必须主动跟电动车塑料件、快冲站等厂商合作，一站式服务的综合盈利，才能抵消店面费用上的投入。

（3）“再制造+租赁”模式，解决客户低成本使用好设备的难题。回收二手设备，再制造提高产品技术与性能价值，然后租赁给客户使用，并提供及时有效的售后服务保障。据《慧聪工程机械网》消息，潍柴动力再制造公司2013年产量增长率达到45%，再制造业务自此迈上新台阶。作为潍柴动力的全资子公司，潍柴动力再制造公司专业从事发动机及其零部件的再制造业务，项目总投资接近3亿元。再制造是利用新技术对废旧发动机进行修复加工，复旧如新，其动力性、经济性和保修期达到与新机器完全一样的标准。低成本、可循环的制造模式成全了客户的低成本和高效益。

具体如图 5 –5 所示。

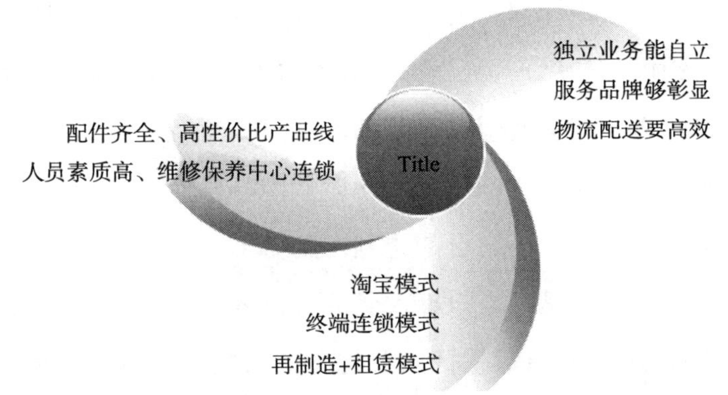

图 5 –5　配件维修，服务含金量定成败

◆工业设计，产品静销力真功夫

艺术无界，从 iPhone 到汽车，从手表到挖掘机，美，都是第一销售力。只要结实耐劳，甭管外表好歹，一度是择人择物的标准，在“仓廪实知礼节”的今天，这个标准早已烟消云散。形式与内容同等重要，甚至可以说，形式的好坏决定了内容的厚薄。为什么？一是不好看的东西，没有人关注，内在的价值难以有机会传达，空耗青春等郎归，商人和企业人可不会作怨妇的。二是赏心悦目的商品，让人心怀喜悦，消费者会主动领悟设计者的心思，带着好感去使用，得到的正面体验会高出许多。好看、好用、好卖、好名声，一气呵成。

工业设计为客户创造价值，为企业创造效益，而不仅仅是简单的表面功夫。2013 红点设计大奖中，锦湖轮胎凭借环保轮胎 ECOWING

ES01 荣获产品设计大奖。在所有轮胎企业中，锦湖轮胎已连续 2 次获得该项大奖。相比以往的产品具有降低弯道阻力、减低能量流失、提高湿地控制力的特点，确保安全性。通过此次获奖，锦湖轮胎的环保技术力和设计优越性均得到认可，进一步深化其全球环保企业的形象。获得红点奖的产品，可堪比赢得奥斯卡的电影，专业人士的美誉度迅速转换成市场的热销度。轮胎产品，介于 B2B 与 B2C 之间，新车出厂预装业务属于 B2B 范畴，而换胎业务则是 B2B 与 B2C 的混合。红点设计大奖，能够提高客户的认同度，锦湖轮胎得以从固特异轮胎、米其林轮胎的高端垄断氛围中，杀出一条自己的盈利之路。

中国制造已然不是红点设计大奖的过路客。2013 年，迈瑞公司 DC-N3 彩超凭借对用户的亲切关怀以及优异的人机工学表现，打动了在场来自全球 37 位最知名工业设计评委的心，斩获 2013 年度德国红点设计大奖。这也是迈瑞公司继 2006 年高端监护和台式彩超在业界首度荣获德国 iF 奖以来，2010 年、2011 年连续两年荣膺红点设计大奖之后（M7 便携彩超 LED 手术灯），第三次斩获国际设计大奖，标志着迈瑞公司杰出的工业设计能力获得了全球设计界的赞誉，也体现了迈瑞公司在医疗设备行业扎实的研发实力及国际品牌影响力。少有人问津的 B2B 领域，工业设计也展现了它独有的魅力，医生用起来得心应手，而病人也得以解除恐惧的枷锁。

2012 年 8 月 8 日全球工业设计领域三大顶尖奖项之一的德国红点设计奖携手中国轻工工艺品进出口商会、厦门市政府，首度在中国主办工业设计国际展。用主办方的话来说，就是要助力中国外贸企业由“中国制造”向“中国创造”转型。一时间，以工业设计的进步破局近期进出口困境，成为企业和政经界的焦点。依靠低价格的发展方式已经不可持续，转型升级是中国贸易企业特别是中小企业继续生存发展的必由之路。苹果的成功，工业设计功不可没。设计水平，提升产品竞争力，企业自此迈上结构性增长的大路。工业设计，也不再是苹果独享的秘密武器，它已经是工业界的普遍成功经验。

工业设计，离不开工业化时代的各种创造性设计活动，贯穿于研究需求、工业制造、营销流通、消费使用和环境保护等社会活动全过程。工业设计，初级效果体现在产品改良的层次上，国内企业涉足者众多。在宽敞的马路上，当汽车蜂拥而来的时候，马路也就是窄路了。工业设计，下一步的宽路在哪儿？在开发设计环节和服务系统设计，这又会让先知先觉者尝到甜头。是的，工业设计处于产业链微笑曲线的高端，它能整合各项资源来实现产品的高附加值。**对于国内的工业品企业来说，在产品开发过程中，就要考虑最终客户的体会、参与感，使产品人格化，成为目标客户交心的工作伙伴。工业品企业不再满足于技术性能的冷血标准，而是能更好地研发出客户满意、自己中意的产品。**品牌，与生俱来；品质，以人为本；品味，油然而生。打上工业设计烙印的产品，打动客户的能力也定会不弱。

据统计，2010 年全球制造业中国占 19.8%，美国占 19.4%；但美国制造业仅有 1150 万工人，中国则高达 1 亿工人，美国劳动生产率比中国高出近 10 倍。加上我国制造业扣除低端与“三来一补”，真正的高端制造比例仍较低，缺乏文化和设计等内涵因素的软实力价值。智能制造、数字制造和绿色制造，创意设计才是核心内生力。有创意的工业设计，改变拼规模、耗资源、比价格的线性发展模式，对新产业、新技术、新模式和新业态的“四新”企业，有着不可低估的赶超作用。据有关专家测算，在工业设计上每投入 1 元，可拉动 102.5 元的销售额增长。工业设计就像变魔法，能把灰姑娘般的工业产品变成白富美。据广东工业设计协会的数据显示，受调查企业利润的 40% 来自工业设计。

硬件上舍得投入，而软件上则扣扣索索，大到企业经营，小到居家生活。国人在汽车、房子和穿戴上倾其所有，而对内在修养、生活领悟与人生信仰，却懒得搭理。很多事情，我们在乎别人评价的好与坏，不较真内在价值的多与寡，没有灵魂的生活，也传染到没有信仰的企业经营。产品，就是赚钱的工具，有人买、有钱赚，就得了，何必苦苦追求什么创意和设计呢？即使鼓捣出创意设计，大片的抄袭还会气死人。**原创能力、专利保护，工业设计水平的原动力，一时半会儿还难以在国内开花结果。工业设计，最好能直接促进产品销售和品牌提升，这种以实利反向拉动实干的做法，很符合国情及国人的口味。客户为何喜欢你？因为产品在那儿。好产品，会说话，这是产品静销力。**

如何通过工业设计提升产品的静销力，如图 5－6 所示。

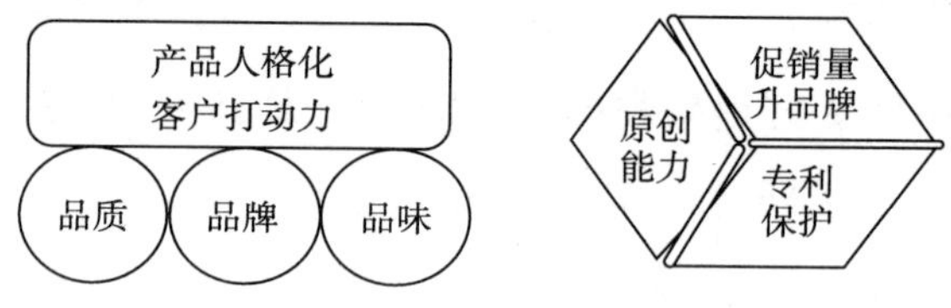

图 5－6　工业设计，产品静销力真功夫

3. 工业服务商，雷声大雨点小

雨雪天，不想出门，孩子叫了一份肯德基外卖，40 多元的费用，中间就有 8 元的外送费。这要是搁在以前，外送也许就免费了，因为食品销售已经赚钱了。而今，由于人工费用高，人们也开始接受服务收费了。可在工业品行业，很多企业还只能赚取产品销售利润，服务几乎不可能另外收费。这既有客户观念的问题，也有服务自身不到位的问题，具体如图 5－7 所示。

服务精神	服务标准	赢利模式	产业格局	未来展望
难脱胎于制造文化	存量增量客户之差	增值服务如何增收	渠道与资本在观望	外行介入吹进新风

图 5－7　工业服务商，雷声大雨点小

◆服务精神，难脱胎于制造文化

制造文化，是以企业为主的，只要产品技术过硬，客户就别啰唆。而服务文化，则是以客为尊，产品的技术性能再好，也就能得到基本分，只有服务才能赢得附加分。工业品企业里的生产制造与技术研发人员向来以专家自居，不愿意低下身来伺候客户，他们认为客户喜欢吹毛求疵，而且说的都是些外行话，无法有效沟通。沟通能力强、技术水平高、受得了气的技术人员是企业里的宝贝，由于人数本来就不多，个个至少都能担当部门经理的要任，企业哪里舍得一股脑地派到客户那儿？因此，服务精神要有文化与制度的双重保障。文化保障，源自企业独特的客户文化。一家大型制造企业必须要有像一家大酒店、大商场那样的服务文化，直接服务客户的员工地位、收入和前途都有竞争力。制度保障，服务部门要独立于制造乃至营销部门，而且要有自己的独立盈利与分配机制，不能只是做救火队员，要成为市场竞争力的主心骨。

◆服务标准，存量增量客户之差

存量客户习惯了免费的、低水平服务，只要你的产品不耽误他赚钱，服务差点也能凑合。反之，纵使服务设计的再为精妙，一提起收钱，还是没门儿。低工资、高就业，社会运转低效而安全；而低水平、免收费的服务，长而久之客户也就麻木了。工业服务商转型，要想在产品销售利润的塔基上，再去设计一大块服务利润，就会遇到存量客户的强烈反对。在合理收费的优质服务和免费的低劣服务之间，大多数存量客户会毫不犹豫选择后者。所以说，工业服务商的目标客户，必须另行选择。要找到对服务很在乎，愿意出合理的价钱，而且服务能够带来更高生产力的新客户类型，专心打造符合他们的服务标准。而这样的好客户一直选择国外品牌，对国内品牌不太认可。有心转型为工业服务商，就必须从系统上、品牌上、标准上建立一个客户信任、有竞争力的服务型企业，这是一场人心争夺战。客户心理、营销策略、品牌传播和服务细节都是工业品企业要在短时间内学会并用好的新技术和新诀窍。

◆盈利模式，增值服务如何增收

便宜点的汽车，过了保修期，去 4S 店修理的比例就急速下降。高达几十万元甚至上百万元的机床，过保修期后维修是不是也如此呢？一部分选择找原厂维修工干私活，一部分到市场找有服务能力的配件经销商，少部分由专职的维修班组自行处理。

以机床的后服务市场为例，大修、配件和一揽子维保，是不错的盈利模式，可若要实现不错的服务业绩，那还得经历一段时间的经营阵痛。

（1）大修业务，会跟新机床销售撞车，机床维修人员隶属于营销部门，只会在客户放弃新购、坚持大修时，才会被动选择大修。大修利润高，可营业额没法跟一台新机床销售额相比，更何况，不少机床企业的销售目标都只计算新机床的销售量，而且供应与生产系统也都是围着新机床转，没有多少心思去计算与预备大修业务需要的人员、配件以及设施。

（2）配件业务，绝大多数机床企业没有独立的配件供应体系，都是直接从生产库存中临时调拨配件、分配人员，相对被动地应付不期而遇的保修期内维修。对于过保修期后维修，采取配件高定价、服务全免费的方式，一开始就被配件一条街给打败了。在及时服务、价格便宜、人脉熟悉等方面，这些经销商们天生就具有优势。

（3）一揽子维保，按年、按台数为客户提供全天候服务，维保费用事前就能知道，客户企业的预算编制与成本控制就变得相对容易多了。特别是那些销量大、产品全的机床企业，等到服务人员综合技能、配件供应体系成功闯关后，才有机会染指一揽子维保的甜奶酪。

◆产业格局，资本与渠道在观望

国内工业品行业进入前所未有的整合年代。从产业链角度看，横向、纵向与混合整合方兴未艾，期望在家门口市场就能够以规模化对抗国外企业的全球化；从市场机会出发，每隔五年的产业政策变化很大，一些新机会涌现出来，企业不得不在短时间选择抓住还是放弃，这就导致企业的多元化经营与战略调整的幅度大；从企业家内心世界看，企业做大了才能有政策、资金和社会的支持，花圃里的小树苗，才有长成参天大树的可能性。

产业、企业和市场都处在极速变化中，产业格局的动态性就非常突出。一家企业，若是靠着自己的力量、自我的积累，引领或跟上一个产业的变化节奏，基本上没有可行性。一家工业品企业，若是要顺大势、成大事，就必须赢得资本的青睐与渠道的支持，“一个好汉三个帮”的聚集效应才能水到渠成。

可是，国内的资本市场投机盖过投资，说实话，投机的机会成本与收益还是不错的。因此，一家工业品企业的概念性、产品力和市场力就成了资本评判的三个重要标准。细分市场的领导者，是资本最喜欢的概念，若是能颠覆或大幅改变现有产业格局，那就更受追捧。产品力，就是解决目标客户问题的能力，它决定产品能否在竞争中存活及获胜的概率。市场力，就是产品的销售与占有率增长速度，有时候，增长势头上的成功比最终结果成败更为重要。渠道经销商，中年之后的稳健派居多，三代人的生活无忧了，奔前途的动力自然降低了。一家工业品企业，必须平衡企业战略目标与经销商看得见的前途，适当的时候，要先让经销商温暖起来。否则，持观望态度的经销商群体，会使企业战略未战先败。

◆未来展望，外行介入吹进新风

高端白酒，借政商消费的良机，一举实现了“低产量、高价格、燥品牌、硬终端”的盈利模式。五粮液、茅台，开品牌专卖店之先河，蓝色经典、古井贡纷纷跟进，难道它们都是依托新兴终端做开、做大市场吗？不是，是它们嗅到了新的市场机会。一些有政府关系的人，没有商业经验、经营能力，甚至没有多少资本，这都没关系，只要有目标市场的销路，生意就会顺势而起，而品牌专卖店则是撬动政商团购与品牌落地的二合一载体。一帮白酒经营的外行，凭着团购能力和终端创新，就能在传统行业的市场格局中迅速崛起。看来，有资源或者有思路的外行，逢着春风化雨，就能破土而出。在工业品行业，传统生产思维与传统坐商做派，还是在占上风，不排除相关行业或者跨行业的产业链大整合，新人胜旧人的速度往往是意料不及的。**行业中的领先者，要开阔自己的战略视野，多以外行人的眼光审视内行的做法；外行投资者们，要理顺行业先有的利益格局与经营思维，扬长避短嫁接自己的优势。好马跑好路的干法，定会胜出一筹。**

4. 软实力，成就下一波硬实力

中国梦，是个热门词，崛起后的中国要想赢得世界的尊重，就必须在文化、思想与信仰上，正面、持久地影响与造福世人。中国企业的发展之路，靠硬实力比拼，几十年内我们还是落后国际对手很多。无论是在规模、技术，还是在经营思想与战略格局上，我们高喊的弯道超车，其实都还是在硬碰硬。而以小博大、以少胜多的中国经典思想，我们的企业用的还是不多。**工业服务商的成长姿态，就是软实力重于硬实力。本土智慧、全球视野，是战略势能所在；服务为魂、品质为心，是经营优势所出；标准为绳、持续领先，则是以弱胜强的中国式弯道超车。**

◆服务为魂，心服务的信服力

海底捞，学得会，还是学不会，这不是某个专家就能论断的。但凡人能做成的事，都能学得会、做得好。海底捞，一帮农村上城的底层奋斗者，在他们朴素的内心里，只要能有城里人的一丁点尊重、一年下来的万把块存款、生活中有些微不足道的享受，就感激不尽。而且，山野中的父母还以他们为自豪，认为自己的娃儿有出息，终于走出了山沟沟。本来，只有初中或高中学历的他们，连在家乡的小镇或县城谋个糊口的差事都很难。有了感恩的心与物质上的飞跃，海底捞的员工发自内心地感激顾客，每一个来客都在添加他们人生的幸福砝码。**顾客是期望，顾客是幸福的一切，这样切身的服务信念，铸就了海底捞久盛不衰的心服务传奇。**

有技术、有知识的员工在服务客户的过程中，不容易摆正自己的心态，总觉得服务低人一等，反正自己靠技术、靠专业吃饭，也可以吃香喝辣的，何必委曲求全地伺候客户呢？工业服务商，首要任务就是在制造文化中竖起服务的大旗，召唤那些内心有客户、以服务为魂魄的新思维员工，或者干脆成立一个独立的事业部或公司，完全以服务品牌去运作全新的工业服务商大业。往酒瓶里装新酒，再多也是浪费，不如新瓶装新酒来的干脆利落。工业服务商转型，以结构效率替代规模效应，服务文化与机制才是新事业的灵魂。

◆标准为绳，得人心者得先机

阿布扎比著名的八星级酒店，由 40 吨黄金打造，酋长宫殿酒店位于阿布扎比海滩，北面和西面临海。在迪拜的七星级帆船酒店金碧辉煌的大厅里，有不少中国人在这里闲逛，据说里面 6 成的房客为中国人。而在全球最贵的瑞士日内瓦的威尔逊总统酒店，皇家套房一晚夜的价格是 65000 美元（约 40 多万人民币），也有专门讲汉语的前台人员为中国游客服务。看到这些，不知读者的感触如何？有的人看到了有钱人的炫富，有的人感觉到新贵们的躁动，有的人体会到标准的至关重要。客户慕名而来，不过问成本、不在乎价格差异，只想要世上独一无二的服务与享受。握有服务标准的绳头，客户议价与产品溢价，均能处在有利的地位。

产品技术有国家标准、行业标准，至少也有企业标准。而工业服务商这个国内新生事物，还没有国家或行业标准，谁先在客户心智中抢占制高点谁就先成为行业标准。这个百年难得的市场先机，可别再让国外企业轻而易举地席卷而走，国内领先的工业品企业，欲谋大事者，必要借此大势。标准制定与引领，靠的是软实力，而软实力，来自对国内客户需求与服务经营的熟悉与掌控。天时地利不缺，缺的只有人和。**终端客户认可、经销商愿意跟随、企业员工坚定不移，就要以标准为绳，得标准者得人心。握紧标准之绳，人和一路随行，工业服务商的天空总会放晴。**

◆品质为心，优尼斯大有作为

机床制造业之母——沈阳机床集团，国内、国际销量双料冠军，挺起了中国制造的脊梁。而在一年前，沈阳机床集团坚定地走上了工业服务商的转型之路，舍易就难，这是为哪般？第一，沈阳机床集团的规模，已经触摸到行业的天花板，单纯地生产和销售机床，要想从180亿元到500亿元，可能性微乎其微。第二，利润与规模不成正比，高占有率、高知名度并没有带来如期的高利润。反之，日本、德国的一些机床企业，仅靠几千台的销量，利润就超过了沈阳机床集团的数万台利润。第三，优质的机床客户，重视服务胜于产品，懂得优质服务才能提升生产力，选择国外品牌的倾向性愈加明确。第四，机床后市场大、散、乱，像沈阳机床集团这样的绝对领先者，有义务、更有机会去率先布局。优尼斯（上海）工业服务有限公司（简称优尼斯）就是在这样的大背景诞生的，它打响了机床服务产业的世界第一枪。

没有不坏的机床，只有不好的服务，这是沈阳机床集团董事长关锡友的信念与情怀。凭着二次创业的激情与睿智，他带领沈阳机床集团和优尼斯双剑合璧，直指国内外机床服务产业的新机会。在研发部门设立产品经理制，客户需求成为研发的工作中心，技术就是要解决客户与行业的典型问题；在营销系统，依托4S店的本地化服务优势，逐步搭建统一的配件供应、客户热线、人员培训、规范推行的服务型平台；在流程组织上，拆除事业部之间的柏林墙，由服务和营销部门倒逼内部运营部门的革新与发展；在战略规划上，从制造商转型为服务商，从产品品牌升级为服务品牌，从自有产品到全球产业资源大整合，内修品质、外练品牌的优尼斯带来的不仅仅是服务产业的新增长点，更是国内制造业抓住20年产业黄金时机的率先之举。待到服务之花烂漫时，数风流人物，皆起于今朝。

第六章

Chapter 6

渠道的合纵连横机会

——战略为魂，渠道为器

变局下的工业品企业 7 大机遇

是大河有水小河淌，还是小溪潺潺大河奔流，这是工业品渠道流通力的分水岭。大河有水，产品、品牌与管理为主导，客户是企业吸引来的，经销商只要跟着做好客户服务就可以了；小溪潺潺，经销人脉圈、本地化服务、附加值创造，是客户争夺的巷战武器，成交成败在于经销商。渠道或者通路，中国特色的商品流通机制，核心问题是厂商利益协同。在工业品行业，大制造并没有得到商业的同步支持，一家企业既要做好生产，又要建设与管理渠道，左右拳同时出击的难度，已经让大多数企业主苦不堪言，一番辛劳后，所获甚少。**渠道不畅，容易变成堰塞湖；利益机制不均衡，内部协作变成内部争斗；客户开发不力，企业和经销商都抢着做现成的业务，这三大问题或许正是国内工业品企业的渠道通病（具体如图 6－1 所示）。**

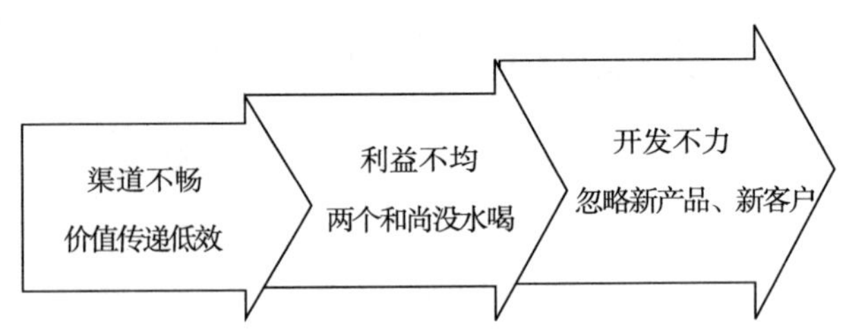

图 6－1　渠道不给力，战略空折腾

企业的投出产出期较长，重大决策带来的市场效益，至少要等一年以上。而商业讲究快进快出，周转率高的薄利，累积起来也不少。厂家与商家对结果的忍耐期长短不一，渠道对话与合作就会因之不畅。什么时候厂商团结一致，渠道效能才得以十足发挥。企业在推广新产品时，第一道坎往往横卧在经销商那里，老产品卖起来顺手，利润不厚但足以保住经营成本。而推广新产品，市场风险自己分担的多，一旦自己做起来之后，说不定还要引入新经销商来瓜分自己的既得利益。要推新产品，就得厂家冲在前面，看到有利可图时，经销商再一跃而出。让经销商做炮灰，没门儿。老业务骨头多肉少，没关系，肉再少也是现成的，每年的销售目标总是老产品占大头、新产品做点缀。

渠道走正道，机会定不少。工业品企业的成长机会中，渠道机会看似是战术性的，其实它正是战术牵引战略的大手笔。渠道为王，终端得胜，在大多数工业品行业里，渠道与终端是一体化的，得渠道者得市场，此话不过分。渠道精进，消费品行业走在前面，从新产品的包断销售，到分公司的合资开办，再到相互参股联合经营，渠道合作关系的深度与黏度，从松散到紧密，有了活水源与大端口，产品机会的小溪，于是就有流奔到市场机会的大河。

1. 渠道机会，差异化战略之魂

用4P组合看工业品差异化营销，产品机会不大，核心技术在他人手中，只好走混搭创新的窄路。定价机会更小的情况下，低成本红利渐行渐远，低价冲击对手的做法，先是外伤，接着就是内伤。产品和定价机会小，这是坏消息，可促销和渠道的机会很大，这可是天大的好消息。产品促销，不如品牌促进；渠道差异化，促进盈利模式独特化，这是工业品营销的特有机会，尤其是在国内市场。

机会那么多，就是没人在乎。因信称义，是信仰的开花结果；因信领先，则是渠道机会的由虚而实。长期游离于终端市场的决策层，别太自信战略的威猛与产品的犀利，没有渠道的畅通与高效，战略与产品只能是空中楼阁，不接地气的宿命又一次悲催上演。渠道是水，产品是舟，战略是舵，渠道的重要性可见一斑。

变局下的工业品企业 7 大机遇

（1）从渠道层次看，工业品渠道层级少、成员少，处在相对扁平化的有利地位，从战略到执行的衰减度也相对低很多。

（2）从渠道掌控看，工业品渠道还没有家乐福、苏宁等超级卖场，厂家和经销商的经营自由度较高。

（3）从渠道机会看，老旧的工业品渠道模式，靠着产品价格和工厂政策的惯性推动，多少深埋的机会有待挖掘，谁先出手，谁就先得利，以快制胜是大原则。

左看右看，工业品渠道机会真不少，可总是被白白放弃，原因何在呢？

渠道机会具体如图 6－2 所示。

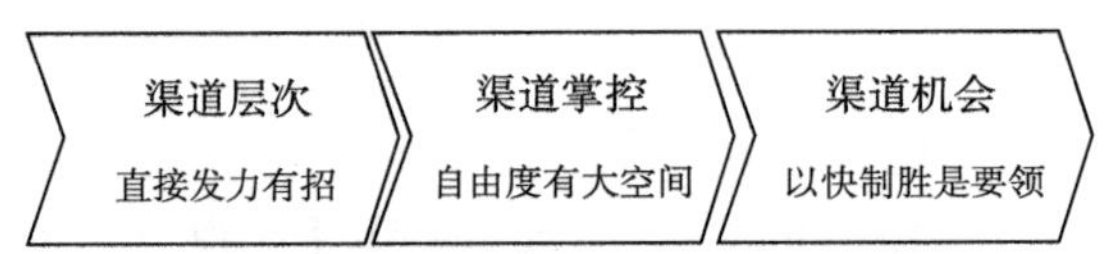

图 6－2　渠道机会，以快制胜是要领

◆野蛮生长，先快后慢难持久

工业品经销商，起家最为简朴，工厂里下海的销售员、机电公司的业务员，都能捷足先登，利用手中的客户人脉，干起买卖中介的生意。厂里有熟人，可以拿到优惠的政策，在结款方面也是受尽百般恩宠；客户有熟人，不愁销售不出去，拿着客户订单到不景气的工厂里，那种感觉是相当舒服。昔日工厂眼中的吃喝玩乐哥，摇身一变为工厂生存的靠山。市场体制导入时，工业品企业滞后于消费品企业二十多年，工厂与市场的咫尺万里，是早期发家经销商的纵横天地。先富起来的经销商，在面临结构转型、系统升级、营销引领的新时代，愈加感到力不从心，固守既得利益，又生怕夜长梦多，富家翁的好日子恐怕难以一辈子；徒有革新之心，又没有一招鲜能解开现实经营的乱麻团，若是规范化、标准化地折腾一年以上，眼前利益吃亏不算，人心也怕闹腾散了。

物质上成功的人，有两个归因方式，一种是自己的努力与能力，另一种是时机与时运。自负的人，抱有人定胜天的个人理想，崇拜野蛮生长；谦卑的人，懂得感恩，乐于承认幸运的眷顾，个人因素退居到次要的位置。自负与谦卑，本无好坏之分，只是到了二次创业的时刻，两者的期盼与耐受力大为不同。野蛮成长者，发现曾经的成功无从复制，害怕未来的赌注会赔光老本，患得患失，企业战略就会不明确、执行不坚定，二次创业的初始速度低，遇到陡坡多半以退缩告终。承认幸运造就自己功成名就的人，就会思考如何可持续的发展方式，以客观的、规范的经营，替代主观的、随性的钻营。不客气地说，工业品行业的经销商大佬们，赚现钱的生意经远胜于谋未来的经营观，二次创业的成功率不一定比第一次创业高。

◆厂商博弈，利益机制生内乱

工业品陈旧的定价方式，滋生了经销商的骄傲。出厂价、经销商和市场价，三级价格机制中，出厂价是厂家成本加利润的总和，第一道利润在出厂门之前就已经赚到了，是从经销商手中赚的。也就是说，经销商是厂家的衣食父母。身份这个事情，从来不写在合同上，双方心知肚明，时候到了立马显出身份的高低。一家工业品企业的老板，在企业做大之后，想摆脱第一代经销商的剥削命运，于是想通过新产品推广，吸纳新经销商的加盟，希望新鲜血液的流进能够让渠道面貌焕然一新。营销部门开动起来，忙于寻找与评估潜在经销商的加盟资格；销售部门调动起来，从新产品与老产品的任务比例上给压力，当然，新产品销售提成也大有提升；老经销商的座谈会也开过了，公司战略、经销商远景与竞争态势，动之以情晓之以理后，反抗引入新经销商的声音终于有所收敛。

一切的努力，看似有了眉目，新产品推广在历经半年后也有所起色。突然，老经销商的几个大户一夜间“谦虚”起来，纷纷表示自己力不从心，下个月的销量计划一时间报不出来。这下，炸锅了。老产品、老经销商的存量占据本年销量目标的70%，这70%市场若是出问题，那整个计划就要泡汤。没办法，企业老板心不甘情不愿地坐下来谈，道理说干了喉咙，老经销商不为所动，即使大幅让利也没有丝毫效果，到底怎么了？

一番分析后，原来是老经销商感觉到生存的威胁，他们联合起来与新政策做殊死搏斗。他们知道，鱼死网破的恶果，厂家是难以承受的，可经销商们，却早已暗度陈仓，私下接触甚至已经代理另一个竞争品牌，进行欲擒故纵的把戏。没办法，厂家最后妥协了，对新经销商数量与区域进行严格限制，承诺不冲突老经销商的既得利益，而是公司另外开辟一块行业让新经销商得以存留，同时，若是该行业开发显现前途时，老经销商有优先加盟权。**看上去是新老经销商、新老产品的纷争，实则是厂商市场主导权的一场博弈，厂家之所以败下阵来，就是因为客户不在自己掌控之中，再好的利益机制也得由经销商认可与支持。厂商合作在于利，持续合作靠利益机制，若是利益机制主导权旁落，那渠道命运也就多灾多难了。**

◆渠道落地，畅通最后一公里

畅通的渠道，好比自来水龙头，拧来就有水，大小自如随君意。蓄

水池、主管道、楼道次管道和水龙头，客户活水的流淌取决于这四个环节的效率（具体如图6－3所示）。

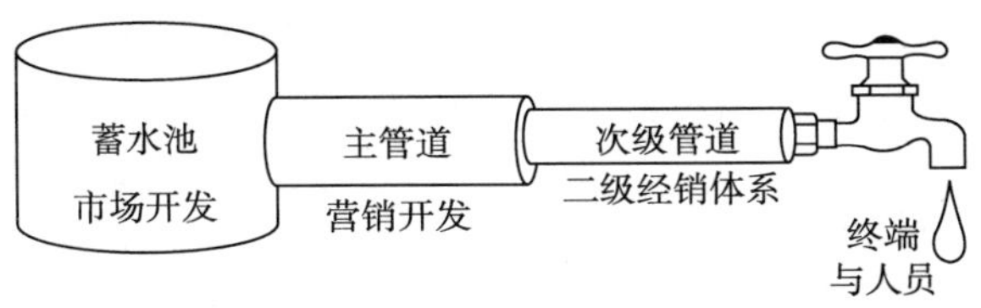

图6－3　渠道落地，畅通最后一公里

（1）蓄水池。工业品企业的市场开发与营销开发能力，蓄水池的进水量、出水量决定紧随其后的经销商质量与销量。渠道建设的缘木求鱼，就是不去建好蓄水池，反倒在水龙头上打主意。营销战，出手之前胜负已分出大半，面对面的交手也就是一次客观的检验罢了。

（2）主管道。主力产品线、目标行业、核心客户，他们的现实购买与潜在购买量的大小，相当于主管道的口径，也就是人的动脉。老旧的渠道，像是上年纪的人，动脉硬化不可免，靠药物与手术，莫如强身健体与饮食合理。每个年龄段都能活的比同龄人年轻有活力，主管道就算是不辱使命。

（3）次管道。老旧筒子楼的大难题，水压小，出水慢。老旧渠道的二级经销商或者代理商，是一级代理经销商的下线，又是终端客户的上线，渠道阻塞往往在此处。

（4）水龙头。终端门店营业额与利润额，销售人员的人均销售额，这些都是看得见、摸得着的渠道效能，也是经销商与企业最关注的环节，这可是渠道落地的最后一公里。

蓄水池到主管道，是渠道势能的发源地；次管道到水龙头，形成渠道落地力。若渠道有问题，是先抓渠道势能，还是先动渠道落地力？

销售政策死硬派，抑制不住从价格、折扣与返利上直接动手，“天下熙熙皆为利来，天下攘攘皆为利往”，销售政策的杠杆力是他们的王牌武器，一扣扳机一切问题全解决。王牌武器的威慑力大于战斗力，偶露锋芒便要一击而中，用得多了那可就是战争狂人了。销售政策上做营销，好比金钱上谈恋爱。

营销开发少壮派，会从客户类型与产品结构上，找到更为合适的匹配方式，进而制定出有针对性的营销 4P 组合。从客户根源想办法，从中长期来说，肯定比直接从销售政策动手来的有效果。可这需要工业品企业决策层有一些忍耐力，要抵挡住经销商与销售人员的口水与泪水，要看清过程中的变化趋势以及可能的结果，不以单纯的单月或季度销量仓促决策。

市场开发先锋队，看懂未来市场的动向，提前动手布局，等到尘埃落定时，自己已经处在领先地位，同行唯有羡慕嫉妒恨。以苹果、谷歌为代表的美国企业，市场预判能力极强，让对手只能争其形，无法斗其神，“不战而屈人之兵”，洋人也不差。

2. 渠道合纵连横，剑指终端用户

工业品的渠道版图，一份三分田的小农耕占了主流。“鸡犬相闻，老死不相往来”，守着不菲的收入，经销商心满意足，销售人员快活不已。在他们看来，一切农场化运动都是居心叵测的。土地流转，也许是告别农耕时代，走向现代化农业的开端。而工业品渠道的经销网络的分解、合并与重构，则会涌现出几十年以来难得的合纵连横大商机。

（1）渠道分解，分包到户添活力。跨越多省、纵览全产品线的一级经销商，经销赚回费用、直销赚取纯利，这样的日子像美好的童年一样永久地逝去了。一级经销商、二级经销商，再加上零散的代理商，渠道的层次多而臃肿，厂家与终端客户不能形成直接有效的沟通与联系，减肥瘦身的日子到了。区域分拆，产品线分解，是不可避免的结局，利用下线谋取渠道过路费的好事，也随之而去。同时，也会出现一些新兴的渠道成员，比如单纯的授权维修商、授权配件商，以及授权代理商，他们或者直接与厂家合作，或作为区域经销商的分支成员。但是，他们的价值与利润是独立评估与核算的。

（2）渠道合并，围绕需求添柴火。空压机，一种常用的空气动力产品，单品附加值低，开发与维护一个客户的成本高。而只卖高价高端空压机，也只是少数大品牌经销商的私人定制，其他弱势品牌经销商该何去何从？两种选择，要么与空气钻、破碎机等大型动力机械经销商合并，成为品类综合经销与服务平台；要么延伸产品范围，寻求产品与客户交叉覆盖，增加的人手和成本不多，销量与利润增长却不俗。客户群是火炕，产品线是柴火，交叉效应是火势。

（3）渠道重构，机制释放新活力。机制这个生产关系，直接影响渠道生产力，要释放经销活力，就得先搞活经销机制。那么，经销机制是什么？厂家与经销商的利润分配，那是碗里的，怎么分也就那么多；厂家与经销商共同创造客户价值并合理分享，那才是锅里的，怎么分都够用。客户需求，经销商第一时间捕捉并上报初级方案，企业营销与研发部门快速反应，拿出相应的解决方案，客户沟通效率与成交率，就会显著增加。创造多少价值，分享多少利益，这才是有活力的经销机制。保守、复杂、低效，是国内工业品渠道经销机制的写真，人人都在高喊“压力山大”，手忙脚乱地被动应付，少有人敢从机制上闯出一条路。

机制活，则渠道畅通；客户欢，则根基深。善建者，建机制；善谋者，谋客户；善战者，未出手时已见分晓。

◆向下延伸：企业整合下游经销商

2010 年 9 月 1 日，瑞典斯德哥尔摩，阿特拉斯·科普柯工具与装配系统有限责任公司（以下简称阿特拉斯·科普柯公司）同意收购总部位于美国密歇根州的现有工具经销商 Kramer Air Tool Inc 的销售和市场营销运营，从而进一步巩固了阿特拉斯·科普柯的市场占有率、市场覆盖率，提升了对客户的支持。Kramer Air Tool Inc 经销商网络被整合到阿特拉斯·科普柯公司的销售组织之后，就能够为客户提供更广泛的成熟产品、服务和配件。阿特拉斯·科普柯公司与客户的关系，也会更加密切。据中国机械网报道，Kramer Air Tool Inc 成立于 1984 年，自 1999 年以来一直是阿特拉斯·科普柯公司在密歇根州的独家经销商，负责为汽车工业及一般工业提供工具及相关服务。Kramer Air Tool Inc 总部位于法明顿山，拥有近 50 名员工，2009 年营业额大约为 1700 万美元（合 1.25 亿瑞典克朗）。收购完成后，阿特拉斯·科普柯公司获得了在密歇根州销售和维修阿特拉斯·科普柯公司工业工具的权力，客户也将转移到密歇根州的阿特拉斯·科普柯公司客户中心。

阿特拉斯·科普柯公司收购 Kramer Air Tool Inc，就是要立即获得下游经销渠道，并将存量客户快速转移到自己的客户中心。增量客户与存量客户，一个都没有落下，真的不赖。细想想，这里面有一个问题挺有意思，阿特拉斯·科普柯公司为什么不直接新招一个经销商呢？一则，将 Kramer Air Tool Inc 原有客户要转移到自己的客户中心，需要很长时间，而且期间还会流失不少。二则，术业有专攻，Kramer Air Tool

Inc 的经销能力，比自己更为高明，在客户需求理解方面更胜一筹，与其自己费心费力地干半拉子工程，还不如买一个现成的宝贝。三则，阿特拉斯·科普柯公司产品的后市场大，空气动力设备的配件与维修服务费用，几年累加下来也许比整机还高。收购 Kramer Air Tool Inc 花的钱，在新增的后市场服务中就能补偿回来。经销商被收购，也是退出的一条好出路，套现之后兴许还能做些别的投资，否则老是被发展不力、规范无期给拖着，也挺不是滋味的。而且，经营收益知根知底，双方的认同度高，收购洽谈开诚布公，收购价格好商好量，收购之后接收顺利。

工业品行业，厂商联盟形式开始多样化。收购，彻底推倒厂商之间的后墙，企业战略、销售策略与客户服务，一通到底。**收购之外，还有合资、合作等其他渠道共建模式。合资，有店面费用均摊、样车免费展示、股份制合作经营等三种方式。资源整合三种方式具体如图6－4所示。**

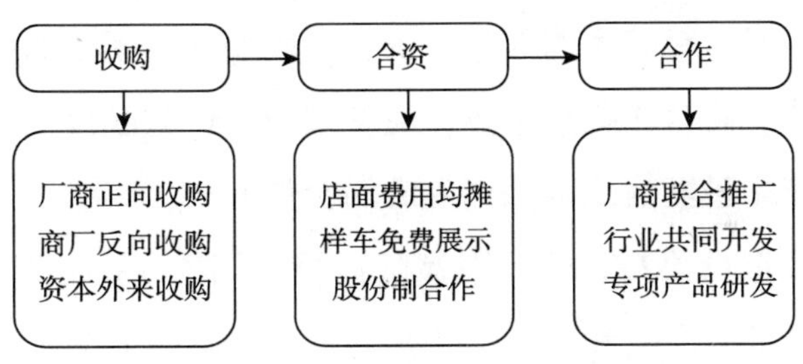

图6－4　向下延伸，三种方式整合资源

（1）大型设备的店面费用，可不是一笔小数目，一些新产品牌想搭经销商店面的顺风车。作为诚意，愿意支付一半左右的店面租金，有的还配上一两个店面销售人员。销售人员的工资与奖金，归厂家支付，日常考核由经销商负责。作为回报，店面的门头会出现某某厂家某某地区办事处或分公司字样，企业品牌与商业品牌并排出现，厂家就是想将产品与经销渠道资源快速地对接起来，市场开发的周期就能大为缩短，这笔店面费用出的就值了。

（2）样车或样机展示是客户体验的基本配备，机床、叉车、工程机械和空压机等产品，终端展示要做到全动态、全体验。全动态，是设备都能用，而且能出活，配套设施、加工环境，最好与目标客户工厂相似，身临其境的感受能全方位地展现出产品的优点；全体验，操作方式客户一学就会，维护保养也做得简便易懂，而且，加工体验环节，所用的材料、模型最好都是客户自带的，终端店面或展厅里的设备，动真格的，不是玩花活。

（3）股份制合作，厂家控股或经销商控股，取决于区域或行业客户开发与维护的重心在谁。厂家参股的，经销商唱主角，厂家敲好边鼓即可，也就是提供合适产品、针对性解决方案和品牌推广支持，而客户开发、销售成交与在地服务，都由经销商担当。**经销商多干事、多得利，而厂家则能用好经销商的客户资源、销售力量、库存周转与资金预付。少量资本调动起较大的渠道力量，这算是一种不错的渠道杠杆力。**

渠道上的厂商合作花样繁多，通常来说，厂商联合推广、行业共同开发和专项产品研发是三种相对主流的合作方式。

（1）厂商联合推广，体现在品牌传播费用上，广告牌、画册手册、网络推广、技术推广会和新闻公关是常见的工业品品牌推广手段。工业品企业，很少有明晰的品牌目标，年度传播规划也是随机应变，遇到好的传播机会就临时要预算。技术推广会或讲座，主要是伴随新产品、新方案的行业或区域推广。像德州仪器等半导体企业最擅长举办技术讲座，在邀请客户的标准、会议流程与热点，以及在关联合作企业的整合方面，做法值得其他工业品行业深思与借鉴。**联合推广，不仅限于厂商之间的合作，还可以关联企业、行业，或者影响者，如科技技术管理机构，都应适时出现在联合推广的大阵营中。工业品企业的市场竞争，是打群架的，自己成员越多，行动一致性越强，胜率就高。**

（2）**行业共同开发，**一家工业品企业在做稳几个细分行业后，就会调动资源进入有潜力的新行业，产品或方案会做相应的调整，这个难度不大。真正的挑战，在于客户不熟悉、品牌低认知、渠道不匹配。隔行如隔山，中小型工业品企业的品牌影响力，往往限于一个或几个行业，没有多大可能会造成全行业或全社会的影响力。若是新进入一个行业，该行业的目标客户心目中早已有了固定的品牌选择圈，你要费九牛二虎之力，才能勉强进入客户的次要选择圈，过程是漫长的、成功率是微小的。有时候，新产品要找到合适的测试客户，会让销售或营销部门折腾几个月，就是因为没有信任自己、熟悉自己的老客户。而在渠道的匹配性上，除了经销商或销售人员的人脉圈之外，还有一个技术、服务的适应问题。新手对新手，陌生对陌生，遇到一丁点的技术障碍，前期累计的些许信任，就会快速消融。**行业开发，企业联手经销商就是要接地气，新行业客户一开始更信任熟悉的当地经销商。行业开发，就像一个人从老家到新地，从国内到国外生活，快速融入是关键，而内心的坚定、文化的认同与自身适应能力，则是快速融入的前提。一次新行业开发，如同企业再活一次，够折腾，也足够刺激。**

（3）**专项产品研发，**国内的产业群布局，区域集中度很高，一个工业发达的省份或城市，小到村镇，都有自己的主导产业。每个地方的经营习惯与特长，差别都很大，有心占领当地市场的工业品企业，就会联手有作为的当地经销商，或者是建立自己的办事处，细心观察与研究目标客户的典型特征，将客户细微的特殊需求转化为新产品特有的技术特点与功能，然后再去推介，就会有一种似是故人来的认同感。客户需求研发，是新行业或新区域开发的前戏，也是决定后面推广有效与否的重头戏。**工业品企业，要懂得行业或区域推广的“头重脚轻”。“头重”，就是调研充分、思路正确、产品对路；“脚轻”，销售推广的地面**

部队要轻装快进，迅速摸准目标客户的特定问题与需求，迅速切入实战测试或方案设计，如此，专项产品研发的威力，才能变成打动客户的信服力。

◆纵横交织：经销商的经营立体化

企业间常有并购，而经销商的横向并购，也在国内兴起。经销商与经销商的并购，有双重功效：销售规模快速做大，与上游厂家合作的地位迅速增强。而且，并购成熟的经销商，相比自己新开发区域市场成功率与时效性都强出很多。2012 年 8 月，广汇汽车服务股份公司正式并购四川申蓉汽车股份有限公司，两家联手后，广汇汽车一举成为中国汽车流通领域的老大。两家联盟后，其 2011 年营业收入总计为 570.43 亿元，高于庞大汽贸集团股份有限公司的 538 亿元。2012 年上半年，国内商用车销售同比下滑 10%，乘用车表现同样不能令人满意，经销商为此正在承受着巨大的压力与风险。在宏观层面不佳的情况下，经销商集团之间大型并购，正在成为一种趋势。经济寒潮期，经销商之间抱团取暖，强化存量市场的占有率，自己抢先一步做成大牌，待到行业洗牌期鹬蚌相争之际，就有机会得渔翁之利。说实话，企业与经济界关注企业间的并购有些过度，而对于经销商之间的并购则兴趣不大。**大商业，才是大工业的出路，还是多关注以经销商为代表的商业并购吧，免得波涛汹涌的商业大潮席卷而来时，才发现自己连一只小皮筏艇都没准备好。**

汽车行业的渠道战略，可以说是工业品企业最值得学的范本。汽车 4S 店的主业态单品牌、单店、独立业务或公司的单点放大式发展，保鲜期很短，失效期即将来临。只有不到 20% 的 4S 店盈利的残酷现实，逼着汽车经销商要想办法进行多元化发展。相比国内汽车市场，美国的汽车经销商规模更大一些，这也难怪，美国市场的标准化程度要高于国内，汽车经销商集团的空间也就更宽广一些。2013 年初，美国 Group1 汽车销售集团对外宣布收购巴西汽车销售集团 UAB Motors Participacoes S. A. ——巴西规模较大的汽车经销集团之一。业内人士表示，美国汽车销售业的跨国并购是美国汽车行业面对国内与欧洲需求疲软，转而向新兴市场寻找出路的一种表现。而且，除了美国上市的大型汽车销售集团的跨国收购，一些私人销售公司也已经开始展开了小型收购计划。2013 年 4 月，Larry H. Miller 汽车销售公司在亚利桑那州以不公开价格收购了 7 家汽车经销店，其中包括道奇、克莱斯勒、菲亚特和大众四个品牌，这是美国私人汽车销售公司最大的一次收购行为。说起企业战略与营销，我们学的、用的可全是美国套路，按说，国人的模仿能力一流，为何我们在企业经营上还是落后那么多呢？形相似，神不同。商业行为，是形，功成后模仿者众多；商业思想与文明，是神，是一种商业生态，一家公司、一个人是学不会、做不到的。工业品经销商，要想通过并购做大，必须跨越商业理念更新换代、经营管理持续规范与商业企业价值估算三道关（具体如图 6 - 5 所示）。

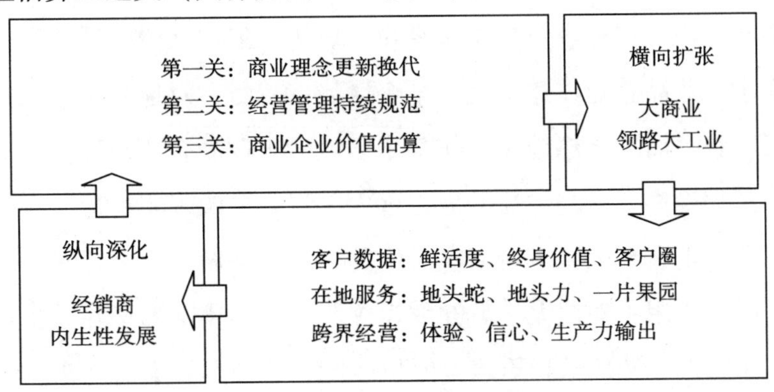

图 6 - 5　纵横交错，经销商的立体化经营

变局下的工业品企业7大机遇

经销商，企业大树下的乘凉者。企业与商业的隔绝，造就了经销商的天生福地。国内的工业品企业，也开始导入营销思维与市场化运作，商业的高墙终究会有被推倒的一天。到那时，经销商的生存空间又在哪儿呢？**客户数据、在地服务、跨界经营，会造就新一代经销商的新天地**。产品搬运工，没前途，经销商的未来不在于经销这个中介作用，而在于做好“商”字大文章。

（1）大数据时代，经销商的传统经营方式受到的冲击最大。客户与企业的信息不对称，是经销商得以壮大的气候与土壤。客户信息可是经销商的心头肉，岂容他人插手？藏着掖着的客户信息，其实并没有多少价值。客户信息的价值跟资金差不多，有活钱与死钱之分。活钱，钱生钱，越生越多，越投越活；死钱，则赶不上GDP或物价的增长，越守越少，越干越窄。客户信息，只有不断地增添新的联系，才能变成活钱。从静态的客户档案变成实实在在的交往，客户信息就会活起来，就能产生动态的、可预期的未来价值。大数据，不仅是指客户数量的多，更要是客户信息的鲜活度与增值性，这就是时间纬度上的客户终身价值以及范围纬度上的客户圈价值。

（2）在地服务，要从地头蛇转型为地头力。市场接地气，经销商就近接触客户、服务客户与维系客户，成为厂家在某个区域的商业地头蛇。中小工业品企业在急于进入某个区域市场时，对地头蛇式经销商还会另眼相看。而对于想精深运作某个区域的工业品企业来说，地头蛇经销商会是大隐患，另起炉灶的危害远大于看得见的现实销量。有地头力的经销商，则会把区域市场当成人生的大事业来做。一个好农夫，在风调雨顺时节，用手捏捏泥土就知如何施肥，细心挑选种子并观察它的发芽与生长状态，然后选择恰当的时机收割，这便是农夫的地头力。有地头力的经销商，对所在区域的经济动态与行业变化了如指掌，而不是只知道同行竞争与关系客户的动向。他们清楚客户的需求，并知道如何调动自身与社会资源去满足客户的需要。对培育期的客户，他们浇注服务与情感，到了收获期，他们也还能恪守多予少取的商业之道。**在他们的经销田地里，客户也不是一年生的稻子或小麦，而是一棵棵果树，剪枝、嫁接、浇水施肥，他们悉心照料，一棵棵果树成长起来，一片果园就形成了。用经营大果园的心态，去照料好每一棵果树，这就是经销商的卓越地头力。**

（3）跨界经营，做客户的贴身管家。温州有一家机床经销商，在自己的4S店旁边新设了一个加工厂，用的全是自己的机床，从技校招收学徒工，几个月下来就能熟练操作机床。

可有一点，他的加工厂不为赚取加工费，那是为什么？**首先，解决了客户体验的假大空。**带着客户简单在4S店兜一圈，对产品系列和品牌实力有一个全貌的印象，然后直接到加工厂看机床工作，甚至还提前请客户带着自己的样品来加工。机床性能是骡子是马，拉出来遛遛心里更有数。**其次，客户购买有信心。**该机床经销商承诺，若是客户购买机床出故障后，不能在两天内维修好，那自己就派车把客户的活拉到自己的加工厂，免费给他们干好，直到客户机床能够正常使用。没有不坏的机床，只有不体贴的服务，他不再空喊机床的性能可靠，也不再空头承诺自己的服务保障，直接承担责任，才是最直观的服务。这么干，会赔吗？他算了一下，切削的金属碎片，基本上够电费和工时费，不赔不赚。**最后，加工厂能输出熟练操作工。**客户企业在扩产时，购买机床只要有钱和有眼光，而熟练工人却很难立即到位。技校培训出来的学员，只懂得基本原理与简单操作，况且还对自己购买的品牌上手慢。有了经销商悉心培养的熟练操作工，买机床变成了直接买加工能力，这样的购买太合算了。

经销商并购，是横向的体量加大，而客户数据经营、地头力和跨界经营则是纵向的质量提升。纵横交错，经销能力得以立体化发展，这就是经销网络的魅力。渠道建设是织网，每个经销商的覆盖范围是网格数量，而网格大小则是经销的精细化程度。竞争态势、产品结构与渠道战略变革，都需要企业时刻去补网和晒网。经销商的横向壮大是织大网，而纵向的深化则是网格的密集与耐受度；好的经销网络，网罗现实客户与潜在客户，催生经销商的立体化经营。

◆深度发展：战略型终端风起云涌

设想一下，若没有九年前加油站的大收购，中石油、中石化今天的日子会怎样？只能是惨不忍睹。原油进口定价权在他人之手，炼油无利可图，只剩下成品油销售的唯一利润区，可是却被几万家民营企业加油站把持着。中石油、中石化想要赚钱，只能强行在成品油上加价，而零售价格的定价权在国家发展和改革委员会手中，自己无能为力。

2005 年，中石油、中石化利用自己的上游垄断权，强行收购民营加油站，短时间内布局全国市场，直接服务上亿车主。这还不算，中石化的易捷、中石油的昆仑好客，开始抢占非油品的业务大蛋糕，一个市区便利店的零售与维护保养营业额每月可达 30000 ~ 40000 元。在北京，中石化多个品牌的瓶装纯净水销量都是第一，比家乐福、沃尔玛的销量都多。中石化在全国有约 3 万座加油站，业务形式上采取分散与集中相结合模式，联手可口可乐、伊利、中国移动等知名供应商。此外，中石化还与麦当劳、肯德基、SK 等国际品牌合作，在网站加油站提供快餐、汽车维修等各项服务。**加油站，成了中石油、中石化的战略型终端，承**

载着他们现实盈利与平台发展的重托，说不定有一天，加油站会成为社区的小型便利服务中心。

工业品零售终端，恰似一座座围城。城里的经销商叫苦连天，哀叹销售业务的步履维艰，羡慕其他行业的一片蓝天；而城外的企业则暗生怨气，抱怨经销商不配合、不长进、不作为，自己那么好的产品与策略，最后都被粗暴地挡在城门外。围城，经销商的地盘，他们的生意与身家性命；围墙，现实的经销利润与政策补助，导致厂商同床异梦；城门，销售额与增长速度，企业营销目标与经销商销售能力的同步程度。有时候，工业品企业的老板就像一个孤独的君主，在巡视自己领地的时候，还得看诸侯的脸色行事。座座城池似高山，隔断企业与客户。什么时候，工业品企业也能拥有加油站那样的战略型终端呢？

三一重工的6S店、中联重科的7S店、沈阳机床的4S店，吹响了工业品战略型终端的号角。单个店面覆盖一个核心城市及其周边地区，营业额甚至超过十亿元，抵得上一个大中型企业。品牌价值、服务转型、战略落地，是4S店与6S店的三大价值（具体如图6－6所示）。

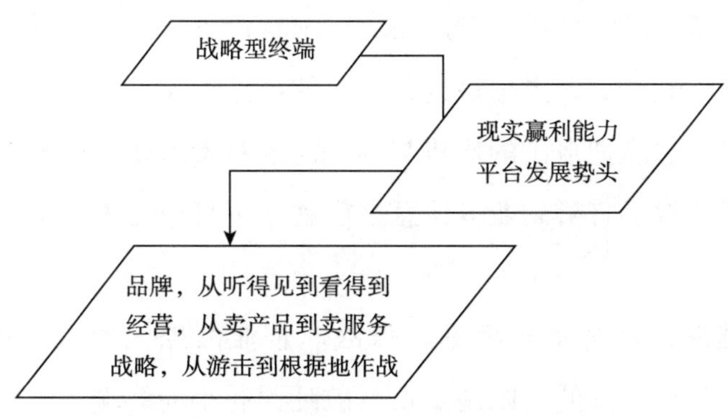

图6－6　深度发展，战略型终端风起云涌

（1）品牌，从听得见到看得到。工业品的区域销售，玩得多是空手道，大量的资源投入到“非现场”销售运动中。然而，销售人员苦口婆心的讲解、煞费苦心的技术推广都不如客户的眼见为实、亲身体验。要想邀请客户到工厂考察，只能等到方案确认之后，而绝大部分客户都是在初步接触与方案确认的过程中无疾而终。怎样在客户最为需求的关键点，让客户在第一时间感受到自己的产品，成了工程机械、机床等大型工业品销售成败的关键。有了样车或样机的固定展示店，不仅可以在店面操作、演示，还可以安排客户到工厂现场演示，更可以在各种展示会、推介会上大显身手。销售人员的后期跟踪、业务推进和成交，都会比玩空手道的对手多出几分胜算。

（2）经营，从卖产品到卖服务。4S 店或 6S 店的销售利润，随着规模扩大，在总体盈利中所占的比例就会从 60% 下降到 20% 左右，更多的利润增长点来自于增值服务。比如，保质期内的免费维修、保质期之后的收费维修、配件销售、定期保养、产品翻新。然而，4S 店或 6S 店的服务价值和服务成本，都是目前工业品小店面、散乱式终端无可比拟的。因此，短期内，4S 店或 6S 店只能是终端服务升级的一个风向标，不能成为普及应用的蓝本。那么，小店面也可以从卖产品升级到卖服务吗？可以，通过卖服务拉动卖产品。厂家直销人员或者区域经销商，在与客户深度交流之后，提出最具针对性的产品选型、方案设计，这就是顾问式销售。它能把自己的优势与客户需求对接起来，能够有效地区隔对手，甚至在对手打听到业务信息之前就拿下订单，不给他们留下任何可乘之机。

（3）战略，从游击到根据地作战。企业战略，跟人的理想一样，想的高固然重要，做的实则是重点。散乱、弱小的终端经销商，纵使企业战略再宏大，也难逃脱无疾而终的结果。战略为魂，渠道为器，两者无高下之分，只有虚实之隔。战略，经营思想的资源整合力，决定企业成长质量与姿态；渠道与终端，是销售目标的达成力，决定企业成长速度与活力。散乱、弱小的工业品终端，个个是游击战高手，客户开发随意性强，客户维系持续性差，年年都要从头开始抓销售，久而久之就疲了。只有像4S店或6S店这样的战略型终端，才能将一个经销区域改造成一个经营单位，企业的战略执行、客户开发流程、客户服务标准，方可不走样。而且，根据地作战，还能培育出一拨经营性队伍，为市场扩张提前储备人力资源。

江苏昆山正泰隆国际工贸城，项目总投资10亿元，建筑面积20万m^2，可容纳200个机床品牌及600家零组件企业，年交易额100亿元。项目配套客货专用电梯、4万m^2机床展厅、1600间零组件连廊式商铺，打造中国第一个集机床模具展厅、零组件展厅、工业电子电器展厅为一体的国际装备产品一站式采购和服务平台，打造全球机床4S店总部基地，中国模具产品交易基地，建设成为生产性服务业的典范，将作为今后正泰隆国际工贸城采购平台项目的建设标杆。不知，读者看到了什么？品类化超级终端，在机床行业还在犹豫后服务市场从哪儿切入时，正泰隆国际工贸城一声炮响，已然杀到了前线。昆山，不是机床供应商的天然基地，可辐射200公里内的客户群，其规模与质量稳坐国内第一把交椅。以市场做后盾，以品类为题材，一种新兴的战略型超级终端就产生了。

◆上下打通：经销王国的产业风云

在工程电气行业，有一位体量惊人的蓝格赛集团，其2012年的全球总销售额达到了134亿欧元。作为世界领先的电气经销商，蓝格赛集团通过为工业应用、商业应用和民用市场的各类客户提供先进的电气解决方案和电气产品，在舒适性、工作性能和节能方面不断追求进步。蓝格赛集团从产品广度和实用性出发，给所有客户提供独一无二的电气产品方案，其电气产业链包括电工、大型工业用户、设备制造厂家等在内的各类专业用户首选的合作伙伴。桥梁作用是经销商的典型价值，蓝格赛集团通过与供应商和客户的紧密合作，努力推动电气行业向前发展，不自守在赚钱这一狭窄领域，而是一直走在行业前端，甘做电气市场的风向标。**为行业谋未来，为企业谋市场，为客户谋价值，成就了一个超级经销商的大作为。那些习惯于依赖企业的传统经销商们，也该醒醒了，做好客户与行业的仆人，才有资格在企业面前做主人。**

经销商手中有两张牌，一张牌是供应商企业，另一张牌是客户企业，两张牌如何打？首先打好客户这张牌，客户是一切商业活动的原点，离他越近，价值创造与传递的力量就越强。手中有了一张客户好牌，供应商的一堆好牌就在那儿等你，你需要的不是运气与机会，而是谦卑心态、判断标准与商业睿智。蓝格赛集团长期与众多著名的照明和低压电气产品生产厂家合作，在照明业务上，是飞利浦、欧司朗、松下、GE、索恩等国内外照明灯具著名产品、国内最大经销商；在低压电气产品业务领域，与施耐德、ABB、魏德米勒等品牌紧密合作，大力开拓发展电气成套设备等领域。产品供应，花钱就能买到，而产品供应商的通力合作，则是造就客户超级附加值的内驱力。

上游是河，下游是海，宽阔的客户海洋，引得江河奔腾入海。蓝格赛集团上下游通打的商业功夫，中国的大型经销商也能学得会吗？会，只是要从商业理念、战略定位与经营管理上来一场自我革新。赚产品经销差价，不如整合上游为客户创造新价值，商业理念上要有持久战心态；而战略定位上，则要有行业与市场的引领眼光与开创决心；营销系统建设，要与销售业务并驾齐驱。在钓鱼的时候，不忘织网。

客户是海，供应商是江河，那超级经销商就是船队，企业最高的梦想就是打造以航空母舰为核心的战斗群。上下游打通之后，再去做强中游的经销规模，成功胜算又多了一成。而自己开设分公司或办事处，又不如直接收购同行来得快。2013 年，蓝格赛集团中国市场营业额有望突破 33 亿元，可看似庞大的营业额，其实占其总营业额的比例不到 3%，这与国内市场的总体规模严重不相称。持续看好中国电气产品和服务市场的发展，让他们决心加大并购力度，有一张很长的收购目标名单，基本上是竞争对手的并购，规模在几千万元到三亿元之间。蓝格赛集团的中国业务主要在华东、华中，北方也还可以，但是在广东非常小。不均衡的业务格局，同行的并购会迅速填补空白市场。试想一天，产品线结构、客户类型与区域布局这三个坎，蓝格赛集团一一成功翻越时，国内的工程电器市场格局，就会因它而改变。到那时，一些有活力的电气经销商，是不是会主动找它谈被收购呢？

经销商如何上下打通如图 6 –7 所示。

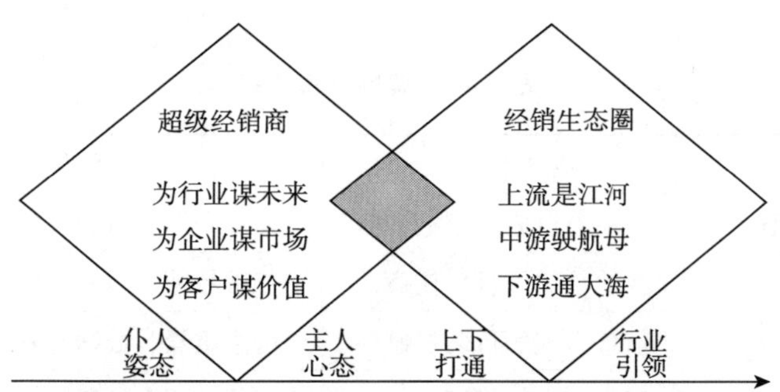

图 6 –7　上下打通，经销王国的产业风云

工业品的经销王国，像极了时下的农村土地市场。小农户，无缘现代化农业。土地的命运，唯有两种出路：一种是被荒废，农民进城打工，无暇照顾，只能任由土地荒废，或是由着留守老人随意使用；另一种是合理流转，种草莓或水果的专业农庄整片盘下土地，机械化耕种，科学化管理，团队化经营，昏睡的农村一时间活了起来，闲散人员有工作，位置与环境好一些的地方，还有农家乐等副业可做。一些小微型工业品经销商，两三年内还赚不到钱，估计也就自行撤去，曾经耕种的产品与客户市场，也就随之荒废。而那些愿意留守经销国度的经销商，则会让自己的商业公司流转起来，搭上最后一班商业现代化的高铁。

3. 销售渠道升级，考验企业管理力

工业品销售渠道埋的不深的富矿，只需挖开上面的乱石与贫矿，就能发现下面蕴藏的宝贝。要挖到富矿，就要有好的工程机械、操作人员与管理机制，而要抓住渠道大机会，工业品传统销售渠道就必须升级。渠道升级方式如表6－1所示。

表6－1 渠道升级方式

渠道升级	成长目标	关键要素
厂商新联盟	经销渠道成就营销力	客户开发、营销开发、市场开发
区域化深耕	在地化的综合供应商	双重品牌、服务增值、资源整合
销售执行力	信息为魂的行动机制	信息质量、数据开发、定制方案
销售顾问制	解决方案的终极价值	问题专家、经营顾问、合作使者

◆厂商新联盟，经销渠道成就营销力

依照战略规划，调动企业与经销商的优势资源，为渠道销售和管理

所用。首先，渠道目标要细。过于偏重销量或销售额目标，都会造成只问结果不管过程的懒汉管理。销售目标，必须细分到区域、行业、客户与产品层面上，才能形成有效的渠道销售策略。其次，销量结果的数字目标，必须要有老客户持续购买力、新客户开发数量、新客户购买频次、新客户销量年度比例等过程目标。最后，厂商新联盟主要精力要用在客户上，别再搞权力斗争、利益纷扰的内耗。要想赚大钱，先有大格局。渠道的大格局，就在于厂商协力做好客户开发，进而布局营销开发、谋划市场开发，除此之外，别无他路可走。

◆区域化深耕，在地化的综合供应商

消费品的区域营销，面向海量终端、频繁促销，宽度比深度重要。而工业品的区域化深耕，深度比宽度重要，通过在地资源的通盘整合，并试图在标准化与定制化之间找到适合特定区域、特定行业与特定客户类型的解决方案。在经销占主导的区域市场，企业品牌要打动终端客户，还要有商业品牌的推力，提高临门一脚的成交率。而工业品经销商的品牌分量，从人际关系、人头熟悉的装沙车增进到客户研发、在地服务、专项开发的运钞车。

◆销售执行力，信息为魂的行动机制

客户信息，可是经销商的绝密档案。一来，经销商防着厂家撬走自己的客户，一些工业品销售人员专爱“刨地沟”，拿到经销商上报的客户信息，伺机转卖给其他经销商，坐收业务介绍费。信息被扣在经销商手中或私藏在业务员的口袋里，客户就会与厂家失去紧密的联系，久而久之，厂家也就只能以过往的销售数据制定下一年的销售计划。厂家对每个客户都要归档，每次拜访、每次谈判、每个方案、每笔交易也都要更新，经销商的家庭、公司团队人文信息更是必不可少。销售策略、业务战略要从活生生的客户信息出发，去服务活生生的每一个客户和每一个经销商。有了客户信心的精准指导，区域销售执行力怎会不强呢？

◆销售顾问制，解决方案的终极价值

顾问式销售的最高境界就是给出超越客户期望的解决方案，技术功底、营销修为是销售顾问的左右手。刚起步的销售顾问最好聚焦于客户或行业的典型问题，聚集所有资源去解决典型问题，然后，销售顾问再进入企业经营的助手角色，采购部、技术与生产部门与销售顾问的关系就会更为亲密，而且，还能成为客户企业高层的座上客。他们乐于交流自己的经营思路，也会倾听销售顾问对行业的见解。到了这个时候，销售顾问拥有的整合客户、区域与行业的吸附能力就会撑起业务格局的一片天，解决方案也得以超越产品技术与商务条件，达到“想客户所不能想、做客户所不能做”的终极价值。

4. 工业品经销商，公司化经营之道

经销商，国内市场化改革的第一波重要力量，正是他们的商业头脑、勤劳双手，创造了各行业今日的繁荣市场格局。这些功臣、富人物质上该有的都有了，可存在感还是少了那么一点点。缺少组织归属感、

战略上出路不宽和持续经营信心不足，是当前国内经销商的代表性问题，工业品经销商也不例外。

经销商规模再大，上面还有更大的厂家，而且，工业品企业不少是国企，经销商则几乎是民营的，两者的政治地位属于两个世界。于是，说到产品销售时，经销商眼放光芒；而若是谈论到其他大事，就感到自己没有组织归属，没有政治地位，没有硬靠山。一个民商跟官商合作，顺利时，没有身份与地位的差别；若是闹起矛盾，甚至打起官司，一种强烈的不对等感就不再是感觉了而是冷酷的现实。在经销商的生意扩张方面，区域、多元化、上市等大动作，似乎只是少数经销大户的专利，而更多的经销商只能在产品与客户的二维层面上，想尽办法拓展通道。而且，销售额过了五千万元的经销商，“三高”患病率极高。高成本、高风险和高流失率深深困扰着经销商，向前一步难，向后自保易，这也是少有过亿元经销商的内因。

经销商的公司化经营，“三高”问题能迎刃而解，可它仍是少有人走的路，为什么？规范化管理，老板心中虽向往，可日复一日，就觉得被自己制定的规矩给绑住了，没有了往日的随机应变。而且，短时间内，公司整体经营效果未必会更好，员工的集体反对声音也会逐浪高。上游厂家忙着产业链整合，专业化经销商也在合纵连横，小生意式的经销事业也必须在行动中寻找未来的方向。

◆管理规范化，持续赚钱的永动机

创业期的工业品经销商，销售就是一切。可到了相对成熟期，靠着销售一条腿走路，就只能在熟悉的业务圈子里转悠了。合肥中建工程机械公司的沈红霞董事长认为，经销商公司要做大，必须在六个方面严加要求自己：第一，制定领先于市场的发展战略与目标；第二，构建长效、多点互补的盈利模式；第三，打造高效组织机构与专业人才队伍；第四，建立标准化体系，实施精细化管理；第五，严格执行目标管理与过程风险管控；第六，塑造支撑企业长远发展的文化体系。总的来说，经销企业要学实体企业，改善基层执行要从顶层设计着手，公司核心竞争力要从规范管理中找寻，从而在战略上领先市场，战术上取胜对手，最终实现公司各项经营目标。

打乒乓球，人人都会，打得好的却不多。打野球的高手，遇到受过一点正规训练的对手，小胜几局后，接下来只好拱手认输。规范化管理，先慢后快，经销商需要的是耐心和信心，而且还要有二次创业的智慧与付出。修得正果的规范化管理，可巩固经销商的生意营盘，少受人员流动、客户异动与厂家变动的负面影响，让经销商的公司变成持续赚钱的铁打营盘。

◆商业金招牌，营销开发的放大器

2013年10月，中国最佳50品牌价值排行榜发布，苏宁名列36位，品牌价值32亿元，虽然相比海尔（28位，55亿元）还有一点差距，可商业金招牌还是闪亮在一流企业的高端阵营中。在资产规模的重压下，相对轻资产的苏宁凭着手中的客户规模挣脱而出，这是国内商业界的一个大事件。对经销事业保持悲观的人，为何不思考一下：苏宁如何在大牌供应商的压迫下，逐步取得了自己的话语权呢？

企业品牌，不如商业品牌接地气，特别是那些方案定制、服务在地的工业品。产品从工厂到经销商手中，多半是半成品，前期的客户需求界定、中期的方案制定和后期的服务跟进才能让半成品变为完成品。这个过程就是营销开发，完成了价值创造到价值传递的全过程，客户真真实实地感受到产品背后的使用价值、感受到品牌背后的服务价值。在一块商业金招牌的面前，新客户的不信任、沟通的不顺畅和谈判的不诚意就会冰雪消融；在春风化雨的气氛下，营销开发的效能得以放大。

◆终端生动化，体验营销的根据地

美术设计，让一件产品活起来，而卖场的体验设计则会让客户心甘情愿地掏钱买单。产品营销，一切的说辞无非是一句话："你要的就是这个！"而体验营销，则是客户主动要买，他们的行动验证了内心的感知："我就要这个了！"

宜家的卖场体验，说是登峰造极那是吹捧，可它巧妙的产品陈列、情景化场景布置和休闲气氛的营造值得大型工业品卖场或终端多揣摩。在这样的消费环境下，顾客的心理防线会由着感觉指引，当购买变成了拥有，自我肯定取代了他人推销，营销就做到了无形的境界。机床、动力工具、仓储叉车和工程机械的静态陈列，必定走向实际作业中的动态体验。比如仓储叉车店在店内或外面的空地上直接摆上常规的货架，或者应客户要求搭置特殊货架，放置适合客户使用的对型产品，实实在在地搬运货物，客户可以亲自操作。实践出真知，体验酿真情，终端生动化，是体验营销的一张大牌，打好它吧。

第七章

Chapter 7

借船出海的资本机会

——竞争力是船，资本力是帆

变局下的工业品企业 7 大机遇

以色列再次证明了自己是上帝的选民。700 多万人口，技术创新与风险资本位居世界第二，人均创造力远高于美国。创新，为何偏爱以色列呢？四面围城的生存环境，注定了以色列人要自力更生才能丰衣足食，而贫瘠的土地与恶劣的生态，逼迫他们走上了高科技创新之路。全民义务服兵役，培养出年轻人随机应变的处事能力与反等级文化的自治风格，这两种可是创业公司的制胜法宝。

高技术创新企业的高敏感创业思维，最让资本为之疯狂，乔布斯时代的苹果就是杰出代表。技术不是最好的，营销也不大重视，可 iPhone、iPad 的惊世成就依然无法阻挡。乔布斯有什么呢？乔布斯式创新技术思维与营销领悟的奇妙混搭，并非原创，而是一些看似不相干事物的颠覆式组合创新。以色列人对技术混搭有与生俱来的爱好，或许，这是长期浸泡在多学科背景中的产物。解决问题的态度，走直线；而解决问题的方法，则追求极富创造性的新思路。自由思考和破坏性进步，是这种混搭创新的内外在要因。

有组织、无纪律，不只是多数工业品企业老板的感叹，而是一件事情安排下去后，结果总是差强人意。组织纪律，是公司成长的制度化保障，是企业管理层孜孜追求的。然而，刻板的管理文化，对于创新创业却是一场灾难。工厂的制式化管理，一度有步入军事化管理的极端倾向，以为是管理出效益，实则中了精益制造的流毒。而其始作俑者至今还未走出二十多年的经济低迷，尽管他们训练有素与尽职尽责，可这个世界，是创新创业者的天下，不再是制造者们的天堂。

稳中求快，是国内企业领导者们的内心祈求。标准型的组织架构注定只能产生预期的标准业绩，这在大规模廉价制造的时代的确创造了不少暴发户，却没有产生几个像样的企业家和企业。稳字当头，没有错，可若想在稳中求得快速、求得创造，这就有点南辕北辙了。快，许多无法预期的东西，正面大于负面，得到多于失去，这个很好被接受。可问题在于，得到之前就可能失去不少，坏消息总是会有，而没有多少人能承受，这不是钱的事，而是创新创业的动机纯正性。创业资本，是新材料、新能源、环保节能和高精尖制造的常客，他们看重的不是现实的规模甚至盈利，而是3～5年内的销售预期与市场影响力，因此，快中求稳，才是创新企业赢得资本的求实之道。具体如图7－1所示。

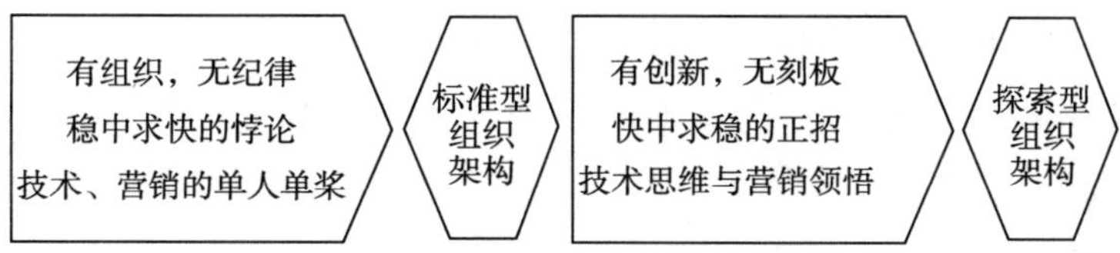

图7－1　工业品创新企业，请尝试探索型组织构架

1. 高新技术企业的新战场：新三板与创业板

主板停摆的一年多时间内，新三板（全国中小企业股份转让系统的简称）异军突起，先是挣脱了区域限制，初成一地挂牌全国流通的格局，然后快速成了高新技术企业融资后备军的主要阵营。2013年，新三板正式扩容；2014年1月，首批266家公司集中挂牌。一时间，新三板从一个默默无闻的边缘化市场，一跃成为资本市场关注的焦点。而且，其挂牌企业数量甚至与中小板、创业板相当，引得无数中小企业蜂拥而入。

对高技术创新企业而言，全国市场与全国资本是一体两面的。技术驱动的标准化产品或方案，天生需要全国市场的大纵横，才能激发出技术与产品蕴藏的潜能。一个富有概念、富含潜能的创新企业，在滚动发展的蚕食模式下，再多的市场机会也会被众模仿者瓜分，原创者唯一的安慰，就是喝到了头啖汤。全国市场，需要全国的战略眼光与资源，而好的投资方，则两者皆具备。

而且，着眼未来的新三板大规划，也得以走出地方融资平台的小天地，成为真正意义上的全国一盘棋。与此同时，围绕市场的定位、市场体系建设、行政许可制度改革、投资者管理、投资者权益保护及监管协作等几方面规定的出台，则消除了其制度定位的不确定性。企业需求是缘起，资本投入是激发，而政策的明确与稳定，则是创新企业的适宜生态环境。

◆企业高成长 = 技术张力 + 资本拉力 + 政策推力

一家创新企业，就是一颗树苗。技术为根，扎得越深，树苗成长的势头愈强。有张力的技术，不再是简单地填补国内市场空白，这样的拿来主义无法生存了。善于发现新需求，用新技术去满足它，这才是技术张力的真正土壤。而资本呢？则是肥料。有的企业急于成长，猛施化肥，就像京东商城绑架资本，亏得有一个“中国最大电商 + 自有物流平台”的概念作保，否则，收益还不够付化肥的钱。资本的拉力，第一要促成创新企业的跨越式发展，第二要创造出吸引更多资本加盟的态势，造血功能强的资本，持续促进企业的高成长。政策只能做推力，挑选好种子，关键时候帮一把，打通产业引导资金、政策扶持与外来资源的对接窗口。

新三板，位于资本金字塔的底层，创业板是下一站，而沪深主板才是目的地。很多企业以为新三板容易上，实际上它也有自己的门槛。江苏常州的一家医药企业，主营业务为医药中间体，主导产品的市场前景看好，于是引起了一家南方大券商前来洽谈新三板挂牌。券商告诉该企业的刘总，只要股权结构清晰、经营合法规范、公司治理健全、业务明确并履行信息披露义务，都可以申请在新三板挂牌，依该企业目前的业绩数据和未来发展，挂牌成功可能性极大。但让刘总忐忑的是，中介费150万元，而且不打挂牌成功的保票，考虑到去年净利润才300万元左右，挂牌的成本高的有点吃不消。更让刘总犹豫不决的是，挂牌后，融资问题并没有完全解决。也就是说，一切的忙活，融资的可能性仅仅是增大了一点而已。

成功登陆新三板，公司将在企业知名度、治理结构、规范运营等方面受益良多，但若不能解决融资问题，挂牌也就是挣个面子，实际好处并不大，况且，这个面子的费用少则百万元，让人又爱又怕。怎么说呢，新三板做局的味道还是很浓，企业与资本对通还得靠政策的大树。一些善于包装、长于公关的新创企业，视新三板挂牌为资本通行证。要知道，特权意识，乃是斗志和雄心的最大敌人。在政策导向下，资本往往会放弃与实业的结合，放纵自己追逐虚假的繁荣。资本点火，企业做孔明灯，一盏盏飘摇在夜空中，煞是美丽。过不了多久，夜空就归于黑暗，那些趁着明亮多捞钱的主儿，满足了，而企业的命运只好归于沉沦。

◆资本高回报=销售增长率×市场独占性×利润率

创新企业想资本，又怕资本。资本进来之后，担心企业战略不再由自己做主，而是由着一帮贪婪的外行瞎指挥。没有资本介入，光靠企业自身的滚动发展，多少机会都会错过，辛辛苦苦一场，到头来还是勉强过活。资本圈鱼龙混杂，投机性资本，追逐自我利益高于促进企业增长，在企业界的名声不大好，而投资性资本，在资本高回报与企业高成长之间追求双赢，企业求之不得。

企业实际盈利能力与股价、市盈率的关系度，是衡量资本市场成熟度的重要标准。国内资本市场处在上升期，很多东西都还没有形成合理的套路，活跃度高，变化莫测，价值取向也不是太明确。这几年 A 股市场低迷，而创业板却在新春火得厉害。创业板指数再创历史新高，让投资界相信，创业板只是中场休息，牛市远未结束。他们为何如此看重目前盈利表现并不太好的创业板呢？有两个原因：第一，创业板符合国家新政策，创业板属于小市值大概念、轻资产高利润的公司；第二，大改革背景下的经济转型，是创业板牛市的核心因素。传统产业高增长的内外因都已不在，而以新兴产业为主的创业板公司，则成为资本追逐的主要对象。据统计，实体投入，二级市场投资，创业板的上市公司，在 2013 年当仁不让地成为资本关注的焦点。

投资创业板，就是投资中国的未来，是真实还是梦幻，谁也说不清。反正，投资大赚的人信心满满地招呼同伴加入下一轮狂潮，而收获不大的边缘投资者们，再一次受到感染与鼓舞。创业板，豪情逐浪高，真的能时时涨潮？冷静地分析一下数据，就会发现：创业板指数目前 1400 点对应的是 60 倍左右市盈率。2001 年、2007 年的上海证券交易所都是从 60 倍市盈率，一去不回头地迈入漫漫熊市路。谁也不敢说，创业板就不会走 A 股的旧路。适当降低财务标准的准入门槛，扩大上市供应量，将稀缺资源变成公众资源，使企业与投资者信息与责、权、利更加对等，创业板成就创业者的梦想，也就有了可能性。

创业板的上市企业，有了一定的市场规模，盈利模式也从概念落到实处。投资者若想收获资本高回报，就要关注企业在销售增长率、市场独占性和利润率上的乘法效应。销售增长率，取决于主导产品的竞争力。目标客户群体规模、购买能力，好比草原的开阔与否；而产品卖点、渠道效率与销售管理，则好比骏马奔驰的快慢。市场独占性，概念上要唯一，市场细分、目标客户特定需求和市场定位要持续统一，然后还要如实贯穿于4P营销组合中。小池塘的大鱼比大池塘中的小鱼，要活得滋润很多。利润率，对应的是品牌溢价能力、营销成本，企业经营活力的数据化外显。具体如图7-2所示。

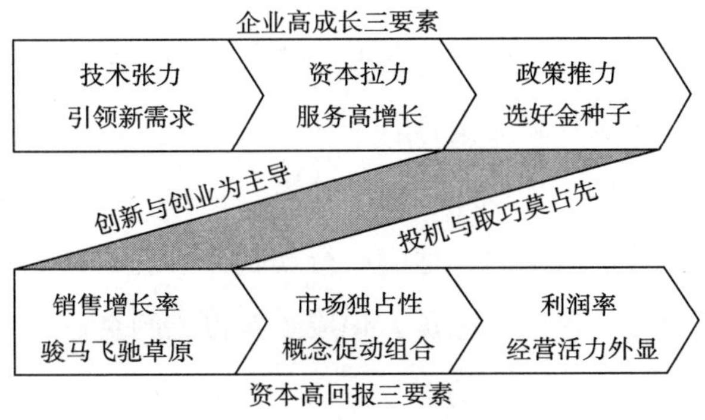

图7-2　资本高回报三要素

新三板、创业板的上市企业，切莫再重蹈主板市场的贪婪与崩溃的覆辙。回归创新与创业的正道，用创新思维来重组技术的应用价值。在国内市场，新比高重要，而这个新，也不再是从欧美日直接搬运到国内，更应该是全新地理解国内需求的断层与市场发展跨越。有用、好用，比单纯的先进更富有市场增长的内在潜力。技术研发，若是由市场敏锐与需求洞察的技术主管来领导，那是企业的幸运和客户的福分。而战略定位，除了营销技术的熟练与经营管理的扎实之外，还得有一颗躁动的心，一股不成事不罢休的二杆子精神，一腔造福于行业与社会的使命与激情。

2. 创新型工业品企业，怎样得到资本青睐

国内资本，开始务实了。一股脑儿的上市狂潮，虽还有新三板与创业板的鼓噪，投资于企业的真实增长，并寻求并购等退出方式。资本的重心，从资本自循环到实体实业的开放循环，为以高技术为主的创新型工业品企业，打开了一扇大窗户。

资本界与企业界，是藏龙卧虎的地方。企业界，善走长路的骆驼居多，远大的目标是走出来的，他们以行动践行信念，在乎实体业绩，在乎行业中的影响力。智慧与抱负，化成了看得见的企业成长，长途跋涉后，徜徉在青草湖边，歇息的时候，心中还在听从事业的下一个召唤，这就是企业家的信与行。而投资家，则更像猎豹，不动声色、长时间地观察可投资对象，试探性接触并给出评价，而下定决心后，闪电般出手并帮扶投资对象早出佳绩。

卓越的投资家，有一双飞翔的翅膀。左边翅膀是金融运作，这是他们的绝对特长，右边翅膀是实业经验与智慧，这一块原本是资本界的弱项，而随着企业界高层人士的加盟，迅速补足了短板。尤其是那些连续成功的创业家，他们的创业梦想、经营智慧与社会知名度，打通了之前阻碍实业与资本之间厚厚的墙。

有人说，风险投资商有这几个共性特点：才华横溢、格外好奇、博览群书、渴望成功和求胜心强，而且通常有一点点古怪。前三项，促成投资家的敏捷思维与敏锐眼光，好项目来自百里挑一的决断，而非运气；后三项，是投资家天生的血性与渴望，选对了项目之后，资本不会

坐等企业成功，而是把自己设想成一个企业家的助手，调动资源解决企业难题，并以开阔的眼光优化企业战略规划。

投资家与企业家之间的关系，从一见钟情到患难与共，互相认同、互通有无必不可少。在资本相对主动、企业相对被动的当下，企业家应该以80%精力忙活实业，20%精力联手资本。学会说故事不难，难得是让跟你一样懂企业的投资家，跟你一样坚信企业的未来。战略定位、核心团队和营销抓手，这三个要素的连贯性与统合力，是赢得资本青睐的本钱。

◆战略定位：概念的独占性×细分市场的引领性

战略定位，说得直白些，就是从23岁看7岁，一个刚入职场的年轻人，成败的绝大部分已经在之前的7～23岁中注定了。用心的家长，不斤斤计较孩子的一门功课的得失，他们会以2020年或者2013职场与创业境况，倒推孩子的成长步骤与标准。孩子，不会输在起跑线，但可以赢在未来的预先规划与行动上。未来规划，时间倒序；现实执行，时间顺序。风险资本的投入产出期，短则3～5年，长则5～8年，一定会从5～8年以后想长成的模样来培育今天的小苗。这么多年的未来路程，战略定位，就是行路的导航仪。

战略定位，虚实结合。概念的独占性，虚的有想象空间，有吸引力，像黑夜里的一盏明灯。传统产业，资本关注的不多，经营的太实了，资本进去之后的成长性不强。战略定位，如若缺少概念的独占性，企业就只能陷入无数对手的乱战沼泽地，资本才不会跟随。

独占概念之后，还得有细分市场的引领性产品，才能将概念的势能，转化为市场竞争的动能。通裕重工（通裕重工股份有限公司的简称）有两个出色的主导产品：MW 级风力发电机主轴和球墨铸铁管管模，国内市场占有率分别高达 22% 和 34%，稳坐国内头把交椅。

山东高新投资看重的正是细分市场的引领性，以及其蕴藏的可观市场增长空间。2003 年 7 月第一笔 1200 万元投资到位，之后又陆续投了两笔，占总股本 20%。传统产业相比新兴行业，具有市场需求稳定、盈利模式清晰、经营业绩波动性小和资产清算损失率低等特点，再添上概念独占性这一助燃剂，资本热捧的动机就更强烈了。看得出，传统产业与科技创新结合，再有资本的推波助澜，市场机遇陡增。

产品风头劲，产业链也毫不逊色，从废钢收购—锻造坯料制备—锻造—热处理—机械加工—检验检测的循环，一条完整产业链条出现在眼前。生产成本低，供应来源广，通裕重工似乎有举重若轻的经营力，传统产业的转型在乎转身的身段曼妙，在于转动的徐疾有度。2011 年 3 月 8 日，通裕重工登上创业板，发行价 25 元/股，市盈率 56.42 倍，募集资金 22.5 亿元。山东高新投的 5400 万股，上市首日股值 13.5 亿元，投资回报率 12.5 倍。

上市两年后，通裕重工又抛出了一个新概念。2013 年年底，控股子公司常州海杰冶金机械制造有限公司与中国电子科技集团第二十七研究所签署《战略合作框架协议》，合作内容主要为无人机的研发及生产。仅凭着一份框架协议，产品与市场八字还没一撇，通裕重工股价就已经连续上涨了 5 个交易日，累计涨幅为 9.96%。通裕重工，不是特例，它的概念与产品相得益彰。实绩是胚子，概念是装扮，虚实有度的创新企业是资本市场的宠儿。

2014 年中国国防预算 8400 亿元，引得军工概念齐飞扬。中国航空集团公司、中国船舶重工集团公司等上市公司，纷纷将军工业务划入民品阵营中，军民结合更利于业务结构的均衡，受到了市场的新一轮热捧。“辽宁”号航母战斗群，开启了舰船大制造的序幕，相关企业的未来业绩单肯定不差。假如在五年内海军再建两艘航母，单中国船舶重工集团公司每年的航母建造收入就将增加400亿元，这还不算，每年的维保收入也达到惊人的36亿元。大国崛起的概念，吹起了大企业快速增长的东风，真是选对了行，才能干出名堂。

概念，给行家看的，“行家一伸手，便知有没有”。能让谨慎内行为之一振的概念，起码有了差异性，若能再让他们为之着迷并深度参与，这个概念便有了不俗的杀伤力。而概念的独占性，则是排他性的，在某个概念空间里，唯有你的存在，一起步就能将蓝海市场揽入怀中。概念独占，虚的有内涵、有气度，未来市场竞争力的可能性，现在就有人跟你一起去实现。而市场上的真作为，则靠细分市场的引领性做后盾。市场竞争，有点像占格子，每个格子代表一个细分市场，谁占的满、谁占的多，谁的市场份额就领先对手。不图多，但图精，“一鸟在手胜过双鸟在林”，到了细分市场引领性这个关头，实的有分量，实的沉甸甸，大构思终成大成就。

要说概念的重要性，非化妆品莫属。化妆品，卖的就是对美丽的憧憬，概念压倒品质，面子为先的生意，形式大于内容。你说中国人虚，喜欢概念，不务实，可在化妆品上，我们的造梦能力显然不如外资企业，从而沦陷了大半中高端市场份额。国内化妆品企业，别放弃，你面前还有一个“三化”趋势的大机会，抓住它，过了这个村就难再有那个店了。外资品牌在退化、国产品牌在进化、顾客消费在本土化，这可是天时地利都有，就看国产品牌能否做到人和了。

逢着“三化”好时机，上海家化（上海家化联合股份有限公司的简称）推出了3S竞争战略，即“中医药概念+费效比控制+成长加速度”。一场中国式营销的巧功夫，在洋为中用的大本营上海，纷纷出炉细分市场的领军产品，且业绩表现得相当不错。六神，上海家化的销售冠军品牌，2011 年销售收入达 14 亿元，占化妆品销售收入的 43%，毛利率高达 50%，在花露水市场占据绝对主导地位，市场规模基数大，每年增长速度相对较稳定，这是一个很不错的现金牛品牌。佰草集，是 1998 年推出的中草药概念护理品，是国内第一套现代中草药中高档个人护理品，定位 25 ~35 岁知性女士，销售收入从 2005 年 0.6 亿元增长到 2011 年的 9.9 亿元，复合增长率达到 60%，这是一个有前途的明星产品。而 1992 年推出的男士用品品牌，高夫，受益于男士护理市场的飞速成长，成为上海家化的增长第三极。2003 年品牌重新定位后，从一个上市十年的大众化低档男士用品，蜕变为一个走商场专柜的中高端男士用品，若是上海家化能适时清理内部纷乱，高夫还是有可能成为明日之星的。具体如图 7 –3 所示。

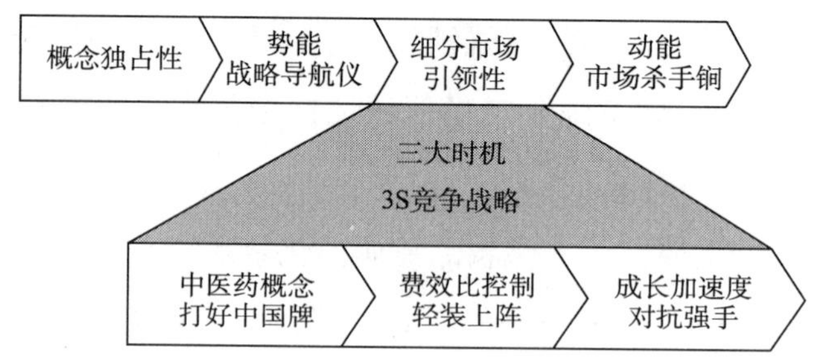

图 7 –3　上海家化的“3S”竞争战略

◆核心团队：创业精神 + 资本态度 + 领导能力

创业精神，没有进取心那么简单。国人，个个追求进步，从不甘于现状，能吃别人不能吃的苦，干别人不愿干的事，可到如今，又有几家像样的创业典范呢？那些功成者，忙着为自己歌功颂德，仿佛成了创业界的新偶像。心中没有敬虔之心，尽想着发财，再大的成功，也只是个人欲望的一时得逞。胸怀创业精神，创造前所未有的消费体检，开创行业与产品的先河，成就一代人得享其利的伟业。

创业家，视优质资本为伙伴，担当企业成长的苦于难，分享企业增量的美与好。善待资本，还要善用资本，调动投资家的企业与个人资源，尽己所能地造福于客户。投资前与投资后，对待资本方的态度是一致的，先求后慢待的坏毛病，还是少有为好。创业雄心有了，资本投入妥了，企业就能自动成了吗？领导能力，才是点睛之笔。在顺利的时候，领导者构思下一场战役，悄无声息地调配好资源，待到时机出现时，快速下手直到功成。在困境的日子，领导者挺身而出，身为引路人，更是担当者，团队再一次围拢在他身旁，战胜困难的勇气，又回来了。领导者的成功，总是第一时间成就团队的成功，自己做个好喝彩者。品格，远非能力所能企及的，它才是领导者的特质。

熊晓鸽，IDG资本创始合伙人，认为成功创业有四大关键因素：市场、产品或服务、团队和时间。市场，最终的落脚地，企业家与投资家实现创业梦想的唯一战场。客观真实存在的客户需求与竞争机会，也是企业得以发展的唯一基础。从市场中找到企业的腾飞之路，肯定比从政策中找机会，要实在的多。产品，则是承载企业战场的车轮。产品同质化，不作为者的陈词滥调。古时候，宫、商、角、徵、羽五个音符，构成了浩瀚的音乐作品。而今，生产制造能力、技术研发水平和客户需求研究都处在前所未有的高度，怎么能说产品不可能创新呢？

产品创新困难，不是技术与生产的问题，而是同质化思维在作祟。模仿，造就了满地的低劣货，填补了物质贫乏的时代鸿沟，还是有过一些贡献的。可如同它造就的暴发户一样，在物质稍为富足、精神依然贫困的今天，同质化产品喧嚣在小商品批发市场，激不起丝毫的消费热情。没有纯粹的服务，在工业品行业，产品是基础，服务是延续，好的产品体验，直通增值服务的新大陆。具体如图 7－4 所示。

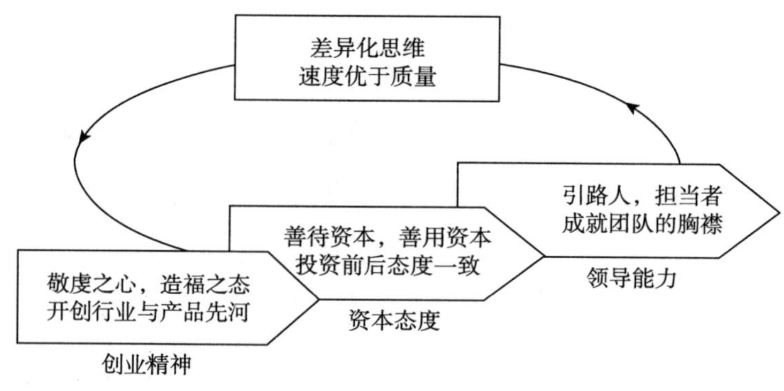

图 7－4　核心团队＝创业精神＋资本态度＋领导能力

市场、产品，是外在的需求、机会与内在的价值创造，经由企业经营，得以互通互用。市场，产品的温床；而产品，则是市场需求向企业提出的价值要求。每家企业对市场与产品的结合方式，都有其独特之处。企业的主心骨——团队，则是打通市场与产品的操盘手。团队，靠使命与信念凝聚到一起，会在产品上面打上自己特有的烙印，品牌的基调也伴随而生。可以说，企业能否得到市场认同，产品和服务是形，而团队则是灵魂。产品出问题的企业，一定是团队失去了服务好市场的内在之魂。

时间是一把杀猪刀，青春的梦想，若是出现在中年人身上，空惹他人嘲笑。时空纬度，企业成长的速度与广度，而速度最重要。以时间换空间，以速度对抗规模，是中国式创业企业的独门秘籍。天下武功，唯快不破，也是此理。时间纬度上的跳跃式增长，是成功后看过去的总揽图，而处在过程中的企业，则需要寻得那些难得一来的转折点，一次次地完成量变到质变的惊险一跳。人生短暂的旅程，有那么多想去做的事情，没有竭尽所能，没有挑战极限的激情，多少事，就只能停留在梦中。匆匆，与创业企业如影相随，很多事都是在少资源、缺团队的压力下，要么讲道理妥协，要么是不可思议地战胜它。我们的工业品创新企业，什么也不缺，唯独缺少在短时间内的爆发力，缺少对抗时间的持续燃烧的创造力。

创业，激发出人性向上的一切可能性。创业者的音乐，必定是摇滚，高亢的呼号声中，萦绕着不绝的感动与忧伤，所有历经的甘苦，只为那夕阳中的感慨。创业团队的热情指数，始终如一的只是旋律从嘶哑到柔和抒情，人生的体验都付诸企业的操劳中。团队，创业海洋里的船长与船员，有了可信的团队，艰难的创业，也能绽放出灿烂的希望花。

什么样的团队是投资家最爱？IGD资本的熊晓鸽，很喜欢宋江式的创业者，他认为宋江是非常好的一个创业团队领导者。梁山108个好汉，在当时社会中还是混得不错的，投奔梁山，不为小康生活，只为那心中燃烧的事业激情，他们向昏暗的世道呐喊出自己响亮的正义声音。这个声音，传到创业家耳中，使他们产生造福行业与客户的使命。宋江式创业家，是创业团队的归宿，是他一直苦思冥索的主题。莫怪他兄弟义气太浓，只因他活在人间烟火中。

创业团队，第一，要有激情、有梦想，创业最好不是金钱逼出来的，而是内生的事业理想催生。唯利是图的，浑水摸鱼还可以，别去淌创业的深水。第二，逻辑思维得强，实干，不能像个诗人，整天说得天花乱坠。实体经营，环环相扣，步步相连，没有上佳的商业逻辑与经营决断，累死了自己，也拖垮了团队。第三，必须有很强的号召力和凝聚力，有领袖气质，包容性强；第四，学习能力强，能把握新的机会；第五，身体一定要好，大难面前不折腰，明天照旧热滔滔。创业者这五个特点，也是熊晓鸽多年的感悟。IDG资本纵横国内高新技术界，苦心经营出的必然性，远多于时机与幸运。

君联资本与联想文化一脉相承，“搭班子、定战略、带队伍”，是柳传志的三字经，再一次照亮了投资界。他们以此为标准，仔细观察并评估候选投资对象，文化上的认同，资本才能与创业同走一条路。“搭班子”，人力资本为第一资源，再大的事业都是人干出来的，而且，人需要组织起来，朝着一个目标，团队制胜为先；“定战略”，事为先，人为重，积极主动为被投资企业提供增值服务，并扎根目标客户聚集的区域，以点带面，纵深发展；“带队伍”，每次成功后，要有归零心态，下一次出发，目标更高远些。每个投资决策之后，都要集体复盘，得失不只是数字，更在乎投资企业团队的进步与成长。

◆营销抓手：产品静销力×渠道动销力×客户黏着力

新三板、创业板和中小板的挂牌或上市公司，小、快、灵居多，对冲市场经济周期的能力较强，这些年的市场成绩单一直优于主板。据Wind资讯统计显示，2013年中期业绩预告情况，中小板上市公司明显强于主板，778家已披露中期业绩预告的中小板及创业板上市公司中，业绩预喜的高达539家，比例约为69.28%，接近七成，而同期的主板上市公司预喜比例为62.51%，中小盘公司胜过主板。

机构和股民也开始认识到，投资中小上市企业，未来业绩与股票的正向关系绑定的更牢固，长期持有或短期炒作，市场空间也更大一些。中小盘公司业绩之所以抢眼，主要得益于国内经济结构调整与转型升级的大趋势。新技术、新消费、新服务行业，逆经济周期而强势生长，开创了不少前所未有的市场新格局，小、快、灵的中小板公司，自然当仁不让，快速切入、快速布局、快速成长，而主板的大型公司，才刚刚嗅到肉的味道，还在争论要不要调转枪口对准新猎物。

工业品企业的营销系统，庞杂无序者居多，因为他们的发展动因更多地来自非市场化因素，比如上游材料垄断（以稀土石油天然气为代表）、行业进入权专享（以铁路航空电网为典型）、政策补贴优厚（光伏电等行业）。动动嘴皮子或刷刷笔杆子，就能拿到丰厚的回报，这可比费尽脑筋、伤透心思做市场，轻松得要命。大型公司，是政府的座上客，政策、补贴和权力，只要你乖，就人人有份。就连创业板的中小企业，也能沐浴在政策的阳光雨露中。据同花顺数据统计，2010 年全年，274 家创业板公司共获得政府补贴 19. 14 亿元，占同期创业板公司净利润的 10. 32%，想想那些没有得到政府补贴的弃儿，他们可是完全用自己的血汗钱，去和这些衣食无忧者抗衡啊。

营销，中小工业品企业的发动机，大中型工业品企业的油箱。作为发动机的营销系统，开发客户速度与销售业绩增速，带领着企业整体向前冲，目标单纯。成长，或者说是存在的延续，就是全体成员的统一意志。这个时期，只要战略不出大问题，策略对路好用，营销系统的运行，就会顺畅无比。被当作油箱的营销系统，对战略定位、经营效率的依存度大增，大中型工业品企业的营销决策，需要内外部协同与资源整合的力度，相比中小工业品企业，那要复杂很多，也会迟缓不少。从决策到执行，再到出成果，周期相对漫长，一些既得利益者的反对，就会时时、处处搁浅一个好方案。

发动机也好，油箱也罢，工业品企业必须要有强大的营销抓手，否则，行业景气时，成长速度跟不上大多数，一轮下来后，就只好为他人马首是瞻；行业萧条时，下滑速度远胜于同行，别人还能勉强度日谋虑长远之计，自己早已揭不开锅了。营销抓手的力度，取决于三个营销变量：产品静销力、渠道动销力和客户黏着力。

百事可乐挑战可口可乐，是营销界的一场史诗般的战争。百事可乐，主打年轻牌的挑战者，剑锋直指霸主可口可乐。品牌上，百事可乐咄咄逼人，故意把对手描画为一个落伍者迷恋的旧物。而在产品促销上，百事可乐想出了公开盲测的绝招，在人群流动的市区，摆上几张桌子，撕掉自己和可口可乐的瓶贴或标签，直接喝，让体验者直接说出自己喜欢哪瓶的口味。盲测下来，百事可乐口味的喜爱度 57%，战胜可口可乐的 43%，这让百事可乐兴奋了好长一段时间，总算端掉了对手的老巢。

产品静销力，百事可乐胜过可口可乐，可在接下来的渠道销售中，70% 的消费者还是主动选择可口可乐。明明是百事可乐好喝，那为什么非选可口可乐呢？产品盲测的时候，没有带上品牌好感度，比拼的是口味。而在渠道销售时，品牌因素、铺货率、陈列位置、冰镇与否，都直接影响产品选择，这就是渠道动销力。看，百事可乐赢得了产品静销力的小战斗，却输掉了渠道动销力的大战役。

而且，可口可乐的客户黏着力，也比百事可乐强。偶尔尝试跟整箱购买无法相提并论。而常年只喝一个品牌，则更显客户黏着力的威猛。百事可乐，新鲜好玩，新来者多，游移者更多。而可口可乐则相反，品牌忠诚度，切切实实地体现在客户持续购买上。以标准产品为主的工业品企业，开发客户并不难，一段时间接触后，客户开始零星购买，把你当作第三替补。可过了半年或一年，你若想劝说客户加大采购比例，就会发现，你需要改变很多，如客户的使用习惯、品牌信任与战略合作方式。这就不是单纯的产品力、渠道力可以替代的，牵涉到的就是品牌营销的系统能力，非一个点子、一日之功，就能达到的境界。一个人搏得别人的一时好感，只需做对一件事，说好一句话，而要赢得别人的信任，那就要在长时间相处共事中互信互赖。

产品静销力，靠产品研发阶段的营销创意。听清客户的需求声音，辨别对手的虚虚实实，怀抱着服务客户成长的信念，一个有感染力的营销创意，研发一起步，就领先对手一大步。渠道动销力，渠道数量与结构、成员能力与忠诚度、厂商合作的对等与顺畅度，这需要营销经营管理的细功夫。而客户黏着力，则是持续合作的必然结果，产品稳定可靠、使用成本低、应用效果好，是雪中送炭；专门解决方案、专项研发，则是锦上添花。具体如图 7 –5 所示。

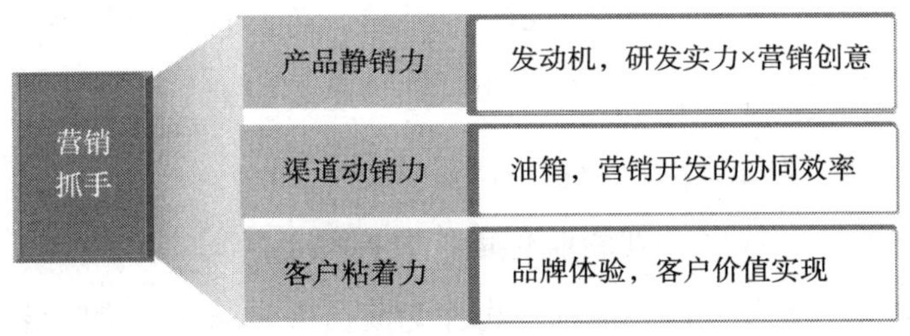

图 7 –5　营销抓手 = 静销力 × 动销力 × 黏着力

如果把营销抓手比作汽车，把产品静销力比作发动机，功率越大，行驶速度与爬坡能力越强，企业的初始成长力就更强。渠道动销力，好比油箱，加满油，加好油，营销开发就会更加顺畅。而客户黏着力则像是驾驶者的整体感受，也许是内饰的舒适，也许是底盘的稳定表现，更可能是对某个特征或品牌的痴迷。营销抓手，这三个要素，先易后难。工业品营销的长征路，可见一斑。

3. 什么样的资本机会，值得您拥有

到了稳定盈利阶段，企业对资本的接受度，会走两个极端。满不在乎者，觉得守着现有的摊子，就能过上好日子，何必让资本摘现成的桃子呢。图大图强者，希望有创造持续价值的资本介入，简单的包装上

市，早已不在他们的考虑范围内。资本，若还是停留在变现的吆喝上，引来的尽是一帮纸老虎企业。

企业选对资本，像选对合伙人一样重要。选错了合伙人，人为造成的挫折多，应对外面竞争的身心疲乏，还要接着经受内部争吵的折磨。创业规划，多半死在半途中。选错了资本，会让企业走回头路，白白耽误了时机，还多了一个婆婆。即使套现了，若管理层还想持续经营，却发现企业元气早已大伤。企业人对了行，还要嫁对资本郎。

文化创意产业轻资产，知名度高的演员、票房收入高的节目，才是核心资产。杨丽萍，从名人到商业化运作，再到上市筹备，舞出了孔雀商道的华丽之作。2008年，因杨丽萍不再作为演员去表演《云南映象》，票房收入一度大跌，合伙人撤出，公司解散。之后，她成立了云南响声文化传播有限公司，重组之前的演出和资产。此时，王焱武出任公司总经理，杨丽萍挂名董事长，全身心投入到作品创造中。后来，公司改名为云南杨丽萍文化传播有限公司。自此，杨丽萍坚定了文化产业的商业化。

2012年10月，深圳市创新投资集团出资3000万元成为云南杨丽萍文化传播有限公司股东，持股比例为30%，大股东杨丽萍持股70%。文化核心资产，终于得到资本的承认。没有生存的压力，艺术家的创造力得以全然释放，艺术价值也有了传承之法。深圳市创新投资集团，被誉为国内最耀眼的官办风险投资，官方背景与市场化运作，稳重而轻快的步伐，领先跋涉在中国特色创投资本的路上。

深圳市创新投资集团介入后，云南杨丽萍文化传播有限公司加大了《孔雀》全国巡演的推广力度，取得了不错的效果。据透露，云南杨丽萍文化传播有限公司2013年的净利润预计为1400万元，较2012年的1000万元大幅增加40%。要知道，深圳市创新投资集团进入该公司之前，一年的净利润仅为几十万元。风投资本盘活了企业的市场获得能力，促成了相对稳定的盈利模式。下一步，就该谋划主板上市的大业。

◆有眼光的资本：让未来潜力在今日塑造

最大的投资，是赌人。吕不韦，押对了秦始皇这个大赌注，成为一代名相。张静江，清末大富商，斥巨资支持孙中山搞革命，帮助蒋介石走上政坛高位，并与三姐妹的父亲宋耀如结成兄弟关系。他的投资回报也不小，成为国民党第一届中央执行委员，若不是与蒋介石的政见不和，说不定还能成为民国政界与商界的红人。

创业投资家，押注企业未来 3～5 年的市场表现，投资眼光也同样重要。热门行业、热门企业，投资的杠杆效应弱。而高效益的投资，选择行业和企业从冷到热的转折期最为合适。独到的眼光与超人的胆魄，是投资家必须练就的生存本领。在选择什么样的创业企业时，投资家的命运就已注定，选择即命运，搁在投资界来说，最恰当了。当心的是，在人云亦云的氛围下，保持独立思考与自主行动，确实很难，可眼光独到的投资家们，就是在沙中淘金，发现大有潜力的未来种子，从今日开始浇灌施肥。

实业投资的常胜将军，未必能取胜新兴行业，反之亦然。以制造为代表的传统行业，看不懂 IT 等新奇特行业，而 IT 行业的创业新手，又不懂屈尊学习制造业的管理方法。新旧不交融，隔在人为排斥的楚河汉界两岸。制造业，需要运用 IT 来做轻，向着网络化、智能化方向大踏步迈进，从重资产经营观念中解放出来，拥抱重视创新、创意的技术营销时代。熟悉传统制造行业，跟得上 IT 网络时代思维，这样的投资家，眼光独到，手段犀利，工业品创新企业，多跟这些轻重结合得当的投资家共商实业与资本的倍增之道。

变局下的工业品企业 7 大机遇

德同资本管理有限公司的赵军，他的三条投资经验，有见地。

（1）投资中，人的因素是第一位的。投资企业，就是投资企业的领军人物。不过，创始人的迷恋症，必须治愈。创始人，虽开启了一家企业，若他不再是企业奔驰的发动机，失去了领导者的风采，则最好是自愿退居二线，让新一代领导人走到前台。

（2）在中国，靠近市场的企业是最容易成功的，而不是高科技。懂市场比懂技术的更吃香。技术可以买，市场只能靠自己经营，硬要去买，代价大得吓人。

（3）直接将美国模式复制到中国是行不通的。商业模式上，经营思路上，学习借鉴美国同行，肯定会丰富自己的经营思想，但实践干法，还得靠着国内市场这棵大树，亲近她，爱护她，想方设法讨好她。国内企业，以对国内市场的深刻领悟与高效经营，比拼外资企业的“高大上”，争先得到国内市场的滋养。

技术与营销的结合，堪称工业品企业软硬结合的正招。技术创新，体现在产品研发与解决方案中。低调一点讲，这是应用创新，客户的产品体验、使用的方便及应用价值的新增点，是产品开发前和过程中的思考重点。营销思维、技术的介入，产品研发的方向与质量，均能上一个大台阶。

消费品企业这些年的突飞猛进，技术的驱动只是辅助因素，真正促成大发展的，恰恰是此前一直被漠视的营销思维与工具方法。媒体、终端、促销、人员管理和渠道，营销的各要素在短时间内朝着消费者、想着消费者、念着消费者。国内一些弱小企业，硬生生地在外资品牌垄断的格局中，打出了一大片自己的江山，而且还在持续扩张中。投资家的眼光深浅，远观其行业趋势的拿捏，中观其对创业家的挑选，近观其在营销思路的创新与突破，有此三观，投资家身手见高低。

企业家与投资家，阴阳结合两相宜。企业家为阳，朝气蓬勃，主动进取，目的性强；投资方为阴，顾虑重重，多方考虑，谨慎判断。手中攥着钱袋子，看谁都像是骗子，如此审慎的投资家，就难与有潜力但未彰显的企业家进行平等友好的沟通。说他没眼光，还不如说缺少起码的判断力与胆量。投资家，向身后的投资客负责，就得主动出击，选择理性目标与感性能量均衡搭配的创业家，梦想在他们手中成为现实的可能性，肯定高过只会做梦或只管干事的企业人。投资家中的阴阳之道，就是找到与自己思维互动、资源互补的创业家。

有眼光的资本，识人第一，识时第二。识时务者，方为俊杰，举凡成大事者，顺天应时的慧质，不可或缺。赵军强调把握投资趋势的两个准则：跟着钱走和拉着企业家的手。市场需求的大势看好，客户口袋里有钱、有购买愿望，创业与投资，就能持久地赚钱。赚一把就撤的投机心态，也从源头上杜绝了。

企业家，市场经营的主导者，他们掌握的一手资料更多，对市场也更敏感，而且，他们有真知灼见，胸藏远见卓识。投资家，跟着企业家走，往往能找到真正的成功投资方向。

企业家有两类，一类是纯技术型的，另一类是市场开拓型的。有眼光的投资家，必然会选择后者。纯技术型的创业者，并不是被抛弃，而是他们必须跨越从技术到市场的天然鸿沟。技术原创，设定一个自我目标，一步一步向前，直到达成目标。这期间，跟自己较劲，与同行较量，激励着技术人员战胜不可预料的困难。偏自我意识的纯技术型创业者，总感觉自我目标与社会目标的错乱，对话投资家时，浑身不自在，怎么看他们都是别有用心的外行。而投资家再看中他们的技术成就，也无法引到市场的热潮中，只好任由技术小溪，在静谧的山野里悄然流淌。

怎样做到有眼光的资本如图 7－6 所示。

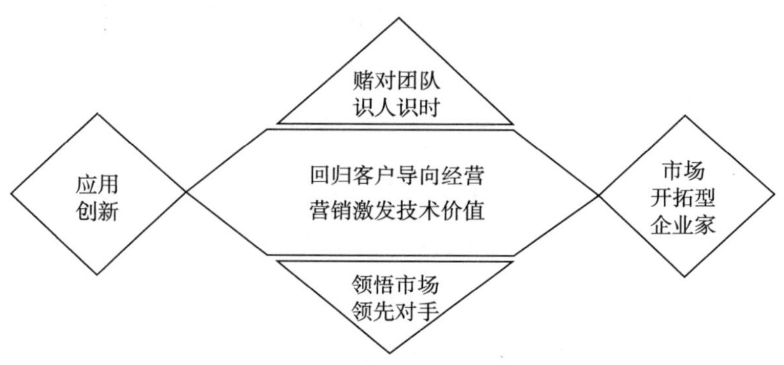

图 7－6　眼光的资本：未来潜力、今日塑造

◆有资源的资本：小鱼游入到鲜活大湖泊

穷的日子，幻想着钱能改变一切。创业期的企业，你若问他们最缺什么，多半的回答跟钱有关。事实上呢？缺少的是赚钱办法，给他们最多钱，也只是拖延时日而已。投钱与赚钱，一字之差，千里之遥。投钱，是为了赚更多钱，钱生钱，是投资家的本分。而钱，不能直接生钱，必须经过企业的价值再创造，进而获得市场的认同，回报才能大于投入。

投资了创业企业之后，不能干等着好树挂好果。资本进驻企业，资源还得跟进。资本的杠杆力，在于得到资本之后，企业如何在经营上释放出之前被压抑的能量。这份能量，有企业内在的，比如战略定位与经营效率，也有外在的，比如资本、行业人脉、客户圈与社会大资源。“老鼠拖木锨，大头在后面”，资本作舟，资源做帆，助被投资企业航行到更开阔的水面。

投资家，好比魔术师，资金是有限合伙人出的，企业是创业家经营的，他要做的，就是将分散的资源整合到一处，为一个大目标服务

(具体如图 7 -7 所示)。投入资金，多则几千万元，少则几百万元，这可是救急不救贫的种子资金，要想有大作为，绕不开调动社会大资源的大手笔。

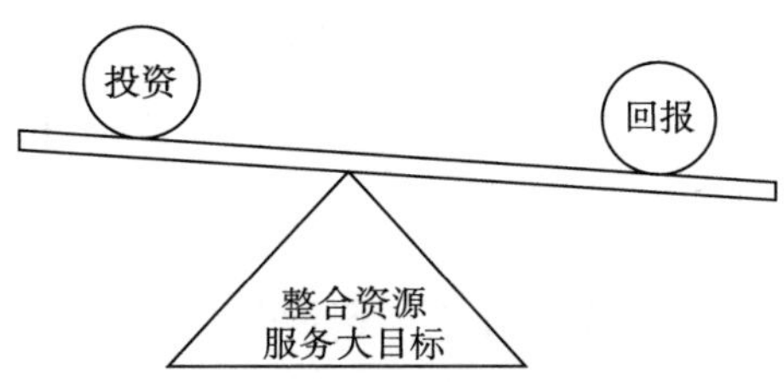

图 7 -7　有资源的资本：鱼儿游奔大池塘

深圳市创新投资集团，深谙中国特色的资本道路。资金募集，主要靠市场化资源，但有一块政策性基金，他们可是很上心的。积极拓展各地政府的引导基金，成为深圳市创新投资集团铺开网络、进军全国市场的加速器。到 2013 年，深圳市创新投资集团已经投入运作，和正在签约注册的政府引导基金已达 30 个，总体规模接近 50 亿元。通过这 50 亿元的引导基金，深圳市创新投资集团深入到项目一线、政策一线的落地力，胜似对手不少。

政府引导基金，在投资后社会资源放大效应上，可谓一箭四雕：

(1) 不再为项目源的问题发愁，好项目第一时间争取政府基金扶持，投资家得以近水楼台先得月。

(2) 与地方政府建立良好的互动关系，可以为被投企业提供增值服务，政治经济学的大文章，深圳市创新投资集团做得真不赖。

(3) 透过各种模式及游戏规则的设置，可获得更高的经济效益。

(4) 低成本区域布点扩张，深圳市创新投资集团从广东一隅走向全国的节奏，较之同行轻快许多。同样是钱，政府引导基金更有分量，因为它结合资金、项目、政策等企业成长要素，有了它们的相助相伴，创业企业仿佛倍添了一份动力。

有些创投资本，专注于几个行业，长期经营，打通行业上下游资源，资本与资源的双效出击，推动被投资企业的快速增长。中国风险投资公司，2000 年 4 月成立，是中国民主建国会推动风投事业的载体，重点关注节能环保、新材料两大行业。中国民主建国会现有会员 14 万人，以经济界人士、企业家为主。行业聚焦、人脉丰厚的纵横效应，尤为显著。这有点像农户家的压水机，倒入一点水作为引子，然后就能压出一桶桶的水，投入资金是水引子，资源就是那压水机。有了资源的对通，支持创新者创业，帮助投资人投机，就不会成为一句空荡荡的口号。

◆有后劲的资本：挫折中建立坚定的合作

投资企业，如拉车上坡。光靠资金投入的一把力气，顶多让车爬一截，等到力气没了，前进还是后退，全靠创业家一方。资本，要有冲劲，还得有后劲。投入之后的漫长经营过程中，低迷时及时出手相助，挫折中相依相扶，资本与创业企业之间，逐渐建立起坚定的合作关系。

打算长期持有创立企业心态的创业家占绝大多数，视自己的企业如儿女，用心呵护，不轻易说放弃。而不少投资家，却视企业为盈利工具，买入卖出都不带情感。这本身没有问题，而在企业遇到困难的时候，投资方与创业方对企业的态度，就会发生不小的偏差。创业方相信自己的企业能走出黑暗，无论目前处境有多糟，也不管战略优势与资源是否够力，而这些，却是投资方最在乎的，没有好的交代，他们的投资信心就会大打折扣。也难怪，资金投入前，资本方呼风唤雨，一旦钱到了企业的账户里，自己就只能空吆喝、干着急。在企业困难的时候，若是自己拿不出得力的办法，只好听天由命了。

山东高新投资在资本到位后，增值服务也跟着进驻。提供持续资金支持，防止企业在关键时期断粮，好比母机能为战机空中加油，企业的续航能力得以增强；引进外部投资者，为企业发展提供额外的助力，投资者多了，资本多了，更重要的是，企业可利用的资源也要更多；企业诊断，可以引进外部的管理咨询公司，也可以亲自操刀，从资本角度看企业，相比企业家看企业，会有一些全新的视角与思考，减少企业重大决策的盲区；共享公共资源，投资公司搭建的行业、政府与社会资源平台，低成本甚至免费开发给投资企业，这要比一家企业一个个资源聚集高效；优化企业的内部管控体系，将企业成长与目标达成，建立在相对可控的过程中；协助企业拟定中长期发展计划，帮助企业高层从烦琐杂事中解脱出来，多思考与多督促战略规划的有效执行。

项目经理，是投资公司服务企业的一线成员，他们的素质、责任心与能力，牵涉到投资项目的初选、评估与后续服务的质量高低。项目经理，项目评估与决策小组，必须都朝着专业化团队方向迈进。中国风险投资公司，要求项目经理成为三个方面的专家：行业专家、投资专家、管理专家。资源整合，投资公司在后方经营，而在前方的项目经理，必须照着企业需求抓取后方资源，向项目企业提供包括专家咨询、市场开拓、人才引进、政府关系疏通等方面的增值服务。

企业的发展，少不了产业的大纵深。江苏高科技投资集团善于利用自己在产业链、产业树的深厚积累，以龙头企业或主导产品为基点，推动产业链向两端延伸，从而帮助企业整合产业链资源，实现跨越式发展（具体如图 7－8 所示）。2010 年 3 月，江苏高科技投资集团对国内最大的兆瓦级叶片制造商——中国复合材料集团公司，实施股权投资。该项投资，正是江苏高科技投资集团基于风电产业研究、沿着产业链调研而发掘的投资项目，在风电装备领域的投资已覆盖了齿轮箱、叶片、轮毂和控制系统等风电设备几大核心零部件，所投资的企业均已成长为国内细分领域的龙头企业。江苏高科技投资集团，当之无愧成为国内新能源创业投资的第一品牌。

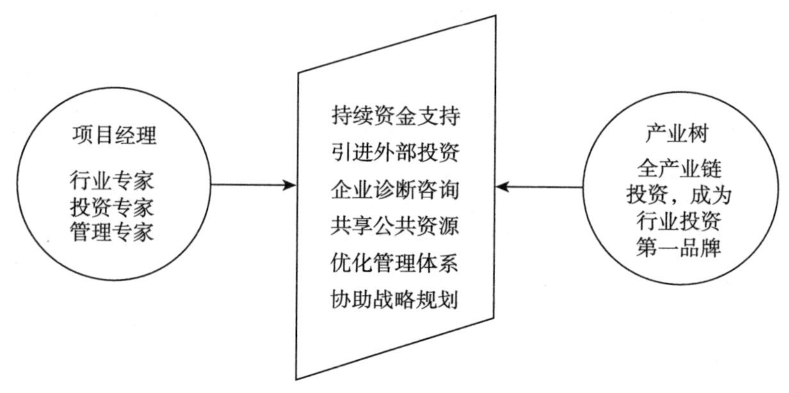

图7-8 有后劲的资本：风雨兼程共担当

4. 创新思维，释放创业投资的市场力

资本，本身并不产生价值，为何还受到如此的追捧呢？一方面，社会上的闲钱越滚越多，另一方面，创业企业的资本爱情之花，屡屡枯萎。如此反差的怪现象，客观上因为资本没有市场化，主观上是投资公司的实业思维不够厚实。资本，只有投入到可以创造丰富价值的企业中，才能实现它自身的价值，所以，要与创业企业同呼吸、共命运，用创新思维武装自己的投资战略，用事业思维夯实自己的项目管理。

创新，尤其是要素组合的创新思维与执行力，是创业企业与创投资本的共享能力。战略定位，有四两拨千斤的奇效，因资源与目标的创造性搭配，较之对手就能走上发展的捷径。比如，一些大中型叉车经销商，做轻乃至放弃传统的经销业务，全力以赴经营叉车租赁或后市场服务，纷纷开创了区域性服务品牌，并借助资本的力量，往大区域或全国市场的开阔地挺近。

品牌营销，与渠道创新，也是不少工业品创业企业的地下宝藏，争先投入者，争享最先、最大的市场红利。而投资方呢，别只盯着产业的大机会，还要俯下身来关注身边的小机会，正是这些小机会，促成了投资企业实在的、持续的增长，这需要投资家要有市场创新思维与能力，市场经营，可没有资本大进大出那般风光，它在细节中见创新真能耐。

投资、创业和人文，是创业项目与资本结合的铁三角。投资公司，自身就是一家创业企业，靠投资理念和战略规划去吸引投资人掏钱，去整合地方政府的产业战略，还要在海量企业中找到白马王子。而创业的实体企业，也要认识到，经营企业就是一场人生的大投资，投入了梦想、青春与心血，收获的是成长与成功。连接投资与创业的最佳纽带，就是人文情怀，也可以解释为创业与投资的内在动机。那些洋洋洒洒的创业和投资理念，是说给不懂行的外人听的，自己内心的声音，惺惺相惜者会用心倾听与共鸣。

◆投资=投入投业×资本杠杆

投资就像养鱼，从鱼苗到卖鱼，中间进入的时机和做法有很多种。君联资本的投资，照着项目的发展阶段分为六种类型：种子期、初创期、扩展前期、扩展后期、上市前投资 PRE-IPO 和上市后投资 POST-IPO，其投资的核心阶段集中在项目的初创期、扩展期和极少数的种子期。初创期与扩展期，对创业企业的成长趋势，会看得更清楚，投资的风险系数与杠杆效应，会有一个不错的对应点。

投资创业企业的不同成长阶段，投资家的角色也大为不同。种子期投入，专业型投资家更受欢迎，沟通无障碍，技术原创性价值看得清、说得明，合作步调也顺畅不少；扩展后期，啦啦队长型投资家更为合适，企业发展上了轨道，合作游戏规则也从战略一路贯彻到执行，投资家退居幕后，保持关注并大声喝彩，企业事还是由企业人去办为好；上市筹备期，实话实说型风险投资人，更为持重老成，他们事先设计多个退出方式，不把资本鸡蛋全放在市场这一个篮子里。

介入阶段，扮演角色，显出了投资人的决断与经营实力。钱生钱，靠的是投资时机与对象的巧劲，而钱砸钱，就失去了最为宝贵的资本杠杆力。政策、市场和团队这三个杠杆，哪个应优先考虑呢？肯定是团队。因为政策的空档机会，越来越少，而且也不能为独断独享；市场机会，是阳光雨露共分享的，只不过觉知有先后罢了；只有团队，是唯一的，不可拷贝的，而且是不能靠外力培育或催肥。投对了团队，政策与市场的杠杆力，便会达到三流合一的佳境。

连续创业家，是否会带动连续投资家呢？连续，不再是一个个项目的无机投入，而是顺着产业、顺着区域、顺着商业模式，持续投入并长期经营，这样的投资，才是企业的得力助手与成长伙伴。有一天，资本行业也会想实业界那样，唯有创新一条路，善运市场杠杆求发展的资本，才有可能成为剩者与胜者。

◆创业 = 创新思维 + 创新价值

时下中国的创业热情，那么汹涌澎湃，渗透到每个人的生活中。三十多年以来，问候语从“吃了吗”到“发了吗”，再到“创业了吗”，国人的创业情结，不敢说世界第一，也算是后来居上。可细看一下周遭，创业只不过是做生意的翻版，技术概念与公司理念，娱人乐己的小把戏而已，别当真。

创新技术、创新企业、创新模式，一时间，满世界都是创新的泡沫。创新，有被庸俗化的倾向，背离了它的本质。那么，究竟什么是创新呢？创新 = 创造需求 × 新事新办。创造需求，不难理解，却难做到。十个创新主意，有九个会夭折，不是概念不新鲜，不是点子不动人，而因商业计划无法落实。往下深究，创新者看到的需求，停留在表层的现象上，目标客户的静态愿望，与现实的购买行为，根本不是一回事。而且，客户需求不是一切，若没有品牌传播的推波助澜，经销渠道的接力，真切的需求，也不会自动变成消费。

而新事新办，就很少有人做到了。有了创新的产品，万事才开头。战略规划、营销组合、流程组织和管理规范，这些东西理论上大同小异，可到了每家企业的实践，则千变万化。投资家，要创新产品看三分，创新战略与管理看七分，产品次一点尚可接受，而战略与管理，则必须胜人一筹。创新思维，新酿的酒，必须装到新的酒囊中，若是胡乱地倒入旧酒囊，囊破了，酒撒了，一场空忙活。新酒囊，确保新酒盛得严实，存得有味，新酒养成熟口味，创新价值惹人爱。新事新办，创新思维的活水源，一路向东，终成创新价值的江河水。

创业投资，是一项将智力、经验、创新、拓展和合作同赢集于一体的投资管理行为，具有很强的实践性与前瞻性，这是广东省风险投资集团何国杰的切身感受。智力，不是稀缺物，聪明人满街走。经验，全身心干上十年，也不愁。而创新思维，则是稚嫩的中国资本所缺少的，风投，几乎成了跟风投资。恨不得从资本进口，直通资本出口，省略伪投资家不识企业的苦恼，那该有多好。创新，心智上破茧而出，想别人所想不到；胆魄上果敢绝伦，干别人所不敢干；经营上滴水穿石，成别人所不能成。

◆人文 = 人本情怀 × 分享文化

“人为财死，鸟为食亡”，投资道上挣钱忙。少了人文关怀的资本，是钱眼里进入的嗜血游戏，少了人文情怀的创业，是实业羊头下的狗肉买卖。几百年前，个人至上的现代主义，造成了法国全面衰退与拿破仑专治，欧洲也几乎全体陷入信仰消失、道德沦丧与社会波动的低迷期。始于日内瓦，推动了荷兰全面现代化的清教徒与新教伦理，继而转战英国并促成工业大革命，最后，也是最大的成就，是美国的独立宪章与现代化恢宏事业。清教徒成就的新教伦理，商业与实业同样荣耀，资本是上帝委托自己经营的资产，尽心尽力是神圣的本分，而赚到的钱财，要么持续投资造福社会，要么直接投入到慈善的利他活动中。人文的成功，造就了资本主义的新时代，也成就了现代工业文明。

“第一看人，第二看人，第三还是看人。”这是 IDG 资本金牌投资人章苏阳，最爱讲给创业家听的话。创始人、核心团队的人本情怀，比起聪明才智和经验资历，泰山比鸿毛。为什么选择创业，创业失败怎么办，创业成功怎么做，创业团队对企业与资本的人文理解与信念，投资家在资本出手的瞬间，赚钱的命运，就即刻移交到创业团队的手心，没有对他们人文理念上的认同，人文情怀的共鸣，投资后的夜长梦多也不为奇。

作为 IDG 资深投资合伙人，章苏阳有三句话，专讲给创业者的。第一，对自己、对创业有正确的认识，先上路、再找路的鲁莽创业，在如今武装到牙齿的创业大环境下，肯定没市场了；第二，大胆假设，小心求证。价值实现的路径，要放开想象力，胆子大些，视野就能宽广不少；第三，战略上藐视敌人，战术上重视敌人，重在执行中战略到位与目标实现。这句经典的政治话语，也可以反过来用，战略上重视敌人，战术上藐视敌人，特别是对于工业品后市场这样的创新市场，战略规划想清楚，很多时候直接决定战术的到点到位。

创业家，仔细瞧瞧成功的投资家是如何生活与工作的，投资家的人本情怀自可显现。而投资家，则要用心观察创业家是如何对待困难、对待团队、对待用户的，他们的创业理想能飞多高、多远，要做到心知肚明头脑清。人本情怀厚重，分享文化就能油然而生。分享经验和资源，分担风险与困难，资本与实业的牵手，是一群有创业梦想的人，在茫茫商海中偶遇后，从此坚定地走在一起。

分享文化，还要是思想与智慧的分享。企业和金融界，经营思想的大工厂，在这里，不仅生产思想，还要利用别人生产的思想。思想，分享者越多，就越有价值。

第八章

Chapter 8

一击而中的电商机会

——大数据时代，双核思维登场

变局下的工业品企业 7 大机遇

无生意，不电商，电商的全民狂热，不亚于全民炒股。小本买卖的，必开淘宝店，干得大点的，在天猫开旗舰店，“双十一”、“双十二”血拼销售额，持续上演中。电商热潮，理性上是追寻物美价廉的一种选择。我们都知道，同样的衣服和小商品，在欧美购买兴许还便宜些。这就奇怪了，漂洋过海的物流成本，欧美不菲的分销成本，加起来为什么还比待在国内便宜呢？别的不说，单就天价的店面成本，就是拉高零售价格的祸首。电商，同样的产品，绕开昂贵的店面渠道，直接与消费者见面交易，价格讨欢喜，商家还能赚，是两全其美的大好事。

电商的价格便宜、沟通迅捷，再加上这几年物流配送行业的高速成长，电商占社会零售总额的比例越来越高。2012 年底，马云与王健林的一亿豪赌，就是电商企业与传统商业对电商态度的对决。好在，王健林主动撤去了赌注，马云所说的十年后电商份额超过 50%，在人气上的胜算似乎高涨了不少。B2C 行业的电商，势不可挡地增长着，B2B 电商又如何呢？2008 年，B2B 电商规模突破 2. 8 万亿元规模后，一路保持 20% 左右的增长率，2013 年的预估规模为 6. 8 万亿元，而工信部的预测更为乐观，到 2015 年电子商务交易额为 18 万亿元，其中 B2B 电商，就占到 15 万亿元。

说起电商，B2C 电商是全民关注，几乎人人都有可能成为用户。而 B2B 电商，限于企业和企业、企业和专业机构之间，规模再大，社会影响力也是有限。B2C 电商像是撩人的风，柔柔地吹拂在每个人身上，B2B 电商则像远离陆地的海浪，波涛万丈可常人难得一见。B2B 电商的兴起与壮大，降低了上游成本，做大了电商平台，锻造了专业化队伍，对 B2C 电商也是一个直接的刺激。一块肥沃的田地里，B2C 电商是土壤表层，长个庄稼瓜果蔬菜的，没问题；而 B2B 电商则是土壤的淋溶层和母质层，能让大树根深叶茂。

中小企业最苦，没有规模、品牌弱小、资本短缺，传统的渠道销售，总是打不开局面。电商的曙光照来，总算有了一些期盼。据统计，2013 年中国中小企业 B2B 电子商务市场总营业收入规模达 210.2 亿元，增速为 25.8%。有点纳闷，这个数字是不是弄错了。210.2 亿元，与 6.8 万亿相比，九牛一毛。有两种可能，一种可能是 6.8 万亿的水分太大，另一种可能是 210.2 亿元的数字太随意，或者中小企业的电商还只是萌芽状态，没有想象中的那么好。

国内 B2B 电商市场，阳春白雪一个，下里巴人无数，单阿里巴巴一家就占据 45% 左右的市场份额，第二名环球资源市场份额为 30%，而第三名慧聪更只有 4.3%。市场份额差距过大，可能有两个原因：一是电商的大众路，还没有走通。先发优势者，一骑绝尘，而追随者没有自己的独特商业模式。苦苦追赶，也许适合算术级的传统商业，但很难搭准电商的脉搏；二是电商对网络流量过于依赖，这与传统店商没有根本上的差别，空打着电商旗号，并不能让无创意的生意顿有起色。

B2B 电商，也常为叫作工业品电商，必须跳出阿里巴巴、淘宝与天猫的局，回归到商业的本质，那就是模式创新。为客户创造新价值，为供应商找到销售新路径，为行业探索资源整合新办法，而不是一味做大平台，然后收取过路费。工业品电商的出路，非弯道超车莫属。

1. 电商的内核，就是信息流与服务链

电子化是手段，商业才是内核。理解电商，还得从商业角度出发。客户获取成本、交易利润与持续价值，是商业经营的三个要领，电商也

不例外。大众媒体，一度是品牌传播的功率放大器，客户接触成本远低于销售人员拜访，促成了大商业的繁荣。而如今，在“大众媒体传播+店面渠道销售”的商业模式下，单个客户获取成本太高，弱势低价销售，只能赔本，所以只好变着法子搞价格骗术，否则还不够支付人工费用与店租。

电商时代得以开启，正是瞄准了客户接触数量与接触深度的结合处。品牌传播与销售一体化，单个客户的接触与成交成本大幅降低，而且，传播与销售的间隔期很短，营销投入产出比可以算得清楚。因此，战术调整的节奏可以加快，而战略大方向，即使出了问题，也能及时改错。

2014年1月21日，资深媒体人陈朝华通过微博爆料，称海尔发邮件通知媒体，今后不再向杂志投放硬广告。高档产品，比如海尔的卡萨帝冰箱，一向喜欢在高端杂志上投放广告，想影响那些政界与商界的精英分子的购买偏好，并进而影响他们身边的更多跟随者。海尔，昔日的家电老大，这些年有些暗淡了，美的、格力这两头南方虎，已成为新一代霸主。以战略前瞻性著称的张瑞敏，再次出手了。他在海尔年会上称，对海尔来说，无价值交互平台的交易，都不应存在。

那什么是有价值交互平台的交易呢？首先，客户的购买信息，主要来自品牌自身的互动传播，不再依赖终端展示与促销；其次，客户的品牌认知与品牌的内在价值更为对称，客户一次购买，就会带动以后的持续购买，以及周边人群的口碑购买。而这一点，恰好是品牌价值的核心，赢得一个客户的成本，顶多只够交易成本，要想赚钱，就必须仰仗客户的持续购买带来的交易利润和持续价值。

◆电商本质，价值流与服务流的畅通

电商，因电子化而兴，由商业化而起。电子化手段，人人可以学得会，而且，后来者的学习成本还要更低，单靠时间上的领先，恐难有所作为。商业化创新，特别是顺应网络化娱乐与消费的潮流，对传统商业的供货、展示、交易与配送，进行低成本的一体化再造，才是电商存在的真实价值。低价开道，疯买流量，妄图猛砸资金来快速建立平台，就会像维棉网那样昙花一现。没有创造出新价值，客户一时被诱惑的购买，并不能换来持续的价值交换，企业也就失去了存续的意义。

图书，是国内电商的第一把火。由于产品标准化，货到付款就能一石二鸟，正版与低价同时解决。图书传统渠道，面临电商这个新生事物，反应慢、对策少，CD 就是这样被网络下载和收听给取代的。今天，一个歌手若是要赚钱，只能靠演唱会和综艺节目，而音乐本身是赔钱的，因为要在网络上推广，让更多人免费听到。明天的图书，难免要走 CD 的不归路。传统商业流通的低效与无为，只能作为电商起步的养分，之后的发展，必须借助价值流吸引客户，借助服务流留住客户。

当当网，堪称国内第一图书电商，2010 年营业额 23 亿元，图书占 19 亿元，毛利保持在 22% 左右，相比工业品行业，作为一家年轻的大公司，盈利能力相当不错了。众人看好的当当网，年底赴美国纳斯达克上市，股价定价 16 元美元，一开盘就拉升到 26 美元，随即飙到 27 美元的天价，几个月的时间，当当网市值暴涨 5 倍。2013 年，当当网营业额突破 100 亿元，图书 40 亿元左右，从绝对主力成为重要组成部分，服装和婴童产品增长迅速，产品结构比三年前更合理。营业额增长 5 倍，股价也该涨了吧？正好相反，当当网 2013 年股价，从 27 美元的高位，跌破到10美元以下。不升反降，这是怎么回事呢？

毛利只有区区13%，2013年的当当网，从盈利被打回到亏损，三年的努力，好像只是为了返回原点。当当的成功，刺激了国内资本和创业者的争相而入，各类B2C电商公司纷纷出笼，靠着低价促销和狂买流量这两大损招。他们觉得当当网凭2700万美元的融资，就能美国上市，咱花上5~10倍的价钱，砸成了也值。就是这股子冲劲，将图书电商逼到了亏本的悬崖边。好在当当网找到了摆脱新手死缠烂打的活法，毛利从13%的低谷回升到18%的合理利润区。

热门行业，有资本热捧，干得好就立马阳光灿烂，比起传统行业的常年埋头不见天日，不知有多幸福。有人热捧就有人热炒，领先者瞬间成了行业的靶子，挖人才、拼流量、比促销、抄战略。立在明处的一盏灯，任由众人吹风呼气，想守住地盘是不可能的，唯一的办法就是用创新再造一片自己的天地。精细化管理、体验营销、手机端业务和流程创新，助力当当网杀出重围。

精细化管理，源自制造业的薄利相逼，唯有每天进步一点，才能抠出利润来。电商行业，得传统制造业管理精髓的管理者，并不多见，总以为引来消费者购买就万事大吉。其实，购物中心、IDC（Internet Data Center的缩写）和仓储物流，这些线下的运作管理，并不是鼠标和软件系统就能自动完成的。当当网每年追求运营效率提升15%~20%的做法，不简单。而且，他们还致力于改变工艺、算法和逻辑，缩短顾客搜索时间，让接触快速变为购买，使顾客成交率大幅提升。

体验营销，顾客在线上找自己想要的产品，若能屏蔽烦人的个性化推荐，自动呈现在眼前，那淘货经历就会美妙许多。线下的体验，则是送货及时，包装完好，内容无误，偶尔的退换货也处理的干脆利索。顾客购买后的体验，越是踏实就越能带来更多的二次购买。手机端业务开发，不亚于再造一个当当网，小屏幕的拇指族和即时购与PC端的敲键盘和深思熟虑，是两个关联度很低的业务类型。携程网，也是费了很大气力，才让手机端业务有所起色。最后，流程创新，则是从线下倒推线上的逆向管理过程，电商和电商都是购买实实在在的产品或服务，最终呈现的品质，必须落在线下。

当当网走出低谷，意味着“鼠标加水泥”模式有了新干法：电商盈利要植根于价值流与服务流的畅通。顾客体验、手机网购，是价值流；而精细化管理和流程创新，则是打通向来梗死的服务流。电商喜欢做平台，价值创造型平台少，而价值掠夺型平台多，这与家电大卖场和日用品大超市的做法，没有根本的不同。低价，对顾客是价值，可低价要基于成本控制，否则供应商和合作商就要被盘剥，没有同盟者的持续支持，赢得的客户也会很快流失。顾客对产品的感知，对购买和消费全过程的感受，则需要整个业务链成员的通力合作，站在平台最顶峰的那个电商，在一心打拼价值流的同时，还要腾出手来做好服务流，将来客变成常客，才有利可图（具体如图8－1所示）。

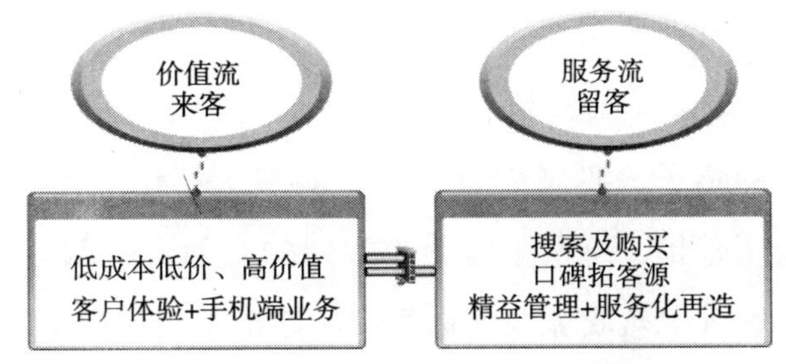

图8－1　电商的本质：价值与服务的对流

◆长尾时代，电商助推细分市场破局

美国高一学生梅森帮助一个右手天生残疾的九岁小学生马修，在当地图书馆用 3D 打印机，打印出了一只应用自如的机械手。没有专业机构的帮助，梅森只是在网上找到了一个机械手程序方案，然后去了一家当地的图书馆，像打印一份文件那般，就让一只神奇的右手诞生了。3D 打印技术，目前还只停留在小范围应用领域，或许用不了多久，就能走入寻常百姓家，想到即做到的个人化生产，会彻底破解定制产品耗钱耗时的定局，开启长尾消费时代。

现代制造业，形成了一个经典的短尾时代，或者称作聚焦时代。标准化产品、大批量生产与低价格销售，造就了现代工业文明，汽车等高端商品，伴随着福特流水线，走入寻常百姓家。现代营销的基础理论，也都是构建在大规模生产与大商业流通的假定之上。短尾上的大客户，占据销量和利润的主导，符合 80/20 的帕累托法则，是各个企业争相笼络的目标客户，做大的企业必然是短尾营销的受益者。

市场细分和品牌定位，是美国式品牌营销的理论依据，细分市场足够大的，称作短尾，而零散的细分市场，则称作长尾。长尾市场，比如定制的高端洋服，由利基客户构成，需求个性化，购买微量化，大生产、大媒体和大营销的高举高打，是“高射炮打蚊子”。少量定制的可变成本和固定成本，高出标准化产品很多，客户必须付高价。定制走精品化、高端化的路子，实属无奈之举。淘宝，相比批发市场和百货商场，肯定是长尾营销，一些平常很难找到的东西，上网一搜就能发现，价格也不贵，这种无数卖家与无数买家的匹配，虽然单笔买量小，可加总起来的销量，也是可观的，起码能让一个有特色、有竞争力的小品牌，活得有滋有味。

当下火热的众筹，是真正由客户驱动的营销与生产，它才是长尾时代的主旋律。《创业时，我们在知乎聊什么》这本书，就是知乎网众筹的硕果。出版社印刷出书，都是靠圈内的推荐和自己的判断，而在众筹出版模式下，大家想要什么内容、由谁来写，都由众筹出资人决定，因此信息来源更为开阔和新鲜。知乎网发起的这场众筹活动，欲召集1000位联合出版人，每位出资99元，众筹目标9.9万元。出乎意料的是，不到十分钟，目标就达成了。现有一个构思，然后赢得买家出资，再去编辑书本内容，最后提交产品，长尾理论通过众筹得以实现。与先生产、再传播、最后销售的短尾做法相比，众筹这种长尾做法的最大变化，就是买家走在前面组织和协调社会资源，而卖家退后，成为一个有效的组织者。

有了众筹，长尾时代的细分市场，可以小到数件产品，而推动它前行的力量，就是电商。电商的第一个阶段，把线下的产品一股脑搬到线上，批量供给与批量客户的信息对称，选择多、价格便宜，再加上物流配送平台和金融工具，客户购买实惠有便利。这个阶段的瓶颈期，已经到来，主要标志就是流量费用的高涨，吸引并成交一个客户，总成本不比店面低多少，拼流量上规模的做法，其实是在走传统商业的回头路，只是罩着一个电商的新概念而已。

国内消费，从低水平的多样化，必将发展到高水平的个性化。多样化，内质相同的产品，在外形等辅助因素上玩花样，满足低要求的多元化需求，需求方与供给方相互在凑合。而个性化需求时代，消费者很清楚自己要什么，供应方不再是简单的应答方，而是界定需求并整合社会资源，提供成本可控、匹配需求的解决方案。可以说，个性化解决方案，工业品（B2B）电商的空间，比消费品（B2C）大很多，因为它对应的单个需求规模和价值创造足够大。

◆大数据下，找准数据的商业化出口

经济形势的变化，源自人们对未来预期的好坏，而营销的核心技术，也在于对潜在需求的判断，并为此提前准备。一家企业的强大，离不开对未来的预测和判断，一个国家也是如此。美国之所以影响世界，并不在于它的政治、军事、文化，而在于对未来社会的精准预测并提前布局，克林顿时代的信息高速公路建设，就是其中的杰作之一。

小数据时代，信息数据化程度低，专有专享，分隔在一个个小格子里，很少对外开放。预测未来，则主要靠因果关系的推导。假定明天的状况，与今天和昨天有内在的必然关联，人们只要找到这种逻辑，就可以预测未来的模样。这有点像三岁看老的谚语智慧，搁在变化幅度小的农业和小工业时代，是有可取之处的。而今天，大数据带来的信息风暴，正在变革我们的生活、工作和思维，大数据开启了一次重大的时代转型。

在《大数据时代》一书中，维克托·迈尔·舍恩伯格明确指出，大数据时代最大的转变就是，放弃对因果关系的渴求，取而代之关注相关关系。也就是说只知道是什么，而不需要知道为什么。这颠覆了千百年来人类的思维惯例，对人类的认知和与世界交流的方式提出了全新的挑战。工业品电商处在因果关系的探索阶段，比如，对客户信息流量的因与销售收入的果，求短期效果的多，而求长期收益的少。工业品销售习惯了人与人之间的真实接触，而且接触客户的数量较少，因此，对于不太真实的流量客户的投入，信心不够，投入决心小。对于流量客户带来的行业或区域的购买联动效应，不愿意尝试，因而也没有真正尝到甜头。

大数据伴生的信息分析也有了三个明显的转变。第一个转变就是，在大数据时代，我们可以分析更多的数据，有时候甚至可以处理和某个特别现象相关的所有数据，而不再依赖于随机采样。第二个转变就是，研究数据如此之多，以至于我们不再热衷于追求精确度。第三个转变因前两个转变而促成，即我们不再热衷于寻找因果关系。人际依赖，是工业品行业信息分析的特有现象，想知道对手在干什么，打一个电话问问其内部人员或者行业信息灵通人士，就全都知道了，何必苦苦收集数据与深入分析呢？而且，不少工业品行业的数据分析报告，数据采样少，信息真实度不高，因而分析结果也不准确，不能作为企业重大决策的依据。具体如图 8－2 所示。

图 8－2　大数据时代，找准信息的价值出口

2012 年 10 月 18 日，慧聪网在二十周年庆典上，宣布与中国民生银行达成战略合作，双方共同打造的“民生－慧聪新 e 代联名信用卡”，向慧聪网用户公开发行，首年总额度高达 200 亿元，它代表着国内第一张针对 B2B 平台上中小企业的专属法人信用卡诞生。慧聪网，在 B2B 信息平台上有所建树，可电商一直没有找到出路。尽管如此，慧聪网还是拥有国内第二的 B2B 客户信息。上百万的供应商与采购客户，每年产生上千万条沟通数据，二十年累计起来的大数据，可是一座金山。

民生银行挑选慧聪网作为合作伙伴，看重的正是它的客户大数据。作为一家年轻的银行，在中小企业客户数量和数据总量上是个弱项，而慧聪网的大数据，真实度高，细节丰满，而且不少客户的数据有十多年的历史，对信用度的判断极为有利。有了海量的可信客户，贷款风险大为降低，而且客户的经营过程全透明，还可以产生新的增值服务机会点，算是一举两得。而慧聪网呢，终于找到了大数据的第三方商业应用。大数据，蕴藏大财富，而要兑现，则必须找到商业运营商的切实用途。在这一点上，国内那些大型超市和百货连锁企业，也要动手盘点自己的大数据资产了，而且，还要在短期内找到商业出口，因为大数据的保鲜期是很短的。

2. 工业品企业，如何瞄准电商机会

B2C 电商上来就是价格战，看似朝阳无限的行业，这么多年，也只是成就了几个亏本做大的平台商。而 B2B 业务则是一个长期被低估的大市场，机会多，竞争也没有 B2C 业务那般凶险。仅 IC 元器件一项，每年国内交易额就达到 2 万亿元，当前的业务全是线下实现的，还没有一家线上的大型电商。科通芯城认为 IC 元器件的成交，可以以线下的小店面越过大型超市，直接达到亚马逊的线上线下全流通状态。

据悉，作为 IC 元器件自营交易平台，科通芯城将国际一线品牌的产品在线提供给由 500 万家中小企业所形成的长尾市场，这是一种依靠规模发展的商业模式。对中小企业客户来说，科通芯城是提供高端 IC 元器件产品及免费 IT 服务的一站式采购及解决方案平台，让他们也能够享受以前只有大客户才能享受到的产品和服务。小客户的集群，IC 购买量至少占据半壁市场，他们在产品价格、供货及时、技术服务上面，很难得到供应商的细心照料，IC 平台商是一个不错的尝试。

类似IC元器件，工业品电商的可操作性实际上比B2C业务还要大，因为技术服务可以让电商成为平台服务商。还是以IC元器件为例，企业在研发或小批量试制时，对IC元器件的型号和品质心里没底，那平台商凭着客户大量的购买信息和意见反馈，就能清楚知道客户研制产品所对应的IC元器件型号，这可为客户省去了不少的摸索时间和试错成本。

工业品电商的机会是将线下的零散成交，集中到平台上，由此带来的较低成本和便利交易只是其中的一个价值。更多更大的B2B电商价值，在于如何为中小工业品企业在研发、试制和及时采购上，能够提供的服务的多寡和深浅。B2C业务的平台交易商到了B2B电商，就要转型为工业品服务商，与在地服务能力、产业经营能力息息相关，这不是一个IT运营商或资本客可以做的，必须是实业经验、资本投入、电商经营的三位一体，而且，最为重要的是，服务基因，才是工业品电商的命根子。

◆双核思维，产品集成与服务集成的双驱动

左手是产品集成商，右手是产业服务商，工业品电商的双拳出击，其经营的复杂程度，远胜过B2C电商。产品集成时，顺着一个行业走，相对简单明晰，从信息到买卖构成一个完整的电商平台。而像阿里巴巴这样的综合类平台，与其说是电商，还不如说是商家展示的信息平台，买卖双方的交易，通常还是走线下的路子。服务集成时，要考虑服务由谁主导、由谁实施、由谁监控的问题。通过平台将订单交给线下服务商，将平台品牌与在地服务撮合到一起，而服务到位的及时性、服务质量的满意度，除了精选在地服务商，还要建立一套有效的过程监控办法

与利益分配方式。产品集成商与产业服务商的双重角色，要合二为一，就必须具备销售与服务的双核思维。具体如图 8－3 所示。

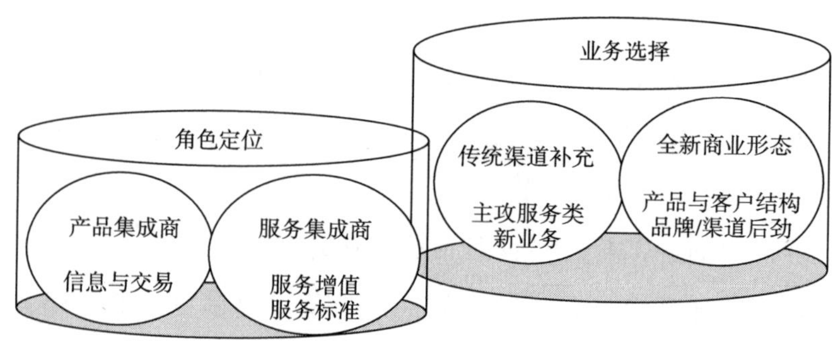

图 8－3　双核思维，产品集成与服务集成的双驱动

2012 年 8 月，中联重科混凝土机械公司电子商务平台正式上线，利用自有渠道资源，自营配件与二手设备，配备了 437 种混凝土机械类配件，248 种搅拌机械类配件，二手泵车、搅拌车、车载泵及砼泵共计 405 台设备供企业在线选购；除此以外，中国循环能源有限公司、中国化工集团公司、华城金属网、三一重工、徐州重工和科通集团等体量较大、实力较强的工业品企业，也开始逐渐上线自己的自营电商平台，把各自的优势搬到线上，尝试在 B2B 平台之外摸索出一条自营电商道路，以求从过去的 B2B 向 B2C 靠近，直接面对大众市场的考验。

以渠道经销为主的大型工业品企业，要做好电商业务，就先得思考一下 IBM 和惠普为什么能兵败电商。电商运营的透明价格、标准化服务，对于经销商来说，威胁多过利益，没有了业务成交的灵活性，很多现实的利益问题就很难解决；而且，企业品牌占压倒性优势，自己的销售利润也随之下降。

像中联重科等企业的电商业务，只是将同样的产品从线下搬到线上，若仅限于库存产品的降价促销，就不会跟经销商的既有利益产生冲突，可除了赚取一点关注人气之外，也没有多大的收获。若是将主打产品搬到线上，而且统一价格和服务标准，经销商的反击动作就会相继出笼，那时候，厂家该怎么办呢？要么妥协，要么另造一个独立的电商运营系统，从产品选型、定价方式、服务标准到产品交货与售后服务，都与主流的经销系统分割开来。

说到这里，一个问题就浮现出来：电商，到底是传统渠道销售的补充，还是一种独立的商业新形态呢？若是作为销售的一个新增长点，库存产品促销只是一盘小菜，而服务类新业务的线上开拓，则是电商的那盘大菜。配件、大修、租赁和融资等新业务形态，线上传播与交易的成本与便捷要比线下好很多。新开发的客户，可以交给符合条件的经销商，也可以另外建立自己的直属分支或者另行招募服务加盟商。传统销售业务作为存量，其规模大小与客户结构，可以预测出服务类新业务的大致增量，保存量、促增量，对于企业竞争力和盈利水平，都会有一个明确的提升，中联重科等工业品电商业务盘算大抵如此。

工业品电商，若是作为一种独立的新业态，就要仔细掂量自己的产品结构与客户结构，还要评估一下品牌力和渠道扩张力。较为理想的产品结构，就是产品标准化，品类和型号不算庞杂，但服务增值的空间大，比如专用机床、特种工程机械等，这种“产品标准化+服务定制化”的混合做法，也许能开辟出从产品销售转型为电商服务的一条过渡之路。

而较为理想的客户结构，则是成熟型、成长型客户比例为4：6左右，成熟型客户以线下服务为主，而成长型客户则可以陪伴电商业务一同壮大，双方共同探讨合作方式，并在各自的扩张过程中找到更多的业务对节点。比如，一个成长型客户需要在业务存量不大、但增量潜力大的区域，开发自己的客户群体，就可以借助电商平台的本地化供货与服务能力，直接服务于自己的新增客户。

传统销售积淀的品牌力，也是电商平台的重要资产。相比从零开始的纯电商，制造业或流通服务业的品牌化企业，一开始就会拥有不小的客户群与品牌影响力，可要注意的是，现有客户对电商的接受度以及新增业务对传统品牌的刻板认知，也会造成不小的阻力。苦心经营多年的经销渠道，有了自己明确的地盘，产品、客户和盈利模式都已定型，若是要随着电商战略进行大转变，一看他们的转型意愿，二看他们适应新战略的经营底蕴，三看新业态带来的增量能否在较短的时间内能弥补老业务的流失。

◆工业品垂直电商，资讯到交易的服务平台

钢铁，算是工业品行业中的元老了，交易量大，线下仓储和物流也很庞大，这种资本重、利润薄、价格波动大的重型行业，也不固执于实业经营这一棵树，悄悄地布局了电商新业务。2013 年 10 月，宝钢发起的上海钢铁交易中心在上海宝山区成立，它是一个由实体发起的，以钢铁产品网上销售、物资采购、循环物资处理和供应链融资为核心的电商功能平台。迄今为止，上海钢铁交易中心的交易量已突破百万吨，交易额达到 45 亿元。在宝钢最新规划的未来发展“一体两翼”中，电子商务是其中的重要一翼。

宝钢这样的巨无霸，一出手电商就气势磅礴，直奔钢铁垂直电商的王座。宝钢领衔的钢铁电商，有四个战略企图：

（1）开辟创新的交易模式，引导钢铁产业链走向数字化经营。

（2）建立物流、仓储标准运营体系，推动钢铁物流行业的规范运作。

（3）推进产融结合，促进钢铁行业和中小企业融资环境健康发展。

(4) 凭借规模化交易，形成钢材交易和服务的“上海价格”和“上海标准”。

其中第(4)点揭开了宝钢电商的真实企图：价格与服务的标准握在手中，钢铁电商的格局就不再是宝钢单个企业的独角戏，而是上海乃至更大范围的行业电商平台，数百亿元的交易额不再是梦想。

像钢铁这样的大宗交易，对信息流、商品流、资金流和票据流“四流”很重视。相比 B2C 电商，B2B 电商的客户数量少，但数据深度深，持续的交易数据，对于判断客户的采购趋势、信用与经营活力，都是难能可贵的数据金矿。民生银行就是看上了慧聪网的客户内部经营数据，才联合推出中小企业贷款业务。贸易商、经销商的固定资产比国有企业少，判断他们的诚信度，就必须从活生生的、真实可靠的经营数据中找答案。

四流合一带来的经营透明度，再加上贸易产业链的优化，就构成了钢铁电商的线上信息与线下实体的交融一体。线下优化，可以有效地助推线上的优化，可是，线上自身的优化才是最关键的环节。线上的优化，包括减少产业链层级、大数据下的库存管理及平台的信用集成管理。其中，减少产业链层级，既是钢材电商平台的最终目的之一，也应该是当前电商的盈利模式之一。贸易商环节越少，交易顺畅度和信息共享度就越高，客户满意度和自身盈利能力，也就都能得到明显的改善。

线下优化包括信息化、物流集成和信用额度出售三类。此三类在无电商的情况下，在线下亦可独立运作，像无锡等地的不锈钢交易市场，也在开展仓储货物或销售合同的抵押贷款，只不过，派人定时盘点库存和核对销售合同，费时费力，融资服务的对象和金额都会受限。工业品电商的突破，主要在于线下产业链的“三化”整合：线下产业链的经营数据化、信息透明化与合作无缝化。技术上，要导入 IT 系统管理；

经营上，及时采集过程数据并依据数据决策；战略上，要用好利益分配机制，达成发展方向的统一。

国内的B2B（工业品）平台，正在经历由资讯服务到交易服务的转型。中小企业的规模不大，由于不太习惯与买家或卖家的虚拟沟通，对中间涉及的运输、保险和金融等部门也没有专人管理，所以资讯服务带来的潜在客户，很难转化为现实购买客户。扎根于特定行业，打通线上交易链与线下的产业链，资讯与交易多元化服务一体，这样的B2B垂直电商，正在受到行业成员的热捧。上海华诚金属网提供信息咨询、电子交易和供应求购三大平台，并配合行业圈的交友社区，为行业人士提供了一个信息互通、交易流通和经营汇通的行业大平台。

以交易服务为中心的第二代垂直电商，不单单具有“询盘接收”功能，还将服务延伸至“交易服务”功能，为中小企业外贸出口所需的报价、签约、付款、通关、装船、运输保险、收单和结汇等环节提供专业性服务，整合服务环节中的各项资源，提升服务质量，帮助客户实现最后的交易并维护客户关系从而实现再订单。企业做好产品，电商做好交易，虚实结合的工业品销售已经到了临界点，谁先跨越，谁就赢得电商先机。具体如图8－4所示。

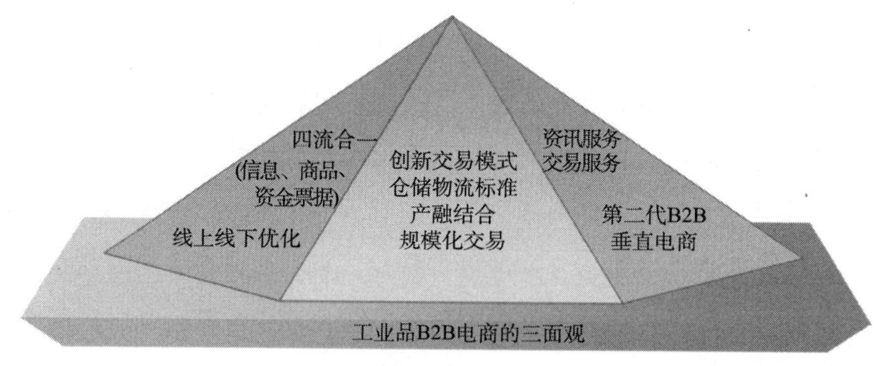

图8－4　工业品垂直电商，从资讯到交易的服务平台

◆电商战略，战略定位与流程组织大变革

在电商的阳光雨露下，并不是每朵花都能盛开。电子商务，契机来自客户需求的零散、惜时和挑剔，大宗购买时代的价格折扣和服务到位，被电商的高频次、小批量和全方位服务击得粉碎。能不能抓住电商契机，现有的资源与能力倒在其次，未来的战略构思与流程再造能力，才是工业品企业搭上电商高铁的车票。

简单来说，工业品制造企业的战略定位重视群体甚于个体、重视数量甚于质量、重视稳重甚于轻快，这与电商的小快灵是相反方向的。同时服务好众多客户，需要卓越的服务文化与高效的服务效率，工作中心围着客户转，而不是围着技术、研发和生产转悠，这让很多工业品企业头疼。因为，技术研发和生产制造，标准是看得见的，自己又很熟悉，而客户需求与满意度，标准是模糊的，每个客户的感受差别大，自己做得再好，客户还是会流失。一对多的服务，还要高质量和高效率，好比让工业品企业大象学跳探戈。

战略转型，轻装上阵，可以选择行业聚焦的垂直电商，或者在一个环节上做到最好，成为细分市场电商。需求多样化、产品短命化，B2C 市场掀起的消费革命风暴，也席卷到了 B2B 工业品市场，客户争夺战，从一对多的巷战，变成了多对众的全方位战争。B2B 电商业务正成为战略先导新兴企业的新战场，传统制造业想分得一杯羹，必须再造战略与流程，而不是靠着过往积累勉强过活。阿里巴巴和慧聪网，这两大资讯服务巨无霸，都在向在线交易服务转型。阿里巴巴凭借诚信通、支付宝和第三方物流整合，已拔得战略转型的头筹。慧聪网，在存量客户数据对接信贷产品的新开局下，必须找到更大或更纵

深的电商业务形态。

阿里巴巴，如电商中的交响乐，羡慕与模仿者众多，能赶超的却微乎其微，那该怎么办？不妨搞一个室内小乐团，好听的旋律，真情的投入，也能感染自己的目标客户。华南城网放弃面上的铺张，专心纵深发展、信息服务的精细化，照样获得成功。借新年的消费热潮，华南城网在春节前，倾力推出“2013 采好礼、派福利”大型线上特惠活动。尽管只是一场线上活动，但主会场与分会场齐上阵。服饰家纺家居、鞋包皮具皮草、数码家电玩具、酒茶保健食品、企业商务定制和土特产老字号六大分会场，采购者一目了然，年货采购比逛超市还要便捷。将细分进行到底，见证了华南城网“行业 + 区域纵横结合”纵深战略的启动。

旅游行业的携程网，先发优势下的大而全，去哪儿网倾尽全力直扑低价机票，在取得不俗战果之后，顺着客户需求向酒店预订领域发力，一时间，携程网在机票、酒店与手机端三个分战场上，有点顾此失彼的战略失落感。由此可见，电商后来者跟传统产业一样，都必须找到属于自己的战略定位。作为电商领域的后起之秀，华南城网若是能搭建起细分行业“实体 + 网络”的 B2B 电商大平台，并建立好“线上 + 线下双轨发展、实体 + 网络立体运营、行业 + 区域纵横结合”的商业生态系统，产业纵深发展的电商战略，也会踏出另一条成功路。具体如图8 – 5 所示。

看到新对手纷纷打细分市场的主意，电商老大阿里巴巴绝不会坐视不管。2014 年 2 月 13 日，据台湾今日新闻网报道，阿里巴巴正全力支持台湾首个 B2B 电子商务协会的成立，帮助台湾中小企业发展电商业务。阿里巴巴希望通过在地的服务团队，为台湾中小企业提供电子商务相关的咨询和培训，让“台湾制造（MIT）”凭借网络的力量打入更广

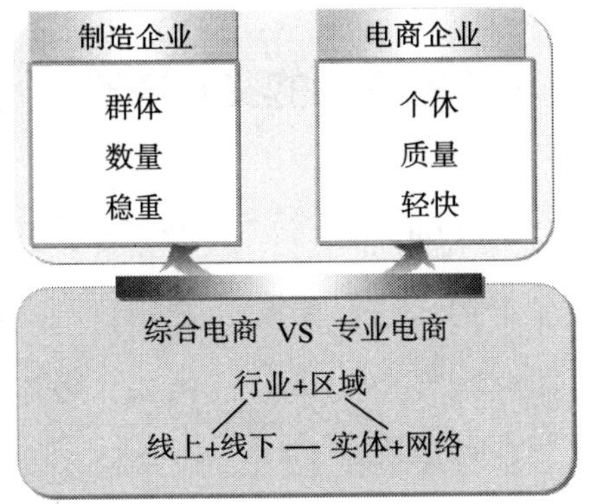

图 8-5 电商战略，定位要准、流程要简

大的全球贸易市场。有人开玩笑说，阿里巴巴用电商率先统一台湾市场，着实了不起。台湾制造，虽然在广东、苏州等地花开茂盛，可市场开拓与占有率并不高，像黑松沙士这样的台湾王牌产品，在大陆市场折腾了十多年，还是没有什么起色。在制造业方面，台湾相对领先大陆企业，而在大陆市场耕耘上，台商并不占丝毫优势，康师傅与统一只能算是凤毛麟角。

当阿里巴巴从覆盖面转向覆盖深度时，B2B 电商的战略布局，就更要追寻聚焦差异化。行业细分只是一个选项，区域、产品线、电商环节专项经营，都会成为新进入电商企业的战略选项。动不动就建设电商大平台，客户流量的费用投入，轻易就能烧掉传统制造企业的家底。电商不成功，只能做裸商，这样的战略死局千万莫入。解决客户企业有效应对稍纵即逝的商机，才是电商平台的生机和胜机。纵向还是横向，全覆盖还是细分化，都离不开客户价值的周密与客户体验的完善；否则，战略水上漂，流程靠人推，再多的投入，也砸不中心中的电商金蛋。

◆电商经营，自营与平台收入的交相辉映

烧钱，没有比电商更猛的。互联网的 PC 端、手机端出口都被几大巨头把持，要想让顾客看到自己，露脸的费用日渐高涨，客户单人获取成本，在一段时间内甚至比客户购买额还要高，亏本是必然的，而且还不知道亏到猴年马月。自营平台的投入，也水涨船高到天际处，财力不够的企业，连进入的门槛都跨不过去，所以就靠在别人的平台上做点生意，也算是在销售渠道上另辟了一个战场，纵使赚不到钱，也会为传统销售渠道赚到一些人气。

梦芭莎，从工厂到自营电商的成功转型，已成服装行业典范。2007 年创业初期，盯准女性内衣，目标是成为中国维多利亚秘密的电商品牌。自有品牌，自有电商平台，梦芭莎的电商成本也会不会高耸不下呢？

梦芭莎看到了网购长尾效应，巧妙采用 CPS（Cost Per Sales，以实际销售产品数量来换算广告刊登金额，即根据每张订单/每次交易来收费的方式）联盟模式，参与门槛低、投放方式灵活，对投放媒体的大小没有太多限制，这给中小站长带来了更多的机会。经过一年多的发展，梦芭莎网盟已成为国内领先的 B2C 网盟品牌，同时在网店经销加盟合作领域，也是网商首选的 B2C 合作伙伴。低成本扩张自营平台，并吸引中小网商加盟，可谓一举两得的好招。

以梦芭莎为代表的自营型电商，以独立门户出现，消费者直接访问购买，而无须或者不依赖平台型电商的引流，投入的钱都用在自有电商品牌上，然后通过更多的产品来分享品牌势能，直接转化为销售额的增长。还有一种自营型电商，比如我买网，入驻天猫，把自己变成了一个

卖家的身份，借他人品牌做自己生意，终究是一个卖货郎，这是迫不得已的曲线救国，一旦时机成熟，还是要回到自营自建品牌的路数上。

电商平台，自营或挂靠，无非是销售主动权在不在自己手中、合算不合算的问题。自营平台，上万平方米的大房子，一个人住的成本太高，不如隔出大部分空间，让他人租用。宝钢的上海钢铁交易中心，自营型平台搭建好之后，开始对外开放，已有近3万家商家入驻，2014年交易量有望突破300万吨，交易额超过100亿元，相比2013年的40多亿元自营业务，增长不可谓不迅速。自营平台开放为行业共享平台，一些钢铁贸易商就可以搭乘行业电商顺风车，不必每家每户自建小平台了。不过，稍微细算一下账，就发现商家平均销售额不到50万元，这在利薄如纸的钢铁行业，可不是一个好结果，在路上的宝钢电商，要赢得更多商家加入自己的平台，户均营业额和利润，成色还需更足一些。

值得注意的是，除了宝钢，目前很多钢铁上下游产业链的企业都开始尝试涉足钢铁电商平台，中国储运协会会长姜超峰就对记者透露，截至2013年7月，89家企业上报电子商务平台规划，有17个是做钢铁电商，其中包括钢厂、贸易商、交易所和电子商务公司。粗放的钢铁贸易，做不下去了，电商这颗星，能照亮的对象也不会太多。不解决跑差价、卖产品的老套路，光用一个电商新玩意，新气象恐难如期而至。

工业品电商平台从自营到共享，必须在品牌共享、产品线扩张、价格公式和服务能力这四个方面勤学苦练（具体如图8－6所示）。

（1）品牌共享，跳出自己的业务链，成为行业上下游共享的电商品牌。这样一来，平台主导企业的自营业务类型，就要跟开放业务错开，否则，占山为王的做法，只能让入驻的企业和商家用脚投票。

（2）产品线扩张，从客户实际应用的角度，重新规划自己的产品

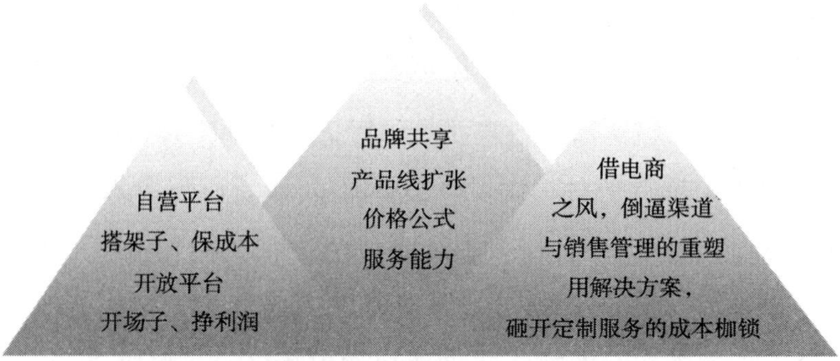

自营平台
搭架子、保成本
开放平台
开场子、挣利润

品牌共享
产品线扩张
价格公式
服务能力

借电商
之风，倒逼渠道
与销售管理的重塑
用解决方案，
砸开定制服务的成本枷锁

图 8－6　电商经营，自营与开放平台的交相辉映

组合创新，比如商品组合销售、整体销售和关联推荐等，避开同质化引发的价格战。

（3）价格公式，“商家利润＋平台费用”VS“供应商利润＋（电商费用＋电商利润）”，平台规模与效率越好，单位价格的成本就会降低，商家利润就会更高。

（4）服务能力，从品牌吸引力到商品选择，从购物流程到配送，从售前导购到售后支持，舒服的购物体验，会创造出特色鲜明的电商平台。而现实呢？电商平台的内容结构、浏览方式与成交过程，千人一面，看过即忘，怎么也找不到再次体验的冲动。

自营平台要开放，在低边际成本下做大业绩，高边际效益就会带来出色的盈利。一直埋头自营的京东，幡然醒悟了。京东、当当和亚马逊三家的开放平台收入占总收入的比例，都在逐年增长，但京东由于启动开放平台较晚，其平台收入占总收入的比例处于最低水平。京东的新战略就是要变现开放平台收入的成长空间，从而拉升整体毛利率。做大开放平台，之前的烧钱就会由他人买单，之后的发展由众人来贡献，自营平台的自力更生到了开放平台的众人划桨，电商平台的内外驱动力，有天壤之别。

工业品电商平台，无论是自营还是开放，都必须在渠道再造与解决方案上动真格。渠道，可是工业品企业的根，也是电商业务能否将影响力转为业绩的决定因素。品牌做强、产品线做宽，那就需要在地服务做好，这对渠道经销商或直管分公司，有了全新的要求。大流量的线上业务沟通，需要大范围、高频率的线下人际沟通与服务跟进，对传统渠道的快速反应、沟通质量与服务标准，也是一次全新的改造。而解决方案的客户化，则是渠道对供应商厂家的合理补充。客户需求的本地化了解、方案沟通过程中的准确界定和方案实施的主动推进，这三件事情非优秀渠道商莫属。

首先，借电商之风，倒逼渠道与销售管理的重塑。工业品企业的渠道成员不多，层次也不复杂，可渠道成员在营销开发上显然乏力，他们看重的是现实客户的争夺，而对潜在客户的开发与沟通，做得很少，基本上依赖厂家业务人员跑开场，看到有成交希望时，经销商才争着抢着跑业务。厂家给政策、配业务人员，经销商靠着下级网络和业务存量，过着坐商的舒心日子，这样的渠道管理是在养懒人。而电商，则是客户主动找到平台，产品选型、方案沟通也能在平台上大致敲定，线下的经销商，若想揽到线上订单，必须细化解决方案，组织有效商务沟通，承诺售后服务质量，否则，就由其他符合条件的经销商来替代。企业掌控电商平台，有了销售的主动权，渠道经销商就不得不改变自己的销售与服务能力，渠道优化也就能顺势而成。

其次，用解决方案砸开定制服务的成本枷锁。标准化产品开道，电商业绩在短期内会有一个爆发期，而电商平台的持续增长，必须要有金融、物流和研发等定制化服务。否则，就有可能成为比价平台，或者杀价交易平台，供应商被客户和平台双层盘剥，最终只能选择离去，回到传统的渠道销售中。定制化服务，传统销售渠道也在做，可是人员成本高、覆盖面有限，而且整合资源的过程漫长，合作方信息不对称，只有靠信息透明、流动自如和共享简便的电商平台，定制化的服务成本才能降低，小客户也才有机会得享。

3. 电商务实派=电商思维× 商业精神

玩概念的比干实业的多，电商行业的捞金者，急于找到一个镇住他人的概念，然后出手套现，再去编织下一个资本花环。急躁心态下，忽视了电商经营的基本规律，用烧钱的方式去赚钱，去赌资本一条路，不成功便成灰的悲壮，背离了商业精神的基本信条。

用高风险去解释烧钱，显然是对资本的亵渎。资本是什么？是人类财富的符号，是人们生活品质持续改进的基础。轻率投入、轻飘经营、轻易放弃，电商投机分子难免要败走麦城。也罢，占有资本的人不尊重资本，就是对社会财富的毁灭，就让他们随风而去吧。只是，那些能为社会创造财富的人，却被资本抛在一边，让人扼腕叹息。当资本脱离实业，脱离社会总财富的增长，脱离造福众人福祉的正道，衍生而来的罪恶，宛如滔滔江水，在商欲横流的大地上泛滥。

什么是现代商业精神？这个问题，早在一百多年前，就在困扰着德国哲学家马克斯·韦伯：一个新生的美国，短时间内就超越欧洲数百年的积累，这里面一定有不为人知的秘密。他于1904年到美国考察，随后写出《新教伦理和资本主义精神》。在这本书中，他一针见血地提出，美国之所以是充满活力、发展迅速的资本主义社会，和从欧洲逃到美国来的新教徒带来的伦理道德、职业精神有直接的关系。宗教信仰不再是精神层面的乌托邦，它带来的是美国天翻地覆的变化。商业精神和伦理，也第一次与生产力相提并论，而且是主宰者。

马克斯·韦伯认为，美国现代商业的高度发达，得益于一种商人的气质，也就是一种独特的商业精神：商人以增加自己的资本为职业责任，而且注重依靠勤俭和诚信的职业伦理。也就是说，商业被看成是“把获利仅仅作为一种职业，而每个个人都感到自己对这种职业有伦理义务的这一类活动”。商业，不再是制造业的附庸，它也是社会进步的主导力量。

有了同等人格与价值，商业活力遍地绽放于美利坚大地。而理性经商，成为一种世人公认的商业精神，正是它，引爆了美国现代商业的高度发达。与其同时，发了家的商人和企业家并不把财富当成自己应当享受的，而是将其再次投入到社会福祉的实现中，这与我们痛恶的暴发户的精神境界与所作所为是截然不同的。“君子爱财，取之有道”，国人的古训虽朗朗上口，却没有几个人践行，因为，它没有约束力，没有升华到一种职业精神，更没有达到社会伦理道德的境界。商业精神的缺乏，也造成了大制造、小商业、弱品牌的现状，而没有新教伦理滋养和约束的商业活动，在罪恶的荆棘中，也鲜有动人花朵开放。

工业品行业的商业精神，稀薄如青藏高原的空气。习惯了大制造带来的薄利多销，自己干制造，商业归经销商管，在企业家眼中，商人无所作为，是靠自己吃饭的一群生意乞讨者而已。看不起商业，又无奈受制于商业，国内制造业的思维扭曲，只因商业精神之风未吹拂到工业品行业中。那些企图一步登上电商快车的工业品企业，还是先从商业精神与电商思维重新经营自己吧，免得钱烧完了，还不知道问题在哪里，未来在何方。

◆电商思维＝大数据＋大管理

花钱买流量，将流量转化为客户数据，再利用数据去经营业务。客户数据，成了电商平台的一个闭环。数据，有死数据与活数据之分。死数据，一个客户购买一次后，再难有后续的购买。花很多推广费用，开发出这么一堆无二次利用价值的数据，这样的电商经营成本就会高得吓人，烧再多钱也是白搭。

找准了目标客户，找对了成交的方式，找好了持续合作的路径，电商平台的客户开发和维护，才值得期盼。垂直电商，比如我的钢铁网，聚焦行业用户，客户数量不会很多，而客户内在经营状况、产品对应的解决方案，以及客户的客户增值服务，都应该是电商必须收集到的活数据；综合电商，以固安捷为代表的MRO工业品网上超市，则要注重客户数量、产品购买的关联性和行业或区域客户群体特征等活数据。有了活数据，客户购买和应用的理念和习惯，才能看得清楚，电商的产品线、促销策略和客户关系维护，也才有了准星。

解读出数据掩藏的消费理念，顺应还是引领呢？这也是电商思维的一个看似不明显的分水岭。手机端应用的电商平台，高呼自己随时随地交易，便利性被提到一个显著的位置。那么，工业品电商也要学B2C吗？不能。鼓励过渡消费，人在消费中的自尊、自信和自豪感，并不是人生价值的主流。工业品电商，要从创造价值入手，整合产业链资源，服务产业中的企业，并为最终消费带来更多的内在价值。纵容消费，必须让位于引领消费。英特尔的CPU速度越来越快，WINDOWS系统的桌面越来越花，就没有做好引领消费的本分。一味威逼产业、纵容顾客去购买多余的东西，搞的大家疲于奔命，得到那些本身并不需要的时尚科技废物。

大数据背后的大经营，不是一般电商可以玩转的。数据流，背后是经营管理流程，大数据意味着大管理。而大管理，这对绝大多数电商企业来说，都是一个短板。电商创业者从事过实业的人不多，对大型企业的管理也不是太在行，技术狂式的高层也不重视管理这个刻板之物。大数据来自大经营管理，又要去服务大经营管理，经营管理，才是大数据的根。

电商的大数据，类似电影大片。想想看：13 个物流配送中心，调度发往全国 460 个城市，再由 1.8 万投递人员穿梭于这 460 个城市的大街小巷，每天将 77 万件订单送到用户手上，并从用户手上每天收到 3.2 亿元的货款。这么庞大的数据，搁在传统制造企业上，恐怕要几个月甚至一年的时间才能产生，而且，能有效收集并利用的，则会更少。

工业品渠道销售，靠着经销商和业务人员，一个对应几十个客户，若是人均销售额达到千万级，就相当了不起。一个销售人员的千万级销售额，身后还要有一个技术、销售内勤、售后服务的班底，这样算下来，工业品企业的人均销售额，若达到百万级，也算是不错了。与其对应的，企业经营数据也是 MB 级别的，不似电商企业动辄就是 TB 级的数据流量，这里面相差的可是百万量级。

工业品企业做电商，对大数据犯晕；而纯电商企业，不怵大数据，但对大经营管理则头疼不已。一切顺利的话，电商企业的流程运营遭受到的冲击很小，犹如一艘大船行驶在风平浪静的海上，看到的是美景，感受到的是海风的吹拂。而若是交付、支付、品控和售后服务，任何一个环节出现了问题，而且客户抱怨声很大，自己处理的也不及时有力，那看似标准化的经营流程，就如同小白羊遇到了大灰狼，落荒而逃的窘境怕是不可避免的。

真正的电商思维，一是要看清楚大数据的商业价值，二是能处理好大数据背后的大经营，三是以实业的心态去对待电商平台的战略与规划。打开自己的电脑看看，有多少数据在半年内自己重新看过一次？又有哪些数据，在未来半年还有残存的价值？数据好比新鲜蔬菜，买来就吃是正招，放在冰箱里不算。大数据的商业价值，一开始就要明确界定，待到大数据生成时，就会实时兑现为商业价值。这样一来，大数据费效比就会大为降低，不靠疯狂扩张的理性电商经营，也才能回到持续成长的正路上。

大数据带来的经营压力，“双十一”、“双十二”期间最显明。没有强大的物流配送，订单成了烫手山芋，前期的推广成功，也成了难以承受的经营灾难。京东商城，自建物流系统，先慢后快的节奏，已让阿里巴巴感到威胁，马云亲自主刀的千亿物流规划，足见电商大数据需要大物流支撑。而海尔物流，也渐成气候，只可惜他们的电商平台弱了不少。物流往三、四线活力市场下沉，对当地的专卖店体系有不小的帮助，可电商业务一时半会儿不容易扎根此类市场，电商与物流这两条腿，只好取金鸡独立之势。

电商经营者，电商思维混搭实业经营，定能所向披靡。不少电商创业者，看到了垂直或综合平台的电商金矿，纵马驰骋而去，可当了矿长之后，才发现两手空空，只能干巴巴看着别人挖矿、筛金。有机会，还需要会经营，电商的实业心态，才是电商事业大厦的支柱。互联网成长下的新一代创业者，别以为传统企业一无是处，仔细看看世界 500 强、中国 500 强，再研究下富豪排行榜，实业家的比例最大，也最稳定。

◆电商本质 = 创新精神 + 经营转型

说起创新，没有人比我们更重视，可也怪，我们口头叫嚷的凶，却不怎么上心。缺什么，嚷什么，干的还是老一套，算是给自己一个安慰吧，怎么着也是力争创新呀。没有创新的电商，将店面生意搬到网上卖，再往下就不知道咋折腾了。百货公司，店商的集大成，再疯狂也不会在一个城市一口气开设数百家，而一个电商平台，动辄千万元的大投入，想也不想就仓促上阵，为何如此疯狂？

传统制造业创造的财富，不想再往“前途渺茫”的制造业里投了，而电商这个光鲜的新事物，值得自己赌一把，能为窘迫的渠道销售打开一条新路，投入也是值得的，当然，能上市则更好。电商，成了不少工业品企业战略转型的试金石。但一时间兴起的电商风云，若是没有创新精神的鼓舞，渴望的经营转型离烟消云散的日子也就不远了。

市场需求拉动的应用创新，应是电商的大机会。电商不需要创造惊天动地的新需求，而是顺应新需求，来重新组合现有的信息流、商务流和服务流。正如约瑟夫·熊彼特所说，创新就是要“建立一种新的生产函数”，即“生产要素的重新组合”，就是要把一种从来没有的关于生产要素和生产条件的“新组合”引入到生产体系中去，以实现对生产要素或生产条件的“新组合”。新组合，带来新的价值体验，满足客户的新应用要求，这才是电商创新的命门所在。

电商创新，技术手段不如团队重要。电商是全新的商业形态，需要一个善于创新、又会接受现实的活力团队，在创新中创造，在探索中找新路，这种思维方式和做法，不太会在四平八稳的传统行业中诞生。而电商的核心团队，则要游弋于技术、商业、管理的结合处，创造性地发现自己的目标市场、形成特色经营战略，并组建一支有战斗力的运营队伍。这需要组合式经营创新，好比一个人，眼光是90后，身体是80后，行动力是70后，心智是60后，少年老成，心手一致，确实难得。

变局下的工业品企业7大机遇

消费品营销，顾客需求被过分强调。顺从不能创造新价值，只会让人活得更懈怠。只有引领客户需求，方可创造新价值和新财富。就拿环保节能来说，是造福子孙的大事，而不少产品和企业都在作秀，因为在看得见的消费环节，没有形成污染，可在看不见的原材料和成品加工环节，污染的程度很惊人。以更多的污染，换得眼前的干净，这是在减少社会总财富，只会让作秀成功者满足私利而已。工业品电商最好不要被这种作秀式创新给糊弄了。在价值传递过程中，只有两个选择，一是总价值的增加，二是总价值的衰减，选择增加的电商之路，一开始肯定比选择衰减者更难走。

电商，不想再沿用店商网上经营的新花样，就必须用价值创新与创造，来引领自己经营转型。

（1）工业品电商从线下转向线上，技术手段的变化，除了创造便利性之外，还要帮助客户更加了解应用方案的变化趋势，进而调整自己的研发、生产和经营，这才是经营大价值所在。

（2）大而全到小而专的产品定位，会涌现一批区域性、行业性的专业电商小平台。动不动就全国辐射、全行业覆盖的电商，碗里的东西少得可怜，却用空想的画笔来涂抹未来经营画卷，人为地为自己设置了成长障碍。能挨过冬天的候鸟，才能飞回温暖的故乡，电商也是如此。

（3）电商平台是对信息流和商务流的经营，而服务流的组织与实施，却是拦住电商成长之路的天堑。客户规模小，需求弹性大，方案经常变化，而且要求及时回应和解决，这对网上强、网下弱的电商，真的有点手软腿乏。用信息流和商务流，去整合线下符合标准的在地服务机构，是工业品电商翻越服务大关的新做法，这需要在服务标准、流程对接和利益分享等方面，从商业到实业进行一番彻底的改造。

（4）电商平台，主营利润必须是产品销售和服务增值，而且，服务营业收入应逐步提高比例。以会员费和广告费起家的电商平台，趁着还有余力时，应早些抛弃收取买路钱的盈利模式。同时，平台进场费也只是一种过渡，按营业额提成或者按利润分成，才可能会是电商平台召集有潜力产品或企业的新招。

（5）电商平台，特别是区域性或行业性的，“管理咨询＋专题培训＋资本对接”模式释放出来的价值，会是一个惊人的增量。从看得见的电商平台销量，探本溯源到供应商企业的战略与经营，按照平台和客户的需求定制供应方案，电商的天地相通相融，才能落到实处，而且成本低，应变时效性强。

大数据时代，玩好实体运营和数据经营，非有双核思维不可。这也恰恰是传统制造与信息时代的分界处，能两边搭界、同时玩转的企业，才能弄潮工业品电商大浪。捅破电商概念的窗户纸，经营水平是盈利能力的依靠，其中，服务能力尤为重要。电商，说到底就是利用信息技术，以更低成本、更快速度、更高质量，服务更多的客户。电商，就是专业服务商，只有把服务做专，电商机会方可一击而中。

第九章

Chapter 9

机会成就能力的巧劲

——先做势，后做事，再做实

变局下的工业品企业7大机遇

人在顺境时，偏爱夸大自己的能力，而身处逆境时，却一味怪罪于机会的不公。在矛盾中纠结的企业经营者，回顾过去时心不平静，面向未来之际，就难免心有戚戚。观看企业家类访谈节目，大成的企业家，多半将成就归于幸运。时势造机会，机会成就人，这样的逻辑屡见不鲜，倒不是这些功成名就的企业家在故作谦虚。真切地看待自己的能力，真诚地对待过去的成功，确是大成者的成功要素。而小成的企业家，自认为处在事业的上升期，认为过去的成功主要因自己的作为，倒也不是他们骄傲，而是想给下一个成功找一个坚实的基石，而把自己当成基石，似乎更为牢靠一些。

顺大势，成大事，对于工业品企业而言，实在恰当不过了。国内的制造业，从一张白纸起步到今天的花团锦簇，每一步的前行，都与社会时代相呼应。国家的崛起，民生的幸福，有赖于工业的进步。从食品饮料，到汽车家居，再到高铁飞机，每个时代的工业主题，都与国强民富直接对应。想成就一番事业的企业家们，摸准了时代的经济脉搏，企业战车就可奔向长阔高远的未来。

广东的工业需要转型，其实早在三十多年前就注定了。简单的“三来一补”加工贸易，把自己压制在产业链的末端，仗着人力、土地的便宜，以及政策的倾斜，过快、过易的兴起，困难与瓶颈的到来就会越早。外贸与内贸的均衡发展，让广东工业再一次站在了全国的前列，家居、照明、石材和家电等产业，与其说是从广东走向全国，还不如说广东企业家胸怀全国市场，率先布局，领先启动，进而引领全国市场格局。改革开放的头道汤，广东企业家喝得挺香，而内贸市场的大蛋糕，广东企业家也是当仁不让。顺大势，成大事，广东企业家做的不赖。

大势，时间的跨度少则十年。走向与结果，要看清楚不太难，而其中1~2年的转折期，让人常生迷惑。光伏电的行业大势，如夏日雷雨般，哗啦啦地来了，很多企业都没有准备好，就大干快上，生怕错过大势。一些企业家，开着没有大灯、方向盘不稳、刹车失灵的半成品车，就潇洒地猛轰油门，真拿自己的企业当成一辆好跑车了。经营能力不够，怎么办？无限制捆绑政策的大势，收着补贴与贷款搞扩张，然后再去鼓吹资本故事，吸引更多的资金去填补经营的窟窿。几年下来，听故事的人烦了，给政策的人毛了，一批批外强中干的速生大企业，顷刻间土崩瓦解。

光伏电产业有了大势，却没办好大事。发电成本，这个市场的入场券，光伏电企业一直没有摸着边。高于现有电价的两倍，凭什么让客户购买呢？更何况，电网在别人手中，光伏电企业没有强卖的资格。光伏电元器件靠补贴，光伏电站还要吃补贴，再富裕的政府财政也不堪重负。补贴一不动，产业就过冬，光伏电产业的大势，因着集体瞎折腾，落伍于国际对手的距离更远了。本该办大事，却办成了烂事，再好的大势也无济于事。空盼着下一场更猛的大势之风，还不如自己试着飞起来。

大势如大风，刮起来的是风筝还是头猪，命运大不相同。借势而起的企业，得享经济大势，尽得行业先机，可别忘了带上桨。风停了，帆就没有了，要想前行就要划动手中的桨，慢点没关系，动力由自己掌控，命运也就站在自己一边。势如云，舒卷不为人愿，来去不由己意。一生中有一次大势可乘，就不能说老天不公。事如树，一年一个年轮，来不得速成，椰子树的高大，经不住狂风的考验。实如种，一家企业的经营使命，蕴含着企业和产品的客户与社会价值。好种子，才能长出好树苗，成为一棵参天大树。

1. 机会成就能力的巧劲

机会是外因，能力是内因。外因，好像一直是配角，是用来衬托内因这个主角的，因为在人们眼中，只有内因才是真家伙，能陪着自己一辈子。也许，我们太严肃了，不懂得感恩，总要自己去挣得一切。来了机会，抓住了，成功了，事后总结时，大谈特谈自己的眼快手疾，忘了造物主的恩典与厚爱。太拿自己当回事，免不了将一切归于内因，忽视了外因的企业经营，往往是一场无希望的苦斗，也或许是一段时间傲气冲天的自我消解。

男儿当自强，内因方为上。我们练就了低头拉车的忍耐，而那抬头看路的本领，始终瞧不上眼，觉得它不靠谱。扩大厂房，增加生产线，沉甸甸的规模优势，连一个轻量级价格战也难逃脱，太脆弱了。而柔性的市场获得能力，品牌影响力，怎么也得不到重视，总以为这些玩意儿靠着钱就能轻易得到。读懂大势，会抓机会，这些瞧着像外因的东西，一天天变成了决定企业兴衰荣枯的内因，企业的世道，是不是变天了？

天还是那个天，只是一直以来我们活在自己的臆想天地里，经营个体没有与社会本体连接在一起。企业存在的唯一理由，就是因为需求的存在。而需求的特征与变化趋势，与社会经济大环境一脉相承，读不懂社会的大文章，就会看偏需求的小文章。客户需求、企业经营、社会大环境，这种从微观到宏观的步调，由内而外的味道明显之极，在相对静态的社会中，仿佛还有些道理。而如今，社会大环境与客户需求的变化，快得让人目不暇接，一件不经意的小事件就会引发大热潮或大衰退。看似嘲讽的中国大妈炒黄金，不知多少华尔街人士瞬间读懂了中国民众的心理，大妈们赚再多、赔再多，也都是九牛一毛，而资本大鳄的暗度陈仓，可是让黄金价格，连带着金属、能源等价格，也都翻江倒海无消停。

由内而外，不如由外而内，这不仅仅是营销人的思维方式，也要成为企业经营者的决策调性。外在的机会，不会白白地得到，你需要及时捕捉，果断出手。而且，还要赌上一切的资源和精力，这本身就是一种经营大智慧，而跟着别人走路的人，可没有这种气概，他们坐叹时运不济的酸楚，挡不住机会捕捉者的下一次弄潮。做一个机会主义者，相当不容易。在别人看不清的时候下手，除运气之外，还需要勇气和锐气。敢下胜负手，在别人看清之前想好各种变招，主动求战而不是坐等时局自清，有魄力、有进取心的企业家，才是这个时代的稀罕物。胆魄有蛮劲，头脑用巧劲，文武双全的经营者，正是工业品企业的期盼之人。

◆企业战略定位，就是顺势而为

我的地盘，我做主，企业战略有内向化思维就在所难免。企业是客户的、市场的、社会的，企业创造的价值抵消成本后的利润，才是员工的、股东的、自己的。站在客户的那边，往自己企业这边看，很多习以为常的决策，就会暴露出自以为是的臭毛病。战略定位，也如同一个人照镜子，镜子中的我会比真实的自己更好看，因为，镜中的我带着平时少见的微笑，装着一副有涵养的样子。想象中的自我，幻化在镜子中，成了你看到的真实幻想，而在别人眼中，你就是那个你看不见的自己，品味和形象不及镜中的那个你。

变局下的工业品企业7大机遇

在战略定位的天平上，一端是自己的战略规划，另一端是自己制作的砝码，怎么称量都毫无问题，而客户的反馈自然也是那些本来就中意自己的老客户，结果也是皆大欢喜。岂不知，称量战略定位的砝码，握在客户的手中，你的竞争对手在想方设法弄懂这些砝码，图的就是在客户心中多一些分量。在客户心智的份额里，谁的分量大一些，谁的胜算就多一分。战略定位，其实就是客户心智的争夺战。

企业战略，从客户心智战开始，进而到资源战，最后到了经营的持久战，三大战役的胜利，才到一家企业的功成之日。心智战，讲究顺势而为。客户的真实价值、虚假欲望和购买能力之间的契合点，才是客户为企业创造特定价值的机缘。用恰当的产品、品牌与服务，出现在恰当的时空，愉悦客户的心智，兑现他们期待的价值，这样的企业战略定位，顺势而成的概率能高出许多。客户心智战，检验企业经营智慧，但是仅凭聪明是无法取胜的。很多企业的战略定位，凭的是聪明，趁客户似懂非懂、对手手忙脚乱之际，摸得一些小鱼小虾，等到行业成熟时，战略定位的苍白涂上资本的胭脂也无法掩盖。

企业战略的资源战，聚焦要比抢夺更为优先考虑。战略聚焦，特色的产品或服务首当其冲。强势产品带来的客户群与销量，才是战略定位是否精准的唯一标准。去产品化的战略定位，企业的命运好比水中浮萍，再精细的目标规划与流程组织，都无济于事。定位窄一些，放弃跑马圈地的战略空嚷嚷，对企业的务实发展反倒更有帮助。

工业品企业的战略定位，微观定位与宏观定位的辩证法，值得细细推敲。微观定位，以产品与服务的差异化为核心，而宏观定位则受到行业中竞争地位、自身目标与行业机会的综合影响。创业型企业，微观定位为主，宏观定位为辅，找准自己的存身立命根据地，才有可能在行业中打拼出一番天地。而成熟型的大企业，或在区域和行业根基很深的中型企业，则可以考虑从宏观定位开始，导引出更为开阔的微观定位。产品和服务只作为基础，而渠道、流程组织或营销体系，可以作为战略定位的准绳。不同生命周期或行业地位的企业在客观可能性与主观可行性之间，找到自己的位置与方向，这就是战略定位的顺势而为。

◆外部营销活力，盘活内部管理效力

优先关注内部流程组织的效力，其次才是外部的营销活力，这种由内而外的经营方式，造成了工业品企业的后续乏力。成本竞争时代，精细化管理是头等大事，特别是规模不大的中小型工业品企业，他们若不能将成本控制在有竞争力的水准上，就无法与体型硕大的对手周旋。总规模拼不过，就拼单品份额，或者在区域领先上做文章，这样总能找到有利于自己的竞争基准点。

成本竞争时代，企业与客户之间两点一线的联系，是专一的、排他的，这在行业大开大合、产品混搭朝花夕拾的信息化新时代，变得像是古典爱情一样可求不可得。企业与客户，只不过是产业与社会关系网中的两个节，可以经纬交织，更多的则是通过其他节点相连。开放型的关系连接，意味着价值竞争时代的到来。

价值竞争，客户关心的是你能为我带来什么价值，然后才是该负担的成本，而价值与成本之差，就是客户的购买红利。这样的计算公式，聪明的客户会优先考虑价值获取的增加，他们宁愿以略高的成本去购买更多的价值，这样一来，购买红利就会更高。成本竞争时代，推销是王牌，企业创造既定的价值，然后花成本推广与销售产品，最后产品被客户购买，整个流程中价值是递减的；只有在价值竞争年代，一开始就找到客户使用的增加值，以需求定供应，价值传递过程中不断有新价值加

入，雪球越滚越大，客户收益也就越多，而过程中的合作伙伴，也都能正向分享到自己应得的利益。

创造越多，分享越多，传递过程中不断增值的正向价值链，正是工业品企业营销的活力所在。在电动仓储叉车这个相对小众的行业，电动驱动系统的解决方案供应商从控制器组盘，一路做到手柄、加速踏板、仪表和线束，而其下游的整车企业也从部件加工中解脱出来，一心一意地找到适合特定客户或行业的整车方案，并以恰当的营销体系结合营销推广手段，使客户得到的总价值增大。专业的人干专业的事，这样整合起来的解决方案，使得工业品企业的营销活力增加。

盘活外部营销的活力，要做好营销开发与市场开发这两件大事。工业品企业的重心，从技术研发与生产制造，转移到市场需求端和战略供应端。以市场需求为原点，倒推自己的技术研发和生产制造的大目标，调整先有的流程组织与规范制度，让市场需求在企业运营的每一个主要环节中，都能得到应有的满足。客户要我们创造什么价值，每个流程节点又创造了哪些价值，成为内部管理效力评估的主要依据。还有，核心部件的采购也会相应上升到战略的高度，成为企业产品和服务竞争力的外来活水。企业不能再以购买者的大爷自居，而应该主动寻求帮助，借上游的专业能力与产业经验，提升自己的认知水平和经营能力。客户端的由下而上，供应端的由上而下，对流起来的价值，才是盘活工业品外部营销活力的双股动力。

外部营销活了，内部管理就有了奔头。成本控制当然重要，可价值创造却更为优先。每个流程、节点，每个岗位和职责，都应该以价值创造来设定和考核，从系统和计划的角度，而不是从任务和活动的传统视角。有时候，甚至鼓励团队以高一点的成本，去设法创造更丰厚的客户价值，每个直接面对客户的部门和员工，若都能以客户经营的终极目标去思考、去行动，那一家企业内部管理的效率何愁不高呢？管理者，别再去管那些员工能自我管理的东西，而是转型为价值创造与团队塑造的领导者，这样的管理，始终以市场标准为准绳。少了很多自我纠缠的内耗，全身心地投入到客户经营中，这才是管理的本质。

◆建立营销体系，巩固经营成果

营销无处不在，人人都可放光彩，可零星烟花的闪耀，怎么也比不上焰火晚会的灿烂。每一个输送给客户的价值创造点，织成一张营销体系的网，零星的客户价值创造相互呼应，最终汇聚到统一的客户端口，企业的价值竞争胜算大增。

营销体系这张网，产品线好比网线，网格的大小是行业、客户群或区域市场的经营水平，营销开发与市场开发是撒网，而销售额、客户占有率则是收网。产品线中，现金流产品与明星产品的比例值得仔细推敲。现金流产品多，而明星产品少，今天的日子好过，明天的阳光不明朗；而明星产品多，现金流产品少，明天有希望，今天很难熬。这个比例也反映了企业的营销体系，是保守型还是开放进取型。

网格大的工业品企业，进入的行业多，做深的不多，客户群数量多，而做开的不多，稀稀拉拉的一张大网，打不回多少鱼。网，可以织的小一些，而网格则必须紧凑点。对于营销体系而言，客户接触的多，还要有客户接受度高、购买比例高，再严格点要求，则是客户的持续购买量与比例双高。区域市场的经营，也尽力往客户端靠近，不再是简单以销售跑量的任务单位，而是区域客户需求、区域合作伙伴联合、区域化本地服务的经营单位。

鱼在哪里，网就往那里撒，聚焦营销带来的精准效果，的确很诱人。营销开发，兑现客户期待的价值，出手有准头，客户获取的成效便高。营销开发这张网，朝看得见的鱼群撒去，一网下去鱼跳人欢笑；市场开发，引领客户未来的价值预期，在鱼群会来的地方，预先撒好网，静静地等待。“孤舟蓑笠翁，独钓寒江雪。”预判力出色的工业品企业，会在行业机会浮现之前，就已布好网。

花开烂漫时，枯萎尾随而至，一个产品卖的最旺的时候，也常是走下坡路的开头。销售额为表，市场份额作里，营销收网的时机，在于盈亏平衡点的恰当把握，临界点似到未到的疲乏期，投入的坚定与收获的信心分出了营销决策者水准的高低。收网过早，大买卖干成了小生意，小鱼小虾的，值不了几个钱；而若太贪心，狗熊掰棒子的命运，也会再次来临。收放自如，武林大侠们的豪情大智，工业品企业的营销大拿们，也要修炼到家。

资本家，会让钱生钱，而工业品营销高手，则会让营销体系帮自己赚钱。人过五十，总想着靠家业过活。想问，畅销产品是靠山吗？才不是。畅销产品的花期，愈发短暂了，刚火起来，满大街的模仿品也就漫天飞舞了。那再问，王牌销售人员是金山吗？更不是。靠政策致富的销售员，政策风向一变，他们僵硬的帆就借不着风，无动力的船，再大也只好随波逐流；靠关系经营的销售员，客户企业的人员变动，持续交易的关系透明，逼迫暗箱操作的灰色营销无路可走。

有活力的营销体系，才是工业品企业的财富孵化器。一个新捕获的客户业务，消耗的资源多过利润，赔本买卖开场，熬到中场才有钱可赚，这就需要持续购买做后盾。一个人、一次买卖，偶然性大，续航力差，而营销体系的战斗力，则是海陆空一体化，品牌制空、产品落地，渠道航母游弋大洋。客户需求、体验与价值实现，才能心甘情愿地交付在你的手上。新客户从赔本到赚钱，经营成果逐步巩固下来，营销的巧劲就在此。

2. 成大事，先自治，再借势

信、盼、爱，人生幸福的三大要素。信靠一个永恒的事物。在你刚懂事的时候，就被它吸引，一生的起伏都与它心心相印。得意的时候，归功于它，失落的时候，靠的救赎。有信仰的人，活得有依靠，纵使在漂浮不定的环境中，内心也有一个恒定的信念。企业经营者，应该依靠什么？财富、客户、团队，这些都对，可又是短暂的东西。是企业文化吗？更不是，很多企业的文化塑造无非是裹上了一层商业化的糖衣。创造客户价值，引领行业发展，营造社会幸福，有使命感的企业，才会靠岸到信服的乐土。

对未来有期盼，是活着的基本动力。一成不变的生活，再舒服，也会熬出麻木的汤，熬得人懒懒的，失去了感恩的心，觉得一切都是应得的。于是，对未来的期盼，变成了个人欲望的无限膨胀，凡自己想要的，就要得着，若得不着，全世界都是自己的敌人。作为企业经营者，心中要想着客户的合理期盼。而我们呢？则要将客户的期盼当成自己的经营动力。帮助客户实现愿望，应成为企业的下一个期盼，它也是指导年度战略规划的内驱力，这比靠金钱和职位刺激的绩效考核，作用更为持久，而且调动的还是人性向上的正能量。

信念与期盼，皆因爱而生。爱人如己，不仅要爱那些爱你的人，还要爱那些恨你的人。胸怀大爱的企业家，经营的是大我，成就的是大家。作为父母，我们无条件为孩子干这忙那，孩子得到的爱远超过自己的需要，他们内心的爱根，被我们给溺死了。心中没爱的人，走到天堂也会形只影单。心中没有社会大爱的企业，事业上的飞黄腾达也换不来企业所有者内心的自豪与幸福。工业制造，技术上越加远离农业时代的粗陋，可在敬畏造物主方面，急需唤回心灵的纯朴。没有爱的大规模制造，得到的只会是纵欲过度后的饥渴。黑洞似的欲望沟壑，再多的物质也无法填满。

成大事的人，先从内心的强大开始。信仰、期盼与爱，滋养内心成长的灵粮。而以自身享乐为终极目标的人，难以忍受大业的压力。过程中的偷欢与逃避，成了娱乐的主调，事业目标给悄悄地忘掉了。自治能力强的企业家，盯准目标不放松，以成就他人、造福社会的先利他再利己的心态，始终如一地奔跑在坎坷的前行路上。在事业经营中修炼自己，得享人生的真谛，这才是大快乐。

成大事，先自治。一个人，一家企业的成长，强烈的成功渴望是汽油，成就他人的理想是发动机，战略目标是方向盘，有了这三大件，再大的困难也不至于折断梦想的翅膀。高效率，是工业经济的律条。工业品企业的高效经营，意味着社会总效益的增加，这样的企业便有了存续下去的意义，这是一个刚性的要求。而身处多变的时代，企业的快速转变与适应能力，则是一个柔性的要求。对问题与机遇的准确判断，及时有力的行动，再加上一颗坚定的心，这个组合确实不容易做到，也是企业迈过初创期门槛的实力所依。

◆核心竞争力，高效组织的四轮驱动

客户天生有选择权，这也是市场经济自由性的体现。一个客户，众多供应商围在她身边，想获得她的青睐，但选择只有一个，于是，企业间竞争就出现了。竞争带动技术、营销与服务的不断升级，客户的满足感与安全感也得以巩固。充分竞争的行业，唯有具备核心竞争力的企业，才能打造高效组织，获得可观利润。

国内的工业品企业，核心竞争力还是一个相对陌生的词，而且误解误用的概率还蛮高。规模与利润的对称、产品的青黄交接顺畅度和市场占有率与客户满意率的相辅相成，核心竞争力从数量级走到了质量级的时候，工业品企业就别再单相思过往的规模制胜了。从生产制造的工厂王国，造出航行大海的巨轮，恐怕有点缘木求鱼。怎么办？直接在海边的码头造船，见惯了风浪，熟悉了海洋，好水手造出的船，才有远航的生命力。

战略定位、营销系统、运行效率与企业文化，是工业品企业核心竞争力的四张大牌，抓到它，打好它，竞争力的火堆，烧旺起来，客户心中那盏灯也就明亮起来了。竞争力，是企业吸引客户的魅力，一味秀肌肉非上乘做法，要懂客户的需求本质，有打动客户的诚意，分担客户的烦恼，创造客户急需的价值。总之，贴心地关怀客户，帮助客户成长，这样的软性核心竞争力，才能开出绚丽爱情的花，结出幸福婚姻的果。

一家有竞争力的企业，犹如一架战机，战略定位是雷达导航系统，是眼睛，能看清未来，明了现在的处境。花花世界，眼睛容易看花，处处都是机会，个个都想抓到，企业越做越杂，偌大的外表，实际是一个空壳。无须对手打击，不要客户刁难，行业与经济转变的一阵狂风，就把它吹个底朝天。战略定位，不做什么比做什么还重要，抛却杂念的企业，才能一心一意扑在专长专情的价值创造上，这样的企业，大则有实力，小则有魅力。

营销系统，非发动机莫属。客户获得的数量、质量、速度与持续力，就是发动机的排量大小。大生产大制造起家的工业品企业，车厢载重 100 吨，而发动机则只有 1.5 升，还不带涡轮增压，这样的车只能顺风跑或走下坡的惯性路。对手只要采取得力的差异化营销与精干的服务营销体系，就能一打一个准，一打一个赢。做大发动机，或减少车载量，营销系统无论大小，都要让客户感觉到价值创造与价值传递的力量。拉动客户购买，引导客户走上自己价值创造之路，这样的营销体系，才是健康向上的，才是行业与社会进步的大发动机。

运行效率与企业文化，是一硬一软的绩效表现。对于中小工业品企业来说，两个 20% 是衡量运行效率的简明法则。20% 的销售增长与 20% 的利润增长，时间跨度是永远。实现一个 20% 不难，难得是两个几乎相互矛盾的要素，要同时实现，这样的企业真的是外刚内柔。再叨叨一遍，靠经济刺激支撑的绩效考核，超不过三年就要崩盘。硬邦邦的砖头间，涂抹上企业文化的黏着剂，百年企业的大厦屹立在风雨中，不再是梦想。企业文化，凝聚力与人心所向，来自企业经营理念与使命的内在感召力，以造福他人为己任的企业，总是先感染自己的员工，再去感动市场中的客户。用内部营销的凝聚力，换外部营销的感动力，高效组织就在前边。

◆组织适应力，快速灵活的经营机制

跑在未来前面，在其到来之前做好所有准备，然后一击而中，这自然是最上乘的组织运作。然而，计划赶不上变化，现实中的经营不如意者十之八九。而单从计划的精准性上动脑筋，未来怎么也无法如你所设想，唯有以快制快，组织才能骑上趋势的马，追到明日的阳光。

柔性的组织，如橡皮泥一样快速变形，川剧中的变脸绝活，企业经营者也得学学。行业变天了，需求变了，企业价值创造的流程与组织肯定要变阵。阿米巴经营模式，在大企业中盛行，就是要保持大企业资源整合能力的前提下，提升企业内部单元的经营活力，快速应对市场的变化，快速形成有效的战斗力，并在第一时间发现与满足客户的新需求，有了这样快速的组织适应力，对手毫无胜算。

经营机制的快速，从客户信息反馈，到营销分析决策，再到解决方案形成，最终交付给客户并提供及时可靠的售后服务，这不是单点单件事情的快速，而是一个客户价值经营与服务的快速反应系统。组织的扁平化，是外在的形式；责任到人、标准到事、流程到组织部门，组织的内在协同水平就有了更进一步的提升；而从利益到效果、从考核到过程，则是组织机制快速反应的重要推手。头尾不相接，是工业品企业经营机制的典型问题，战略决策的龙头，强大且高效，高层领导的眼界与魄力，那是没话说；可营销执行的龙尾，常懒洋洋地跟不上趟，首尾不协同，承诺客户的价值打动力兑不了现，反过来成了伤害企业声誉的破坏力。

经营机制的灵活，第一等要事就是解决定制化与标准化的比例问题。人手少，忙于产品稳定性控制的创业型工业品企业，腾不出手去照顾零星小客户的纷杂个性需求，那就别承诺什么个性方案与一对一服务，干脆盯准有前途的细分市场，做到有个性的标准化解决方案，这样一来，在成本控制、交付速度的两难问题上，就有解了。有一点，说了估计要招骂，那就是许多偶有所得的工业品企业，动不动就要树立行业标准，一则自身的规模与品牌影响力有限，二则技术创新上没有续航能力，三则根本就是造一个噱头，没有创造出什么实质性的引领价值。这样的空头标准，自己不经意被捆绑在僵硬的水泥柱上，转身慢，反应迟钝，失去了经营的灵活性，空头标准一分钱不值。

组织适应力，按进化论的渐进式演变不靠谱。组织基因的突变，看似疯狂，其实还算是一个正招。突然的转型之举，需要企业组织重塑自已的经营信念。继承发扬的老办法，往往不管用。一些工业品电商企业，沉迷于自产自销的老把戏，线下的买卖换道手搬到线上，一番折腾后几无所获。没有电商基因，照着制造业的思维方式与做法，电商的转型战略，空谈而已。苏宁的线下资源比京东商城厚实多了，可电商硬是玩不过别人。苏宁，在电商外衣下，裹着的依旧是店商的组织思维，无法适应电商的多变、多维与多态；京东商城，只有电商一条路可走，初始有点乱，后来算是走上了电商的正道，有了电商基因，纵使弱小，纵使历经挫折，破土而出的一天，还是到来了。所以说，组织适应力，根子上的问题，就是你内在基因能否快速适应外在环境的巨变。

3. 抓住企业成长机会

成长，是天意还是人为？谦卑者心中，七分天意，三分人为。而在自傲者眼中，定是三分天意与七分人为。若如此，那为什么这些功显一时的人，后来的事业路怎么就再鲜有第二次辉煌呢？在中国人的智慧里，经营企业的三要素是天时地利人和：天时，人人皆可享受；地利，区域之间的不均衡发展，引发机会的顺流与逆流；人和，则是我们最常强调的。这就有了一个错觉，仿佛人和成了唯一关注点。

创业者与投资客，动不动把团队挂在嘴边，也经常念叨企业文化。的确，有人和，才有企业兴。企业的存在，本质上就是服务人、成就人。然后，企业能否赚钱，能否做强，则主要由天时与地利决定。这么说吧，二十多年前，你若是进入房地产行业，然后傻乎乎地持守下来，投入产出比肯定要比绝大多数制造企业出色。做对事，不如人对行；创造多少价值，不如抢先找到分享价值的通道，这算是怪事吗？错层的市场经济与断层的发展节拍，成功的投机，算作第一等投资，见怪不怪吧！

一百多亿元的机械加工企业，够大了吧，可赚到的利润微不足道，若资产变现，放在银行里的利息也比利润多，这样的企业经营，是在赔本赚吆喝。人口红利、政策红利，驾鹤西去，下一波机会就是营销红利，抓不住这个机会的企业，要么关了，要么卖了，再倔强地苦斗下去，连自己都跟着贬值。

◆七种成长机会的内在逻辑关系

机会，总是给有准备的人。把自己的意志与理想当成机会的人，认为可自我成就，这种自负的想法，也许在一个小发明上还有可行性，在企业经营上，绝无可能。企业为公，个人的想法与欲望，既不是起始的动因，也不会是最终的结果，只能算作过程中的一份佐料而已。工业品企业的产业链关系更为紧密，只有立于公，才能借力于时代机会。乘风而起，总比匍匐前行洒脱。

工业品企业的七种成长机会，一网打尽固然难于登天，可认清机会的外在迹象与内在规律，找到属于自己的机会点及组合，还是有路可循的。机会，好似阳光雨露，向阳的地方多得阳光，青草茂盛，也多分享雨露的滋养。时刻辨别机会的真伪，判断机会来临的节点，企业经营便能向阳而居；鼓励创新，敢于颠覆陈旧的俗套，在行动中矫正战略方案。工业品企业决策者们，多一些时间抬头看天，判断行业大势与经营走势。草船借箭与七星台借风，诸葛亮自学成才的天气预报功夫，就在赤壁之战中大显身手。没有诸葛亮借的东风，周瑜的诸般计谋也会无奈随波而逝。

七种机会的逻辑关系，好比一架翱翔蓝天的战机，具体如图 9－1 所示。机舱，盈利模式的复制机会定是首选，一家企业的盈利水平与持续能力，决定了内在经营的活力与外在的社会影响力，也决定了企业的战略方向与行动规划。战机的双翼，借风之力，或俯冲，或攀升。产业链的整合机会，左机翼；营销红利尝鲜机会，右机翼。产业链整合帮助企业借力于行业大资源的势能，而营销红利，则是借助客户需求的风力，推动企业跃入更轻快的新航线。

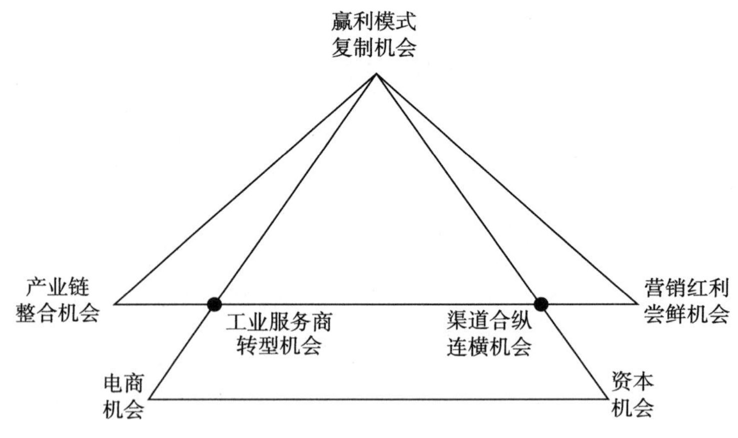

图 9－1　七种成长机会的内在逻辑关系

渠道合纵连横机会与工业服务商转型机会，则是主副油箱。落后的地方，机会多，工业品渠道的松散与随意，意味着区域营销、行业营销和大客户营销等精耕的机会多。经销商升级，渠道转型为在地服务商，渠道这个空荡荡的大油箱，有这么多机会的油要注入，形势令人喜不自禁。基础产品占有率高、行业影响力大的企业，工业服务商的转型机会就更大，这不是每家工业品企业都能分享的。领先企业做平台，整合产业链上的其他企业，而中小企业则要主动调整自己的战略，以便被大平台顺利整合。

电商机会与资本机会，则是对称的尾翼。飞机的尾翼，发挥着稳定与操纵的双重作用。电商机会，对于传统的渠道是一个很好的外在变革力量，若是运用得当，渠道的掌控力与执行力，会得到明显的增强。资本机会，让企业更快度过艰难的创业期，对于企业持续稳定的发展大有裨益。

工业品企业，无论大小与新旧，都要紧扣盈利模式的复制机会，然后伺机捕捉其他机会。简单利索一些，直接在营销体系、新产品推广和区域营销等层面上发力，营销活了，企业管理也就顺当了。实力强一些的工业品企业，可以放手在产业链整合上一试身手，从单独的一棵大树，培育成一片森林，经营的生态链越完善，企业成长的机会就越大。至于渠道合纵连横与工业服务商机会，必须配合企业整体的战略转型，一个以新价值、新姿态、新目标为大任的企业，才能有新生命。

至于电商机会与资本机会，更适合技术创新型工业品企业，电商是种子，资本是肥料，两者结合到一起，好收成就有了盼头。传统制造型的工业品企业，要博取电商或资本机会，确非易事。创新企业最大的本钱，就是高成长性，而电商与资本，追逐高成长是一种与生俱来的本能。传统制造业的新花，首先开在经营理念与管理思维上，其次才是盈利模式与经营体系上，最后，结果在渠道革新与营销再造上，这样的次序在由虚到实的自我更新过程中逐渐出现。

◆捕捉成长机会所需的核心能力

机会在那里，人人有竞争的资格，一家企业想着多分享机会，不如试着多用好机会。海浪，对于劈波斩浪的冲浪爱好者，才是拥抱大海的机会，而沙滩客，最多从口中发出惊叹的声音而已。蓝海，纵使存在，也需要你造一艘适合远海航行的大船，才能达到更远更深处。

变局下的工业品企业 7 大机遇

企业的核心能力，靶心是客户需求与价值满足，准确地讲，它是一种外在的客户吸引力与持续经营力。离开客户谈核心能力，容易造成内向化经营的思维方式，生产制造业最喜欢从产品性能、工厂实力和产值规模界定自己的核心能力，并且以为这些也是客户想要的东西。短接触、多选择和产业纵深联系的经营时代，单极思维与单向传播已经不受客户关注与认可，他们需要的是能解决自己问题的动态服务能力，而不是静态展示的企业家。

工业品企业的核心能力有三个最紧要，战略、经营与服务。投入产出的周期长，而市场波动的周期短，更需要战略的深谋远虑与转身灵活相结合。战略的这种自相矛盾的能力组合，恰好就是工业品企业核心能力的动静结合。业绩是经营出来的，也是战略落地生根的过程，对于工业品企业而言，过程的量化管理与质化改善是两个要害。服务，从产品到解决方案，内中的实质正是服务含金量的提升，以客户盈利与发展为己任，服务不再是简单的配件维修，而是渗入客户经营系统中，为之加油助力。

战略营销化，企业战略等同于业务战略。有了战略方向，流程组织就有了准星，一番动作下来，企业内部的面貌大有万象更新之气势，可外在的市场影响力还是一片空白。对于家大业大的企业来说，准备的时间长一些，动用的资源多一些，胜算就多一分。然则，中小企业的战略与业绩，两手抓两手都要硬是不二选择，战略启动的慢节拍，会拖垮自己，拖黄机会。战略做精，营销做实，企业的执行力一开始就成为衡量战略成败的硬性标准，由实而虚的营销化战略，效能最高。

经营数据化，过程监控一气呵成，分析决策一脉相承。大数据时代，每个经营细节都要数据化。实时的量化信息反馈，对分析决策既是一种帮助，更是一个不小的压力。工业品企业以往决策时头疼数据不足，而今的分析决策又会痛恶数据的泛滥。先有模型，再有数据生成，最后得出经营质量判断。数据化经营，生产制造的规模压缩了，而数据管理与营销决策的担子更重了。

制造服务化，制造过程中的客户服务才是方向。客户服务有两种，一种是发生在售前、售中、售后的体外循环，另一种是嵌入制造过程中的预先服务。嵌入式服务才是正道，它解决了制造业升级的本质问题，又预埋了客户需求的种子。一切的研发、设计、采购、制造与交付，都围着客户价值服务而转。价值原创性强，价值传递损耗低，这才是中国制造业转型的可行之路。

2014 新书预告:“变局”系列丛书

实体店销量下滑、线上线下冲突不断,互联网、大数据、OTO……,市场一线的压力让企业痛苦,扑面而来的新名词、新玩法又让企业焦虑甚至恐惧。

谁都不想成为恐龙,怎么办?希望2014 年陆续推出的“变局”系列丛书,能帮助企业看清方向,心中有数!

- 《变局下的**营销模式**升级》程绍珊　叶宁著

营销模式怎么变,无外乎三种方式:客户驱动模式、技术驱动模式、资源驱动模式!

- 《变局下的**白酒**企业重构》杨永华著

白酒行业从扩容式增长——“你增长,我也增长”,变成竞争式增长——“你死我活”,产业整合大势中,谁能活下来?需要哪些条件?怎样才能做到?

- 《变局下的**快消品**营销实战策略》杨永华著

通胀了,成本增加,涨价也不是长久办法,如何从一招一式的被迫应战变成心中有数的“系统战”?

- 《变局下的**工业品**企业 7 大机遇》叶敦明著

产业链条的整合机会、盈利模式的复制机会、营销红利的机会、工业服务商转型机会、渠道的合纵连横机会、借船出海的资本机会、电商机会……

- 《变局下的**农牧**企业 9 大成长策略》彭志雄著

食品安全、纵向延伸、横向联合、品牌建设……是挑战,又都是机遇!

- 《变局下的……》敬请关注

BRACE 北京博瑞森图书 图书导读

为了帮助读者更快、更方便地找到自己需要的书,让书发挥最大价值,我们精心制作了这份导读,希望对大家有所帮助!

博瑞森的书,最适合谁来读?

经营者(老板、总经理、董事长、企业家、合伙人、厂长等)和**管理者**(企业高层、中层和部分基层管理者)以及企业的**骨干员工**(思考如何为企业创造更大的价值),你就是我们的读者,共同的战友!

因为我们相信,你就是影响企业发展大局的关键人物,影响你,帮助你,和你共同学习成长,就是和中国企业一起成长!

博瑞森的书,最大特点?

我们坚持"企业视角,本土实践"的出版理念,要对企业实践产生实实在在的作用。

"本土"——理论和思想可以来自古今中外,但一定要适应本土;

"实战"——作者都是从企业、市场中摸爬滚打出来的,实战性是渗到骨子里的;

博瑞森的书,怎样"读",作用好?

免费电子版,手机随时"读"

我们**90%**的书都提供**免费**的**全文电子版**,下载到手机(或 Pad、电脑)里,让惜时如金的你,获得最大程度的阅读自由!

操作方法:回复图书编号(封底下部或内文第 1 页底部的 4 位数字)和你的邮箱地址。例如回复"1205 + zhang *** @ 126. com"到手机 13611149991,2 个工作日内即可在邮箱收到图书的全文电子版。

QQ 群,读者间讨论着"读"

加入"**博瑞森读者群(202230847、190415943)**"的 QQ 讨论群,你的困惑、感受和读者、作者随时深入讨论!

操作方法:入群口令为"图书名称 + 手机号"。提个醒,群里有事说事,别乱发广告、搞笑段子,会被踢的。

作者见面会,带着问题"读"

"书看了,很好,但还是不知道该怎么做!"——正常,实践没有那么容易。参加作者见面会,带着自己的问题,现场指点很重要!

操作方法:作者见面会每月都有,不收取任何费用。加入我们的微信公号

(bookgood2005)查看或给 bookgood2014@126.com 发封邮件,咨询详情。

微信、书摘邮件,天天点滴“读”

“书太厚,不容易读”——通过我们的微信公号(bookgood2005)或者你的个人邮箱,你每周都会收到 2 次博瑞森书的精品书摘,三五百字,便于精华快速地吸收。

操作方法:加入我们的微信公号,或回复你的邮箱地址即可。

更多方式的“读”

我们知道,以上这些还远远不够,你的感受、不满随时告诉我们(13611149991,bookgood@126.com),我们一起创造更多、更精彩的“读”……

分类导读图 + 书目

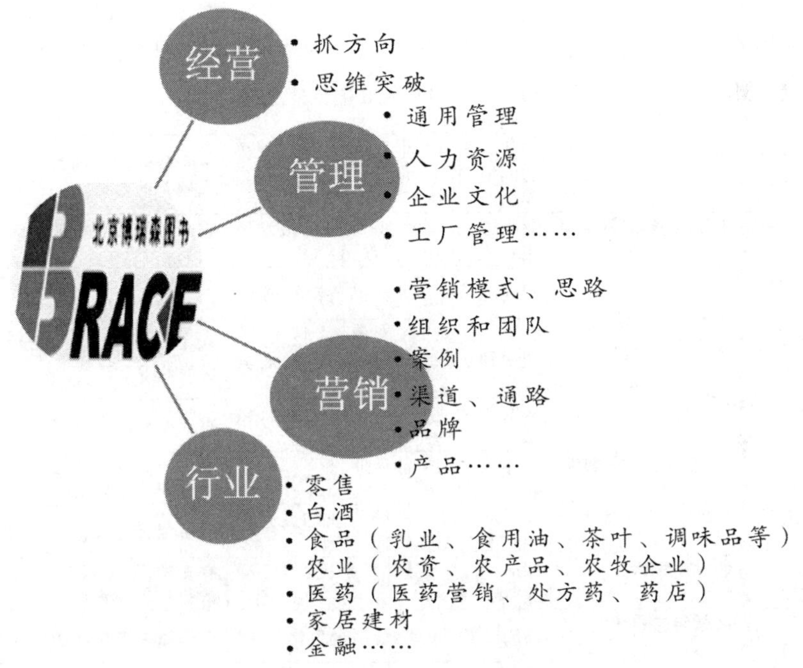

更多实战好书,请关注**“博瑞森图书直营店—淘宝网”**

http://qiyeshudian.taobao.com/

行业类：零售、白酒、食品/快消品、农业、医药、建材家居

书名．作者		内容/特色	读者价值
零售	**涨价也能卖到翻** 村松达夫　【日】	提升客单价的15种实用、有效的方法	日本企业在这方面非常值得学习和借鉴
	1. 总部有多强大，门店就能走多远 **2. 超市卖场定价策略与品类管理** **3. 连锁零售企业招聘与培训破解之道** **4. 中国首家未来超市模式解密** IBMG国际商业管理集团　著	国内外标杆企业的经验＋本土实践量化数据＋操作步骤、方法	通俗易懂，行业经验丰富，宝贵的行业量化数据，关键思路和步骤
	零售：把客流变成购买力 丁　昀　著	如何通过不断升级产品和体验式服务来经营客流	如何进行体验营销，国外的好经营，这方面有启发
白酒	**变局下的白酒企业重构** 杨永华　郭　旭　著	帮助白酒企业从产业视角看清趋势，找准位置，实现弯道超车的书	行业内企业要减少90%，自己在什么位置，怎么做，都清楚了
	1. 白酒营销的第一本书 **2. 白酒经销商的第一本书** 唐江华　著	华泽集团湖南开口笑公司品牌部长，擅长酒类新品推广、新市场拓展	扎根一线，实战
食品	**乳业营销第一书** 侯军伟　著	对区域乳品企业生存发展关键性问题的梳理	唯一的区域乳业营销书，区域乳品企业一定要看
	食用油营销第一书 余　盛　著	10多年油脂企业工作经验，从行业到具体实操	食用油行业第一书，当之无愧
	中国茶叶营销第一书 柏　龑　著	如何跳出茶行业“大文化小产业”的困境，作者给出了自己的观察和思考	不是传统做茶的思路，而是现在商业做茶的思路
	变局下的快消品营销实战策略 杨永华　著	通胀了，成本增加，如何从被动应战变成主动的“系统战”	作者对快消品行业非常熟悉、非常实战
	调味品营销第一书 陈小龙　著	国内唯一一本调味品营销的书	唯一的调味品营销的书，调味品的从业者一定要看
农业	**农资营销实战全指导** 张　博　著	农资如何向“深度营销”转型，从理论到实践进行系统剖析，经验资深	朴实、使用！不可多得的农资营销实战指导
	农产品营销第一书 胡浪球　著	从农业企业战略到市场开拓、营销、品牌、模式等	来源于实践中的思考，有启发
	变局下的农牧企业9大成长策略 彭志雄　著	食品安全、纵向延伸、横向联合、品牌建设……	唯一的农牧企业经营实操的书，农牧企业一定要看
医药	**新医改下医药营销与团队管理** 史立臣　著	探讨新医改对医药行业的系列影响和医药团队管理	帮助理清思路，有一个框架
	医药营销与处方药学术推广 马宝琳　著	如何用医学策划把“平民产品”变成“明星产品”	有真货、讲真话的作者，堪称处方药营销的经典！
	新医改了，药店就要这样开 尚　锋　著	药店经营、管理、营销全攻略	有很强的实战性和可操作性
建材家居	**建材家居营销实务** 程绍珊　杨鸿贵　主编	价值营销运用到建材家居，每一步都让客户增值	有自己的系统、实战
	建材家居门店销量提升 贾同领　著	店面选址、广告投放、推广助销、空间布局、生动展示、店面运营等	门店销量提升是一个系统工程，非常系统、实战
工业品	**解决方案营销真案例** 刘祖轲　著	用10个真案例讲明白什么是工业品的解决方案式营销，实战、实用	有干货、真正操作过的才能写得出来
	变局下的工业品企业7大机遇 叶敦明　著	产业链条的整合机会、盈利模式的复制机会、营销红利的机会、工业服务商转型机会……	工业品企业还可以这样做，思维大突破
金融	**精品银行管理之道** 崔海鹏　何屹　主编	中小银行转型的实战经验总结	中小银行的教材很多，实战类的书很少，可以看看

续表

经营类:企业如何赚钱,如何抓机会,如何突破,如何“开源”

	书名.作者	内容/特色	读者价值
抓方向	**让经营回归简单.升级版** 宋新宇　著	化繁为简抓住经营本质:战略、客户、产品、员工、成长	经典,做企业就这几个关键点!
	公司由小到大要过哪些坎 卢　强　著	老板手里的一张“企业成长路线图”	现在我在哪儿,未来还要走哪些路,都清楚了
	企业二次创业成功路线图 夏惊鸣　著	企业曾经抓住机会成功了,但下一步该怎么办?	企业怎样获得第二次成功,心里有个大框架了
	老板经理人双赢之道 陈　明　著	经理人怎养选平台、怎么开局,老板怎样选/育/用/留	老板生闷气,经理人牢骚大,这次知道该怎么办了
	企业文化的逻辑 王祥伍　黄健江　著	为什么企业绩效如此不同,解开绩效背后的文化密码	少有的深刻,有品质,读起来很流畅
	使命驱动企业成长 高可为　著	钱能让一个人今天努力,使命能让一群人长期努力	对于想做事业的人,‘使命’是绕不过去的
思维突破	**跳出同质思维,从跟随到领先** 郭　剑　著	66个精彩案例剖析,帮助老板突破行业长期思维惯性	做企业竟然有这么多玩法,开眼界
	7个转变,让公司3年胜出 李　蓓　著	消费者主权时代,企业该怎么办	这就是互联网思维,老板有能这样想,肯定倒不了
	麻烦就是需求　难题就是商机 卢根鑫　著	如何借助客户的眼睛发现商机	什么是真商机,怎么判断、怎么抓,有借鉴
	重生战略:移动互联网和大数据时代的转型法则 沈　拓　著	在移动互联网和大数据时代,传统企业转型如同生命体打碎与再造,称之为“重生战略”	帮助企业认清移动互联网环境下的变化和应对之道

管理类:效率如何提升,如何实现经营目标,如何“节流”

	书名.作者	内容/特色	读者价值
通用管理	**1. 让管理回归简单.升级版** **2. 让用人回归简单** **3. 让经营回归简单.升级版** 宋新宇　著	宋博士的“简单”三部曲,影响20万读者,非常经典	被读者热情地称作“中小企业的管理圣经”
	边干边学做老板 黄中强　著	创业20多年的老板,有经验、能写、又愿意分享,这样的书很少	处处共鸣,帮助中小企业老板少走弯路
	阿米巴经营的中国模式 李志华　著	让员工从“要我干”到“我要干”,价值量化出来	阿米巴在企业如何落地,明白思路了
	欧博心法:好管理靠修行 曾　伟　著	用佛家的智慧,深刻剖析管理问题,见解独到	如果真的有‘中国式管理’,曾老师是其中标志性人物
	1. 用流程解放管理者 **2. 用流程解放管理者2** 张国祥　著	中小企业阅读的流程管理、企业规范化的书	通俗易懂,理论和实践的结合恰到好
	跟我们学建流程体系 陈立云　著	畅销书《跟我们学做流程管理》系列,更实操,更细致,更深入	更多地分享实践,分享感悟,分享从实践总结出来的方法论
人力资源	**走出薪酬管理误区** 全怀周　著	剖析薪酬管理的8大误区,真正发挥好枢纽作用	值得企业深读的实用教案
	回归本源看绩效 孙　波　著	让绩效回顾“改进工具”的本源,真正为企业所用	确实是来源于实践的思考,有共鸣
	集团化人力资源管理实践 李小勇　著	对搭建集团化的企业很有帮助,务实,实用	最大的亮点不是理论,而是结合实际的深入剖析
	人才评价中心.超级漫画版 邢　雷　著	专业的主题,漫画的形式,只此一本	没想到一本专业的书,能写成这效果
	我的人力资源咨询笔记 张　伟　著	管理咨询师的视角,思考企业的HR管理	通过咨询师的眼睛对比很多企业,有启发
	本土化人力资源管理8大思维 周　剑　著	成熟HR理论,在本土中小企业实践中的探索和思考	对企业的现实困境有真切体会,有启发
	把招聘做到极致 远　鸣　著	作为世界500强高级招聘经理,作者数十年招聘经验的总结分享	带来职场思考境界的提升和具体招聘方法的学习

续表

企业文化	**华夏基石方法:企业文化落地本土实践** 王祥伍　谭俊峰　著	十年积累、原创方法、一线资料,和盘托出	在文化落地方面真正有洞察,有实操价值的书
	企业文化的逻辑 王祥伍　著	为什么企业之间如此不同,解开绩效背后的文化密码	少有的深刻,有品质,读起来很流畅
	企业文化激活沟通 宋杼宸　安琪　著	透过新任HR总经理的眼睛,揭示出沟通与企业文化的关系	有实际指导作用的文化落地读本
生产管理	**高员工流失率下的精益生产** 余伟辉　著	中国的精益生产必须面对和解决高员工流失率问题	确实来源于本土的工厂车间,很务实
	车间人员管理那些事儿 岑立聪　著	车间人员管理中处理各种"疑难杂症"的经验和方法	基层车间管理者最闹心、头疼的事,'打包'解决
	1. **欧博心法:好管理靠修行** 2. **欧博心法:好工厂这样管** 曾　伟　著	他是本土最大的制造业管理咨询机构创始人,他从400多个项目、上万家企业实践中锤炼出的欧博心法	中小制造型企业,一定会有很强的共鸣
	欧博工厂案例1:生产计划管控对话录 **欧博工厂案例2:品质技术改善对话录** **欧博工厂案例3:员工执行力提升对话录** 曾　伟　著	最典型的问题、最详尽的解析,工厂管理9大问题27个经典案例	没想到说得这么细,超出想象,案例很典型,照搬都可以了

营销类:把客户需求融入企业各环节,提供"客户认为"有价值的东西

	书名．作者	内容/特色	读者价值
营销模式	**变局下的营销模式升级** 程绍珊　叶宁　著	客户驱动模式、技术驱动模式、资源驱动模式	很多行业的营销模式被颠覆,调整的思路有了!
	卖轮子 科克斯　【美】	小说版的营销学!营销核心理念巧妙贯穿其中,贵在既有趣,又有深度	经典、有趣!一个故事读懂营销精髓
	弱势品牌如何做营销 李政权　著	中小企业虽有品牌但没名气,营销照样能做的有声有色	没有丰富的实操经验,写不出这么具体、详实的案例和步骤,很有启发
	老板如何管营销 史贤龙　著	不要认为营销就是4个P、C、R的概念游戏,揭开营销智慧助力企业成功的内在奥秘	高段位营销16招,好学好用,老板能看,营销人也能看
组织和团队	**升级你的营销组织** 程绍珊　吴越舟　著	用"有机性"的营销组织力替代"营销能人",把营销团队变成"铁营盘"	营销队伍最难管,程老师不愧是营销第1操盘手,步骤、方法都很成熟
	用数字解放营销人 黄润霖　著	通过量化帮助营销人员提高工作效率	作者很用心,很好的常备工具书
	成为优秀的快消品区域经理 伯建新　著	37个"怎么办"分析区域经理的工作关键点	可以作为区域经理的'速成催化器'
	一位销售经理的工作心得 蒋　军　著	一线营销管理人员想提升业绩却无从下手时,可以看看这本书	一线的真实感悟
案例	**我们的营销真案例** 联纵智达研究院　著	五芳斋粽子从区域到全国/诺贝尔瓷砖门店销量提升/利豪家具出口转内销/汤臣倍健的营销模式/娃哈哈联销体	选择的案例都很有代表性,实在、实操!
	招招见销量的营销常识 刘文新　著	如何让每一个营销动作都直指销量	适合中小企业,看了就能用
产品	**产品炼金术** 史贤龙　著	帮助企业对打造畅销产品有一个全局性、框架性的认识	必须具备的思维和方法,避免在产品上再犯大的错
品牌	**中小企业如何建品牌** 梁小平　著	中小企业建品牌的入门读本,通俗、易懂	对建品牌有了一个整体框架
	采纳方法:破解本土营销8大难题 朱玉童　编著	全面、系统、案例丰富、图文并茂	希望在品牌营销方面有所突破的人,应该看看

续表

渠道通路	**传统行业如何用网络拿订单** 张　进　著	给老板看的第一本网络营销书	适合不懂网络技术的经营决策者看
	采纳方法:化解渠道冲突 朱玉童　编著	系统剖析渠道冲突,21 个最新的渠道冲突案例、情景式讲解,37 篇专题讲义	系统、全面
	快消品营销与渠道管理 谭长春　著	将快消品标杆企业渠道管理的经验和方法分享出来	可口可乐、华润的一些具体的渠道管理经验,实战